Location, mode d'emploi

Yves Rouquet

DELMAS
express

Location, mode d'emploi

4e édition

l'auteur

Yves Rouquet

Juriste, Rédacteur spécialisé en droit immobilier
aux Éditions Dalloz
Rédacteur en chef de la revue
Actualité Juridique Droit Immobilier (AJDI)

DELMAS
express

2008

Dans la collection Delmas express

Aller et gagner aux Prud'hommes, 2e éd.
de Maître Sandra Guérinot
Assistante maternelle, mode d'emploi, 1re éd.
de Pascale Guiomard
Bien acheter ou vendre un logement, 1re éd.
d'Alain Tabuteau
Bien préparer sa succession, 2e éd.
d'Étienne Riondet et H. Sédillot
Comment travailler autrement, 1re éd.
d'Anne-Laure Stérin
Copropriété, mode d'emploi, 4e éd.
de Maître Bruno Nicolas Mathieu
Créer sa SARL, 1re éd.
de la CCI Grenoble
Créer et faire vivre son association, 1re éd.
de Pascal Delamare
Gagnez contre le fisc, 1re éd.
de Dominique Laurant
Le harcèlement moral au travail, 4e éd.
de Philippe Ravisy
Le nouveau droit des successions, 1re éd.
de Jean-François Sagaut
Le PACS, 2e éd.
de Caroline Mécary
Les droits de l'automobiliste, 1re éd.
d'Emmanuel Brancaleoni, Frédéric Masquelier, Cédric Porteron et Nicolas Simon de Kergunic
Les droits des parents séparés, 2e éd.
de Maître Claude Liehnard
Lutter contre les troubles du voisinage, 1re éd.
de Bernard Le Court
Ma banque et moi, 1re éd.
de Nicolas Simon de Kergunic
Négocier son départ de l'entreprise, 2e éd.
de Maître Philippe Ravisy
Nounou à domicile, mode d'emploi, 1re éd.
de Pascale Guiomard
Réussir son divorce, 3e éd.
de Maître Pascale Lalère
Vivre en union libre, 1re éd.
de Jean-Claude Bardout
et Liliane Ricco

DALLOZ

© 2008 Éditions Dalloz, Paris
ISBN 978-2-247-08103-5
ISSN 0750 3431
Dépôt légal : décembre 2008

Malgré l'attention portée à la rédaction de cet ouvrage, l'auteur ou son éditeur ne peut assumer une quelconque responsabilité du fait des informations qui y sont ou n'y sont pas contenues. Il y a donc lieu de s'adresser à un juriste qualifié pour traiter de problèmes particuliers.

DANGER
LE PHOTOCOPILLAGE TUE LE LIVRE

Service relations clients
Tél. 08 20 80 00 17
Fax 01 40 64 52 90
www.editions-delmas.com

Avant-propos

Fidèle à son credo originel, la quatrième édition de **Location, mode d'emploi**, qui intègre les dernières évolutions tant législatives et réglementaires que jurisprudentielles, présente de manière simple mais pas simpliste, de façon complète mais non complexe, les tenants et aboutissants de la relation Bailleur/Locataire, avec, cette année, de nouveaux développements consacrés aux meublés et aux locations saisonnières.

Loin de toute considération partisane (le ton est délibérément neutre), ce guide s'adresse aussi bien au propriétaire soucieux de gérer au mieux ses intérêts, qu'au locataire désireux d'entretenir une relation harmonieuse avec son bailleur.

Il les guidera tout au long de leur parcours, de la recherche de logement ou de locataire jusqu'au congé et à ses suites (dont l'expulsion), en passant par la signature du bail, l'entrée dans les lieux, le paiement du loyer, la détermination et le règlement des charges locatives, le renouvellement du bail, ou la restitution des locaux.

Non seulement il leur indiquera, étape après étape, l'étendue de leurs droits et obligations mais, de plus – au travers de nombreux exemples, lettres-types, modèles et références de décisions de justice –, il leur apportera les clés pour faire respecter les premiers et satisfaire les secondes.

Yves Rouquet

Sommaire

1 Trouver un logement ou un locataire. 9
2 Le contrat et les garanties 27
3 L'entrée dans les lieux. 69
4 Les obligations du bailleur 93
5 Le paiement du loyer et des charges 115
6 Les autres obligations du locataire 147
7 Renouvellement du bail et augmentation de loyer 171
8 Le bailleur donne congé. 201
9 Le locataire donne congé 227
10 Changement de locataire, d'occupant ou de bailleur . . . 239
11 La restitution des lieux 255
12 Résiliation, sanction et expulsion 265
13 La location d'un logement meublé 293
14 La location saisonnière 313
Mini code de la location 323
Compléments & Annexes. 349
Glossaire 351
Foire Aux Questions 358
Liste des modèles 361
Index thématique 363

Delmas express, mode d'emploi

Comment vous repérer ?

L'auteur vous donne un conseil

L'auteur reproduit un extrait d'une décision de justice particulièrement utile

L'auteur vous met en garde face à un risque

Vous pouvez télécharger le modèle « prêt à personnaliser » sur le site www.editions-delmas.com

uite (v. n° 225), d'ap

L'auteur vous invite à vous reporter au paragraphe 225 pour compléter votre information

Par exemple, conform
une clause qui prévoit

L'auteur illustre l'explication en donnant un exemple

CODE

L'auteur reproduit un texte (article d'un code, d'une loi, d'un décret, etc.)

Mini code

L'auteur a réuni les principaux textes et les reproduit dans ce mini code

Et **pour trouver encore plus facilement vos réponses**, figurent à la fin de votre Delmas express, dans la partie Compléments & Annexes, à côté du **glossaire** :

– une **Foire Aux Questions**,
– la **liste de tous les modèles**,
– un **index thématique** très détaillé.

1

Trouver un logement ou un locataire

Première possibilité : vous passez par une **agence immobilière** qui vous fait signer un **mandat de recherche de locataire**, voire un **mandat de gestion** (v. n° 102). C'est **simple**, mais c'est aussi **plus cher**, du moins à court terme, même si **les frais seront partagés** avec le locataire (v. n° 106).

Deuxième possibilité : **vous vous occupez de tout**, directement. Rédiger correctement sa **petite annonce**, c'est bien (v. n° 112) ; **choisir un bon locataire**, c'est encore mieux. **Quels critères retenir ?** Avant tout, celui qui garantisse sa **solvabilité** (v. n° 118), **justificatifs** à l'appui (v. n° 120). Et attention aux **discriminations** (v. n° 115).

Agence ou pas agence ?

101 C'est souvent la première question qui vient à l'esprit de celui qui est à la recherche d'un locataire. La question se pose dans des termes différents pour le locataire en quête d'un logement puisque l'important pour lui est surtout de trouver ce qu'il cherche.

Côté bailleur donc, la réponse dépend de différents critères. S'il a du temps à y consacrer, le goût de la gestion et des contacts, il pourra préférer passer une annonce dans un support spécialisé (presse régionale, journaux gratuits, sites Internet...) et se charger lui-même des visites, de la sélection des candidats et de l'élaboration des différents documents (contrat de bail, état des lieux d'entrée, etc.). À l'inverse, s'il est très occupé, ou éloigné du bien qu'il met en location, il aura intérêt à se rapprocher d'une agence immobilière qui se chargera de tout.

Mais dans les deux cas, il existe l'enjeu de la commission de l'agence (1 à 2 mois de loyer) qui sera partagée pour moitié entre le locataire et le bailleur (v. n° 207).

Les mandats proposés par l'agent immobilier

102 Pour pouvoir être rémunéré pour son intervention, l'agent immobilier doit être titulaire d'un mandat écrit.

Deux sortes de mandats sont proposées dans le cadre de la location d'immeubles à usage d'habitation :

- un simple mandat de recherche de locataire (v. n° 103),
- un mandat de gestion locative qui s'ajoutera souvent au premier (v. n° 107).

N'est pas agent immobilier qui veut.

La profession d'agent immobilier est une profession dont l'exercice est réglementé notamment par la loi « Hoguet » du 2 janvier 1970 et son décret d'application du 20 juillet 1972. L'agent immobilier doit en particulier :

– détenir une carte professionnelle délivrée par le préfet et renouvelable tous les dix ans (depuis le 1er janvier 2006, la durée de validité de la carte professionnelle est en effet passée d'un an à dix ans, en application de l'article 80 du décret de 1972, modifié par le décret du 21 octobre 2005) ; ce qui sous-entend, pour le professionnel d'avoir justifié de son aptitude professionnelle, d'une garantie financière, d'avoir contracté une assurance « responsabilité civile professionnelle » et de ne pas être frappé d'une incapacité ou d'une interdiction d'exercer ;
– avant toute intervention de sa part, faire signer un mandat écrit au mandant ;
– remettre un exemplaire du mandat à son client, lequel exemplaire doit porter un numéro de registre ;
– afficher ses tarifs dans l'agence (TTC), ainsi que le numéro de la carte professionnelle, le montant de la garantie, la dénomination et l'adresse du consignataire ou du garant.

Le mandat de recherche de locataire

103 Le bailleur bon gestionnaire mais peu versé dans la négociation – ou déjà bien occupé – peut confier à l'agent immobilier la seule mission de trouver un locataire présentant toutes les garanties nécessaires. C'est l'objet du mandat de recherche de locataire qui l'autorisera à conclure le bail aux conditions convenues avec le bailleur (le mandant).

Réciproquement, un locataire qui recherche un type de logement très précis dans un environnement déterminé peut aussi confier ses intérêts à un professionnel, dans le cadre d'un mandat de recherche d'un bien immobilier. Toutefois, compte tenu de la tension enregistrée sur le marché locatif depuis plusieurs années, une telle démarche s'avère en pratique assez rare.

Un mandat exclusif ou non

104 Lorsque le mandat est exclusif, le bailleur ne peut plus, pendant la durée prévue du mandat (en principe, trois mois) confier à une autre

agence la mission de lui trouver un locataire, ou même entreprendre de louer seul son bien.

En signant un mandat non exclusif, le bailleur conserve cette liberté.

Dans tous les cas, attention à la portée de l'engagement pris

105 L'agent immobilier à qui a été confié (à titre exclusif ou non) le soin de trouver un locataire doit légitimement pouvoir disposer de temps pour mener à bien sa mission.

Le mandat de recherche de locataire prévoit donc souvent dans sa clause « Durée » une première période de validité (en général 3 mois) pendant laquelle le mandat ne peut être révoqué. C'est une sorte de période incompressible qui précède la reconduction tacite du mandat au cours de laquelle le mandant retrouve la possibilité de révoquer le mandat, selon des formes prévues (par exemple, par lettre recommandée avec AR avec un préavis de 15 jours).

Si, au cours de la période incompressible initiale, le bailleur **change d'avis** (il ne veut plus louer le bien, il préfère désormais le vendre...), sauf si l'agent immobilier renonce à ses droits, le bailleur devra payer la commission prévue par le contrat.

C'est pourquoi, vous ne vous contenterez pas d'un accord verbal; **exigez un écrit daté et signé dans ce cas, de l'agent** reconnaissant que vous l'avez informé de votre décision, qu'il est d'accord pour arrêter les recherches entreprises, et qu'il ne vous réclamera aucune indemnité en contrepartie ou aucune autre indemnité que celle dont vous êtes déjà convenu.

Qui paie la commission de l'agent immobilier ?

106 La rémunération de l'intermédiaire « est partagée par moitié entre le bailleur et le locataire » (art. 5 de la loi de 1989).

Cette rémunération couvre le travail de prospection, d'intermédiation et la rédaction du bail.

Seul l'établissement du bail va donner lieu à une rémunération supportée à part égale par le bailleur et le preneur (v. n° 207), à l'exclusion de tout autre acte, tel que l'état des lieux ou le « contrat de réservation » que l'agent immobilier a pu faire signer à un candidat locataire.

Le mandat de gestion

107 En signant ce mandat, le propriétaire confie à un professionnel la gestion du bien qu'il met en location.

Ce mandat est indépendant du mandat de recherche. Le même agent est souvent chargé à la fois de trouver le locataire, puis de gérer le bien. Le professionnel peut aussi n'être mandaté que pour gérer le bien loué à un locataire qu'il n'aurait pas eu pour mission de trouver.

Les frais de gestion avoisinent **5 ou 6 % des sommes encaissées** (loyers et charges). En échange, l'agent assure la gestion courante (encaissement des loyers, délivrance des quittances, ordre donné à des entreprises pour la réalisation des réparations courantes ou urgentes, etc.).

La signature d'un mandat de recherche de locataire et de gestion locative est en principe le passage obligé pour pouvoir souscrire **une assurance impayés de loyers**.

Les assurances impayés de loyers puisent leur légitimité dans l'article L. 121-6 du Code des assurances, selon lequel « tout intérêt direct ou indirect à la non-réalisation d'un risque peut faire l'objet d'une assurance ».

Par ce mécanisme, les agences immobilières proposent aux bailleurs qui acceptent de leur confier la gestion de leur bien, une assurance qui garantit le paiement du loyer et prend en charge le coût de la remise en état en cas de dégradations constatées en fin de bail. Cette prestation est facturée en plus des honoraires de gestion (généralement 2 ou 3 % de toutes les sommes encaissées par l'agence). Elle n'est ouverte qu'au propriétaire qui accepte de louer son bien à des locataires répondant à des critères drastiques de solvabilité.

Les marchands de listes

108 Apparue dans les années soixante-dix, l'activité du marchand de listes consistait à proposer aux particuliers, par voie d'annonces de presse ou d'accès à des serveurs, téléphoniques ou télématiques, un service « sans commission » permettant de vendre, d'acheter ou de louer un bien immobilier. Mais avant de pouvoir accéder au service, il fallait payer un droit d'entrée ou d'abonnement... et ce n'est qu'après avoir payé que de très nombreux clients se sont rendus compte qu'il y avait en réalité peu d'offres sérieuses et récentes pour beaucoup de demandeurs !

Le législateur a réagi en 1994 en soumettant l'activité de marchand de listes à la loi « Hoguet » du 2 janvier 1970 sur les agents immobiliers. Quant au décret d'application de la loi « Hoguet », depuis le 1er janvier 2006, il institue une carte professionnelle spécifique aux marchands de listes (art. 1er, 3°, décret du 20 juill. 1972, modifié par un décret du 21 oct. 2005).

Les obligations du marchand de listes vis-à-vis du propriétaire qui recherche un locataire

109 Il ne peut pas inscrire un bien immobilier dans un fichier ou sur une liste « sans détenir préalablement une convention à cet effet rédigée par écrit et signée par le propriétaire du bien ou le titulaire de droits sur ce bien » (art. 79-1 du décret du 20 juillet 1972).

De son côté, le bailleur doit être en possession d'un exemplaire de la convention qui doit porter un numéro d'inscription et mentionner son objet, sa durée, la description du bien ou des biens sur lesquels elle porte, le montant de la rémunération que le bailleur devra, le cas échéant, supporter, et les moyens que doivent mettre en œuvre le marchand de listes et le bailleur pour s'assurer que ne figurent dans le fichier ou sur la liste que des biens disponibles.

Les obligations du marchand de listes à l'égard du candidat locataire

110 L'article 79-2 du décret du 20 juillet 1972 indique que le contrat, dont un exemplaire doit rester en possession de l'acheteur de listes et qui doit porter un numéro d'inscription, précise son objet, sa durée, les caractéristiques du bien recherché et le montant de la rémunération convenue. Ce contrat doit par ailleurs rappeler l'interdiction, pour le titulaire de la carte professionnelle, de recevoir paiement préalablement à la parfaite exécution de son obligation de fournir effectivement les listes ou fichiers promis.

Quelle loi pour quel bail ?

111 La loi du 6 juillet 1989 s'applique obligatoirement lorsque le logement loué (un appartement ou une maison) est :
- soit un **local à usage d'habitation principale** : le local est alors destiné à servir d'habitation principale à son locataire. Il en va de même des **locaux loués accessoirement** au local principal par le même bailleur (un garage, une place de stationnement, une cave, etc.) ;

Notion d'« habitation principale » et charge de la preuve

La notion d'« habitation principale » est une notion spécifique distincte des notions juridiques de « domicile », « résidence » et « habitation » (CA Paris, 17 nov. 2005). Ainsi, la loi n'exige pas que le locataire y ait son domicile ou qu'il l'occupe constamment (CA Paris, 8 nov. 2005). En réalité, la « résidence principale » désigne, pour les juges, le lieu où le locataire réside de façon effective et continue et où il est domicilié d'un point de vue administratif. En cas de litige sur le point de savoir si le locataire occupe les lieux au titre de sa résidence principale, la charge de la preuve pèse sur le locataire (Civ. 3e, 20 sept. 2006, n° 05-16.363).

– soit un **local à usage mixte professionnel et d'habitation** : le local est alors destiné à la fois à servir d'habitation principale au locataire, et de lieu d'exercice de sa profession (cabinet de médecin, de dentiste, bureau d'avocat, atelier d'architecte…). Pour plus d'information sur cette question, reportez-vous aux n°s 202 et 603.

Sont donc exclues du champ d'application de la loi de 1989 les locations qui portent sur :

– des **locaux exclusivement professionnels** : leur statut dépend alors de l'article 57 A de la loi « Méhaignerie » du 23 décembre 1986;
– des **résidences secondaires**, qui ne relèvent que de la convention des parties ou, à défaut, du Code civil;
– des **locations à caractère saisonnier, dont la durée maximale est limitée à 90 jours** : elles relèvent, elles aussi, de la convention des parties ou, à défaut, des règles de droit commun posées par le Code civil avec deux tempéraments : d'une part, pour la bonne information du locataire, le bailleur doit se conformer aux dispositions de l'arrêté du 16 mai 1967 qui lui imposent de communiquer au candidat locataire différentes informations concernant le logement loué et les conditions de la location; d'autre part, le bailleur doit aussi respecter les dispositions de l'article 3-1 de la loi de 1989, lui imposant de fournir au locataire un dossier de diagnostic technique (v. n° 220-1);

Un chapitre est consacré à la location saisonnière (v. n°s 1401 et s.).

– des **logements-foyers** qui relèvent de la loi du 30 juin 1975 et des articles 6, alinéa 1er et 2, et 20-1 de la loi de 1989 imposant au bailleur de délivrer un logement décent (v. n°s 306 et s.);
– des **locaux meublés**, des **logements de fonction** ou des **logements consentis aux travailleurs saisonniers**, à l'égard desquels le bailleur doit malgré tout respecter les articles 3-1, 6, alinéas 1er et 2

et 20-1, relatifs au diagnostic technique et à la délivrance d'un logement décent.

Un chapitre est consacré à la location saisonnière (v. n°s 1401 et s.).

Sur la notion de résidence principale, voir plus haut.

Comment rédiger une petite annonce ?

112 L'annonce a un objectif simple : présenter le bien mis en location et les conditions de cette location... avec une contrainte de place, puisque le nombre de lignes disponibles est limité. Il faut qu'à sa lecture, celui qui recherche un logement puisse tout de suite comprendre que ce qui est proposé correspond à ses propres critères de recherche.

Attention aux **exagérations** (ou omissions) qui pourraient avoir pour conséquence de tromper le lecteur : si les juges se montrent forcément moins sévères avec un particulier qu'un professionnel, il faut savoir qu'une plainte pour publicité trompeuse peut être déposée si l'annonce contient des allégations, indications ou présentations fausses ou de nature à induire en erreur.

Elle présente les caractéristiques essentielles du logement proposé

113 Ces caractéristiques essentielles se rapportent à l'habitation elle-même : nombre de pièces, de chambres, de salles de bains, terrasse, jardin, balcon, exposition, étage, quartier, superficie, etc.

Pour faciliter cette description, il peut être utile de connaître précisément le mot ou l'expression qui qualifie tel ou tel élément de l'habitation. C'est pourquoi nous reproduisons un extrait du lexique réalisé par le Bureau de Vérification de la Publicité (BVP) et qui constitue l'annexe de sa recommandation sur les maisons individuelles (l'index intégral est disponible gratuitement sur le site du BVP, www.bvp.org). Ces définitions n'ont qu'une valeur indicative.

Les définitions du BVP

Ancien : immeuble construit avant 1948.

Balcon : espace ouvert situé en saillie, par rapport au nu courant de la façade et muni d'un garde-corps.

Box : emplacement de stationnement d'un ou plusieurs véhicules, couvert et cloisonné, mais sans fermeture.

Cabine : réduit dans lequel on peut mettre 1 ou 2 lits superposés.

Cabinet de toilette : local aménagé pour les soins corporels et comportant au moins un lavabo.

Cave : local souterrain à usages divers.

Cellier : local à usages divers situé en surface.

Chambre indépendante : pièce habitable comportant un point d'eau et un WC, indépendants ou collectifs.

Chambre de service : pièce habitable située à l'extérieur de l'appartement, comportant un point d'eau et un WC, indépendants ou collectifs.

Combles : volume délimité par la toiture d'une construction et le plancher haut du dernier étage et susceptible ou non d'être aménagé en pièces d'habitation.

Confortable : comportant au minimum salle d'eau, WC, coin cuisine et chauffage.

Coin cuisine : emplacement à usage de cuisine incorporé à une pièce principale.

Cuisine : pièce destinée à la préparation des repas et comportant un évier ainsi que les emplacements et branchements nécessaires à l'installation et l'utilisation d'appareils électroménagers et de cuisson.

Cuisinette : petite cuisine.

Dépendances : locaux à usage privatif, extérieurs au logement.

Emplacement de parking : espace à usage privatif matérialisé dans un parc de stationnement.

État neuf : jamais habité depuis la remise à neuf.

Garage : espace couvert et clos pour remiser un ou plusieurs véhicules.

Grenier : combles accessibles, non habitables.

Lingerie : local réservé au rangement, à l'entretien et au repassage du linge.

Loggia : soit un balcon couvert et fermé au moins sur un côté, soit un espace ouvert situé en deçà du nu courant de la façade.

Mansarde : pièce située dans les combles brisés.

Neuf : jamais habité.

Parc : terrain clos, planté d'arbres et aménagé en vue de l'agrément.

Parking, parc de stationnement, aire de parcage : zone couverte ou non, destinée au stationnement des véhicules en dehors de la voie publique.

Penderie : volume de rangement équipé pour suspendre des vêtements.

Pièce : espace entièrement clos comportant une ou plusieurs ouvertures et constituant l'un des éléments du logement.

Pièce principale : pièce destinée au séjour ou au sommeil.

Placard : enfoncement, saillie, recoin de mur ou de cloison, fermé par une porte et constituant une armoire fixe.

Rangement : volume fermé destiné à entreposer des objets et situé à l'intérieur d'une maison.

Récent : immeuble construit après 1948.

Salle d'eau : local aménagé pour les soins corporels et comportant au moins une douche et un lavabo.

Salle de bains : pièce aménagée pour les soins corporels et comprenant une baignoire, un lavabo et parfois un bidet et une douche.

Séjour double : pièce éventuellement décloisonnée, comportant au moins 2 fenêtres et pouvant faire 2 pièces habitables séparées.

Sous-sol : partie d'une maison aménagée sous le rez-de-chaussée.

Studio : logement comportant une seule pièce principale, un coin cuisine, une salle d'eau et un WC.

Terrasse : toiture horizontale pouvant être accessible pour un usage collectif ou privatif dans des conditions fixées par le règlement de copropriété.

Terrasse-jardin : terrasse partiellement ou totalement aménagée en jardin dans des conditions fixées par le règlement de copropriété.
Tout confort : desservi par un ascenseur-descendeur, avec cuisine, salle de bains, WC intérieur et chauffage.
Véranda : terrasse, loggia ou balcon clos de vitrage et couvert.

Elle présente les conditions de la location

114 Autre série d'informations utiles :
– la date de disponibilité du logement (« libre le 1er juin 2006 »),
– le montant du loyer,
– le montant de la provision pour charges (v. n° 526).

Il est bien sûr interdit de formuler dans son annonce des exigences discriminatoires (v. n° 115).

Selon quels critères choisir un locataire ?

Seuls des critères objectifs doivent guider le bailleur dans sa démarche (v. n° 117). Toute discrimination est interdite par la loi.

Attention aux pratiques discriminatoires !

115 L'article 1er de la loi de 1989 précise, depuis 2002, qu'aucune personne ne peut se voir refuser la location d'un logement en raison :
– de son origine,
– de son patronyme,
– de son apparence physique,
– de son sexe,
– de sa situation de famille,
– de son état de santé,
– de son handicap,
– de ses mœurs,
– de son orientation sexuelle,

– de ses opinions politiques,
– de ses activités syndicales,
– de son appartenance ou sa non-appartenance vraie ou supposée à une ethnie, une nation, une race ou une religion déterminée.

La loi interdit toute « **discrimination directe ou indirecte** ».

La haute autorité de lutte contre les discriminations et pour l'égalité (HALDE), créée par la loi n° 2004-1486 du 30 décembre 2004 peut être saisie par tout candidat locataire qui s'estime victime d'une discrimination illégale.

Pour ce faire, il doit lui adresser un courrier adressé à l'adresse suivante :

Haute autorité de lutte contre les discriminations et pour l'égalité – 11, rue Saint-Georges – 75009 Paris (pour tout renseignement, voir le site de la HALDE : www.halde.fr, ou téléphoner au 08 1000 5000).

Le bailleur se montrera d'autant plus prudent qu'il lui appartiendra de prouver que sa décision de refus était justifiée, le candidat locataire éconduit n'ayant qu'à faire état d'« éléments de fait » (tels des soupçons, des rumeurs ou des paroles plus ou moins explicites prononcées par le bailleur) pouvant laisser supposer que le bailleur a eu un comportement discriminatoire.

La **loi a donc renversé la charge de la preuve**, sachant que le juge formera « sa conviction après avoir ordonné, en cas de besoin, toutes les mesures d'instruction qu'il estime utiles ».

Ainsi, la prise en compte, par le bailleur, des caractéristiques du local qu'il entend louer pour choisir son locataire semble aujourd'hui bien hasardeuse.

En effet, le fait de ne pas vouloir louer un logement au cinquième étage sans ascenseur à une personne handicapée physique, ne s'apparente-t-il pas à une pratique discriminatoire (aucune personne ne peut se voir refuser la location d'un logement en raison de son handicap, précise le texte) ?

De la même manière, il faut certainement s'interroger sur la légalité du refus de louer un studio à un couple avec enfants, puisque « aucune personne ne peut se voir refuser la location d'un logement en raison [...] de sa situation de famille » (à charge toutefois pour lui d'user des lieux paisiblement).
Mais ce sont certainement là des cas extrêmes puisque, en pratique, la discrimination se fonde plutôt sur l'origine et la couleur de la peau.

116 En cas de pratique discriminatoire, le bailleur peut être condamné à verser des **dommages et intérêts** à la victime. C'est la seule sanction envisageable.

On voit en effet mal le juge ordonner au propriétaire de conclure un bail avec un candidat qu'il n'avait pas retenu, d'une part, parce qu'entre-temps, le logement aura vraisemblablement été loué et, d'autre part (et surtout), car cette relation contractuelle qui débuterait sur la condamnation de l'une des parties serait, à tout le moins, de très mauvais augure...

Le « testing » est autorisé

Le nouvel article 225-3-1 du Code pénal, inséré par l'article 45 de la loi du 31 mars 2006 relative à l'égalité des chances, a légalisé la pratique dite du « testing ». Il s'agit en quelque sorte de la consécration du droit à la provocation à la discrimination, lorsque le but est de démontrer cette discrimination. Cette pratique, déjà admise par la Cour de cassation, permettra à un locataire, ou à une association, de tester tel ou tel bailleur, voire l'intermédiaire professionnel, notamment en lui soumettant des dossiers similaires sauf sur un point, critère de choix susceptible d'être discriminatoire.

Les critères que le bailleur peut retenir

En définitive, seuls deux critères objectifs semblent pouvoir être retenus.

Il s'agit de la destination des locaux et, surtout, de la solvabilité du locataire.

La destination des locaux

117 La destination des locaux qui peut être, rappelons-le, soit uniquement d'habitation, soit mixte, d'habitation et professionnelle va, en toute objectivité, guider le choix du bailleur.

Ainsi, un local proposé à la location pour un usage exclusif d'habitation (en raison notamment des stipulations du règlement de copropriété) ne convient pas, c'est une évidence, à un médecin souhaitant exercer sa profession dans une partie des lieux.

La solvabilité du locataire

118 C'est bien évidemment le principal critère. Le bailleur ne doit pas hésiter à prendre tous les renseignements utiles : il en va de la sécurité de l'engagement qu'il s'apprête à contracter pour trois ans ou plus.

À savoir : le ratio couramment admis veut que le loyer ne représente pas plus de 30 % des revenus mensuels du ou des locataires.

Cette étape est parfois mal vécue. Côté bailleur, il est certainement plus commode de confier cette mission à un professionnel de l'immobilier, qui saura poser les bonnes questions et demander la communication des bons documents, d'autant que la loi interdit au bailleur de demander certains d'entre eux (v. n° 120).

Il sera par ailleurs de bon conseil pour préciser au bailleur si, compte tenu des revenus du locataire pressenti, il est ou non nécessaire de lui demander de fournir une caution.

La **caution** est la personne qui s'engage à payer le bailleur en lieu et place du locataire défaillant (v. n° 236). Cela n'a rien à voir avec le **dépôt de garantie** qui est une somme (d'un montant égal, au plus, à deux mois de loyer hors charges) que le locataire doit verser lors de la signature du bail et qui est destinée à « garantir l'exécution de ses obligations locatives par le locataire » (un impayé de loyer ponctuel, des dégradations, etc., v. n° 241).

119 Bien plus, le professionnel à qui le bailleur aura confié un mandat de recherche d'un locataire sera astreint à un **devoir de conseil et de vérification**.

> L'agent immobilier auquel est confiée la gérance d'un immeuble est tenu de s'assurer, par des vérifications sérieuses, de la solvabilité réelle du **preneur** (Civ. 1re, 28 mars 1984, n° 82-16.915), mais aussi de la **caution** (CA Paris, 14 janv. 1999, SDSIM c/Barreaud).

Il peut engager sa responsabilité s'il :

– n'examine pas les bulletins de salaire, manifestement maquillés ;
– ne procède pas à des vérifications complémentaires auprès de l'employeur ;
– n'obtient pas d'engagement de caution alors que les revenus du locataire sont, à eux seuls, manifestement insuffisants ;
– ne prévoit pas de cautionnement pour la période de tacite reconduction du bail ;
– ne convoque pas la caution lors de la signature du bail, mais se contente de remettre au locataire un exemplaire du bail en lui demandant de se charger de le faire signer par la caution ;
– fait rédiger et signer à la caution un engagement sans valeur juridique (sur le formalisme requis et pour un modèle de caution, v. n° 240).

Quels documents peuvent être produits par le locataire ?

Les documents que le bailleur ne peut pas demander au candidat locataire

120 L'article 22-2 de la loi de 1989, qui dresse la liste des documents que le bailleur ne peut pas demander à un candidat à la location

(comme après d'ailleurs), a été modifié par la loi du 6 mars 2007 sur le droit au logement opposable.

La nouvelle liste, beaucoup plus longue, interdit de demander les justificatifs et documents suivants :

- photographie d'identité, hormis celle de la pièce justificative d'identité ;
- carte d'assuré social ;
- copie de relevé de compte bancaire ou postal ;
- attestation de bonne tenue de compte bancaire ou postal ;
- attestation d'absence de crédit en cours ;
- autorisation de prélèvement automatique ;
- jugement de divorce, à l'exception du paragraphe commençant par l'énoncé : « Par ces motifs » ;
- attestation du précédent bailleur indiquant que le locataire est à jour de ses loyers et charges, dès lors que le locataire peut présenter d'autres justificatifs ;
- attestation de l'employeur dès lors qu'il peut être fourni le contrat de travail et les derniers bulletins de salaire ;
- contrat de mariage ;
- certificat de concubinage ;
- chèque de réservation de logement ;
- dossier médical personnel (depuis la loi de financement de la Sécurité sociale du 19 décembre 2007, cette interdiction vaut même en cas de demande de logement adapté ou spécifique) ;
- extrait de casier judiciaire ;
- remise sur un compte bloqué de biens, d'effets, de valeurs ou d'une somme d'argent correspondant à plus de deux mois de loyer en principal en l'absence du dépôt de garantie ou de la souscription de la garantie autonome prévue à l'article 2321 du Code civil ;
- production de plus de deux bilans pour les travailleurs indépendants.

Les documents dont le bailleur peut exiger la transmission

121 *A contrario*, le bailleur peut demander au locataire de lui fournir différents justificatifs, et en particulier :

- la photocopie du livret de famille ;
- les coordonnées de son employeur ;
- une attestation de l'employeur si et seulement si le contrat de travail et les derniers bulletins de salaire ne peuvent pas être fournis ;
- une photocopie de son contrat de travail ;
- une photocopie d'un ou de plusieurs des bulletins de salaire ;
- les coordonnées de son ancien bailleur ;
- un (ou plusieurs) avis d'imposition ;
- une copie du bail que le locataire a signé précédemment ;
- une copie de l'état des lieux de sortie du logement occupé précédemment ;
- la copie d'une ou de plusieurs quittances de loyer délivrées par l'ancien bailleur ;
- la copie de la dernière attestation d'assurance délivrée pour les risques locatifs.

Faux documents produits par un « candidat locataire »

Il peut arriver qu'un locataire fournisse des faux documents, en particulier, de fausses fiches de paie. C'est grave et le bailleur qui a été abusé dispose de deux actions. La première, pénale, consiste à porter plainte sur le fondement de l'article 441-1 du Code pénal qui punit de trois ans d'emprisonnement et de 45 000 euros d'amende le fait de produire des faux documents « de nature à causer un préjudice » et qui ont pour objet ou qui peuvent avoir pour effet d'établir la preuve d'un droit ou d'un fait ayant des conséquences juridiques.

La seconde, civile, consiste à demander en justice l'annulation du bail pour dol en établissant que, sans les « manœuvres dolosives » du locataire, le bailleur n'aurait pas signé le bail.

2

Le contrat et les garanties

Le bail organise les relations à venir entre le bailleur et le locataire. C'est donc un **élément central**. La loi impose d'y faire figurer **certaines clauses** et d'y joindre des **annexes** (v. n° 208). La **prudence** invite aussi à en insérer d'autres (v. n° 221), mais **tout n'est pas permis** (v. n° 222). Le bailleur va aussi chercher à **protéger ses intérêts** en demandant un **dépôt de garantie** (v. n° 241). Souvent, il exigera qu'un tiers se porte garant, en signant formellement un engagement de **caution** (v. n° 236).

201 Le bail est quasiment toujours formalisé dans un contrat écrit. Toutefois, un **bail verbal est aussi tout à fait valable**. Les juges en reconnaissent la régularité et cela malgré les dispositions de l'article 3 de la loi de 1989 (texte pourtant d'ordre public) selon lesquelles « le contrat de location est établi par écrit ».

Mais se contenter d'un bail verbal n'est pas satisfaisant pour le bailleur car cela revient à **s'interdire de conclure un bail pour une durée réduite** (v. n° 213), **d'appliquer une clause de révision** (par définition inexistante dans un bail verbal), **d'augmenter le loyer lors du renouvellement** (v. n° 218), ou encore de **prévoir la résiliation de plein droit du bail pour défaut d'assurance** (v. n°s 221 et 1225).

On ne saurait trop recommander au locataire comme au bailleur de conclure un bail par écrit car c'est à cette seule condition qu'ils vont pouvoir bénéficier pleinement du statut des baux d'habitation.

Le contrat de location : le bail

202 Un rappel : il n'est possible de signer un bail soumis aux dispositions de la loi de 1989 que si le locataire est une **personne physique** à la recherche d'un logement destiné à devenir son **habitation principale** ou à être **utilisé à un usage mixte** (v. n° 111).

Lorsque le logement loué est en réalité la résidence secondaire du locataire, les dispositions de la loi de 1989 ne s'appliquent pas, même si le contrat de bail y fait référence (Civ. 3e, 21 mars 2007).

Le locataire qui recherche un local pour le seul exercice de sa **profession** libérale ou commerciale ne peut pas signer un bail « loi de 1989 ».

203 Sauf exceptions (v. n° 111), les dispositions protectrices de la loi du 6 juillet 1989 ne s'appliquent pas davantage aux locations à caractère saisonnier ni aux locaux meublés, aux logements-foyers, aux

logements attribués ou loués en raison de l'exercice d'une fonction ou de l'occupation d'un emploi ou encore aux locations consenties aux travailleurs saisonniers.

Qui signe le bail ?

Le bailleur...

204 Lorsque le bailleur est une personne physique qui gère elle-même ses biens, cela ne pose aucun problème : c'est lui qui doit signer le bail.

Si le bien loué est commun aux **époux propriétaires**, un seul des conjoints peut passer le contrat de bail (art. 1425 du Code civil).

Lorsque le **bien loué est en indivision**, le nouvel article 815-3 du Code civil (modifié par la loi du 23 juin 2006 portant réforme des successions et des libéralités) permet aux indivisaires qui représentent au moins les deux tiers des droits indivis de conclure ou de renouveler un bail d'habitation. Ils sont néanmoins tenus d'en informer les autres indivisaires afin que l'acte leur soit opposable.

Le même texte précise que lorsqu'un indivisaire prend en main la gestion des biens indivis, au su des autres et néanmoins sans opposition de leur part, il est censé avoir reçu un mandat tacite, couvrant les actes d'administration, mais non les actes de disposition ni la conclusion ou le renouvellement des baux.

Mais l'un des indivisaires peut aussi recevoir un mandat de tous les autres et dans ce cas sa seule signature suffit. Il faut un mandat, dont il est expressément fait état dans le contrat de location.

Si le bien est grevé d'**usufruit**, seul l'usufruitier aura le pouvoir de signer le bail.

Si le bailleur est une **personne morale**, c'est forcément son représentant (désigné par les statuts ou l'assemblée générale de la société ou de l'association propriétaire du bien à louer) qui doit signer le bail. Il appartient alors au signataire de prouver qu'il a le pouvoir de le faire (en fournissant copie des statuts de la société ou du procès-verbal d'assemblée).

Enfin, lorsque le logement loué est **géré par un administrateur de biens**, que le bailleur soit une personne physique ou une personne morale, c'est à cet administrateur de biens, mandataire du propriétaire qu'il revient de signer le contrat (sur la question, v. aussi n° 209). L'administrateur de biens est en possession d'un mandat de gestion (v. n° 107) dont il doit être fait mention dans le bail.

... le locataire

205 Lorsque le bail est signé par **plusieurs locataires**, chacun doit apposer sa signature sur le bail.

Dans le cas **d'un couple marié**, en application de l'article 1751 du Code civil, les deux époux sont cotitulaires du bail portant sur le local servant effectivement à leur habitation. Ainsi, la signature de l'un d'entre eux est suffisante.

En cas **de concubinage** ou **de partenaires liés par un pacte civil de solidarité** (Pacs), sauf si le bailleur exige la signature des deux concubins ou pacsés en qualité de copreneurs, la signature de l'un d'entre eux sera suffisante.

En pratique, si la couverture financière du signataire n'est pas suffisante, le bailleur va demander que le concubin/partenaire soit également signataire du bail. À l'égard du concubin, il faut exiger un engagement solidaire (la loi n'instaurant aucune solidarité entre concubins ; sur les incidences d'une clause de solidarité sur les obligations des copreneurs, v. n° 222) et indivisible (permettant au bailleur de se retourner pour le tout contre un seul des signataires).

Une telle clause ne présente en revanche aucune utilité pour des partenaires pacsés puisque l'article 515-4 du Code civil prévoit qu'ils « sont tenus solidairement à l'égard des tiers des dettes contractées par l'un d'eux [...] pour les dépenses relatives au logement commun ».

... mais aussi la caution

206 Lorsque le bailleur exige que les engagements du locataire soient garantis par une personne en qualité de caution, et même si la loi ne comporte aucune obligation en ce sens, on ne saurait trop conseiller aux parties de prévoir, à côté de la signature d'un cautionnement en bonne et due forme (v. n° 240), que la caution signe également le bail. Son information n'en sera que plus grande.

En toutes hypothèses, l'article 22-1 de la loi du 6 juillet 1989 prévoit que « le bailleur remet à la caution un exemplaire du contrat de location », ce qui sous-entend que le bail ait été établi en suffisamment d'exemplaires.

Tableau récapitulatif

Situation	Signataire(s)*
Locataires copreneurs	Tous les copreneurs
Locataires mariés	Un seul des époux
Locataires concubins	Un seul (sauf si copreneurs)
Locataires pacsés	Un seul (sauf si copreneurs)

* En dehors de l'éventuelle caution.

Qui supporte le coût de la rédaction du bail ?

« La rémunération des personnes qui se livrent ou prêtent leur concours à l'établissement d'un acte de location d'un immeuble appartenant à autrui [...] est **partagée par moitié** entre le bailleur et le locataire » (L. 6 juill. 1989, art. 5).

207 Le texte vise aussi bien **l'agent immobilier** que le **notaire**, l'**indivisaire mandaté** par l'indivision pour signer le bail, le **conseil juridique** ou l'**avocat**.

Le bailleur ne peut pas se faire rémunérer lorsqu'il a lui-même établi le bail.

Seul **l'établissement du contrat de location** (initial ou de renouvellement) va donner lieu à une rémunération supportée à part égale par le bailleur et le preneur, à l'exclusion de tout autre acte, tel que l'état des lieux ou le « contrat de réservation » que l'agent immobilier a pu faire signer à un candidat locataire.

Sur la possibilité de faire appel à un huissier de justice pour dresser l'état des lieux et la répartition des frais qui en découlent, v. n° 1104.

Les clauses du bail et ses annexes

208 Tout contrat de bail doit impérativement comporter un certain nombre de clauses et d'annexes.

Nous verrons, qu'à l'inverse, certaines clauses sont strictement interdites (v. n° 222) ou jugées abusives (v. n° 234).

Les clauses obligatoires du bail

L'identification du bailleur

209 Lorsque le bailleur est une **personne physique**, le bail doit indiquer **son nom** et **son domicile**. Par « domicile », il faut comprendre, « le lieu de son principal établissement », c'est-à-dire l'adresse de sa résidence principale.

Pour un bailleur **personne morale**, le contrat doit mentionner la **dénomination du bailleur** (« Société Y ») et l'adresse de **son siège social**.

Si le bien est géré par **un mandataire**, en plus de ces informations, le bail doit mentionner ses coordonnées et son adresse (nom et domicile du mandataire personne physique ou dénomination et siège social de l'agence immobilière).

Quand le **bailleur déménage en cours de bail**, il lui incombe de communiquer au locataire ses nouvelles coordonnées (domicile ou siège social).

Attention : si le bailleur n'indique pas ses nouvelles coordonnées, il ne peut pas reprocher par la suite au locataire de lui avoir envoyé son congé à l'ancienne adresse. La notification sera tout de même considérée comme valable.

210 Lorsque le **logement loué change de propriétaire en cours de bail**, soit en cas de vente (mutation à titre onéreux), soit en cas de décès du bailleur ou d'une donation (mutation à titre gracieux), l'article 3 de la loi de 1989 prévoit que, selon le cas, « le nouveau bailleur est tenu de notifier au locataire son nom ou sa dénomination et son domicile ou son siège social, ainsi que, le cas échéant, ceux de son mandataire ».

Même si aucun texte ne le dit, il tombe sous le sens que cette information doit parvenir au locataire dans les meilleurs délais (de préférence, par lettre recommandée avec demande d'avis de réception, voire par acte d'huissier). On mentionnera toutefois cette jurisprudence de la Cour de cassation, qui se contente de l'indication de la dénomination et du siège social du nouveau bailleur dans le congé (Civ. 3e, 5 avr. 2006, n° 05-10.218).

Le changement de propriétaire n'a **aucune incidence à l'égard du locataire**. Au-delà du fait que le locataire va changer d'interlocuteur, ses droits et obligations restent les mêmes. En effet, il est titulaire d'un contrat de bail qui est opposable au bailleur originaire comme à tous les bailleurs successifs.

Sur l'incidence à l'égard de la caution de la vente du logement en cours de bail, v. n° 239.

Sur la question de la restitution, en fin de bail, du dépôt de garantie, v. n° 1023.

La date de la prise d'effet du bail

211 En pratique, la date de la prise d'effet **va souvent différer de quelques jours** de celle de la signature du bail. Mais dès la signature du bail, le locataire est engagé. Il ne peut donc rompre la relation contractuelle qu'en délivrant un congé en bonne et due forme et en respectant le préavis de trois mois en principe (v. n° 912), réduit à un mois dans certains cas (v. n° 915).

La durée du bail

212 La loi ne fixe que la **durée minimale** du contrat : les parties sont libres de contracter pour une durée plus longue (Civ. 3e, 28 nov. 2006, n° 05-17.726).

Attention, toutefois, à bien fixer un terme au bail. En effet, à défaut, en vertu de l'interdiction des engagements perpétuels, le contrat serait nul.

Cette durée minimale n'est opposable qu'au bailleur, puisque le locataire peut, à tout moment, donner congé en respectant un préavis de trois mois, voire d'un mois (v. n°s 912 et 915).

Il y a lieu de distinguer **deux cas de figure** :

- le bailleur est une **personne morale** (une société) : la durée du bail est au moins de **six ans** ;
- le bailleur est une **personne physique** (un particulier) : le bail doit être conclu pour une durée au moins égale à **trois ans**.

Est assimilée à un bailleur personne physique, la **société civile familiale** (société constituée exclusivement entre parents et alliés jusqu'au 4e degré inclus, c'est-à-dire une société créée entre un père et son fils, un grand-père et son petit-fils, entre deux sœurs, entre une tante et sa nièce, entre cousins), ce qui exclut notamment la société constituée entre concubins, les partenaires pacsés, ainsi que le bailleur qui loue un logement en **indivision**. Ces deux cas sont visés à l'article 13 de la loi de 1989.

Les possibilités de signer un bail à durée réduite...

213 Cette exception, qui **ne concerne que le bailleur personne physique** ou assimilés (v. n° 212), lui permet de s'engager pour une durée comprise entre un et trois ans dès lors qu'il peut faire état de **raisons professionnelles ou familiales** impérieuses.

Précisément, l'alinéa 1er de l'article 11 de la loi du 6 juillet 1989 vise un « **événement précis** [qui] justifie que le bailleur personne physique ait à **reprendre le local** pour des raisons professionnelles ou familiales ». Dans ce cas, les parties peuvent « conclure un contrat **d'une durée inférieure à trois ans mais d'au moins un an** ». Le contrat doit mentionner les raisons et l'événement invoqués.

L'événement professionnel ou familial doit concerner le bailleur lui-même. Par exemple, son départ à la **retraite**, sa **mutation** ou la nécessité qu'il a de **loger l'un de ses proches**.

Le **libellé** de la clause doit être **très précis**. Le bailleur ne peut pas se contenter d'indiquer qu'il a besoin de disposer du logement pour son fils « pour des raisons professionnelles ou familiales ». Il doit préciser que celui-ci sera dans l'obligation de récupérer le local à la fin de ses études, en raison de son retour en France, par exemple.

... à confirmer ou à reporter deux mois avant le terme fixé

214 **Deux mois au moins** avant la fin du bail, et même si la loi est muette sur la forme que doit revêtir cette confirmation, il est nécessaire (pour une question de preuve) d'adresser un courrier par **lettre recommandée avec AR** ou de procéder à une **notification par huissier**. La confirmation postérieure à la date d'échéance du bail à durée réduite serait nulle (Civ. 3e, 11 juill. 2007, n° 06-17.229).

Il est conseillé d'envoyer la lettre recommandée avec AR largement plus de deux mois avant ladite confirmation, de manière à pouvoir, le cas échéant, recourir dans les délais aux services d'un huissier. En effet, si le locataire est absent lors de la présentation de cette lettre et ne vient pas la retirer à la Poste, la confirmation ne sera pas considérée comme ayant été régulièrement faite.

Si le bailleur **confirme la réalisation de l'événement, le bail s'achève** selon les stipulations du contrat (le locataire est alors déchu de plein droit de tout titre d'occupation à la date initialement prévue). Bien entendu, il faut que l'événement envisagé dans le contrat se réalise à la date prévue. Il incombera au bailleur d'en rapporter la preuve. À défaut, le bail sera réputé avoir été conclu pour trois ans.

215 Autre possibilité : le bailleur propose au locataire **le report du terme du contrat**, compte tenu de la réalisation différée de l'événement. Le bailleur ne peut **user de cette faculté de report qu'une seule fois** : au 2e report, le bail se transforme alors *ipso facto* en bail de trois ans.

Si le bail initial d'une durée réduite est transformé en bail de trois ans, l'article 11 prévoit que « **le montant du nouveau loyer ne peut être supérieur** à celui de **l'ancien** éventuellement **révisé** [...] » (sur la question de la révision, v. n° 516).

Prenons un exemple

Le 10 janvier 2008, un bail de 12 mois est signé entre M. Michalon (locataire) et M. Naudin (bailleur). Ce dernier sera muté dans la ville où est situé le logement loué à compter du 1er janvier 2009.

Le 30 septembre 2008, M. Naudin apprend de sa hiérarchie que sa mutation est repoussée au 1er juillet 2009.

Il avertit immédiatement M. Michalon, lequel retire la LRAR le 4 octobre 2008, soit plus de deux mois avant le terme du contrat : le terme du bail est reporté.

Le 15 avril 2009, toujours par LRAR, M. Naudin confirme qu'il sera bien muté à la date du 1er juillet.

Comme le 26 avril 2009, M. Michalon n'a toujours pas été retirer son courrier, M. Naudin a recours à un huissier.
Le 29 avril, M. Michalon est averti que son bail se terminera bien le 1er juillet.

La consistance et la destination des lieux

216 Le bail doit mentionner si le local loué est une maison, un appartement, le nombre de pièces, s'il comporte des annexes...

Toutes ces informations seront aussi consignées dans l'état des lieux d'entrée (v. n° 304).

Le logement doit absolument être à usage **d'habitation principale** ou **mixte** (habitation et exercice d'une profession).

La description des locaux et équipements

217 Le bail doit comporter :

– la **description** des locaux ;

Par exemple : un couloir, une cuisine, deux chambres, une salle de bains et des WC.

– la désignation des **équipements d'usage privatif** dont le locataire aura la jouissance exclusive ;

Par exemple : une baignoire, un four, une gazinière, une hotte aspirante, trois radiateurs, une cheminée et une porte blindée.

– le cas échéant, l'énumération des **parties**, **équipements et accessoires de l'immeuble** qui font l'objet d'un **usage commun**.

Par exemple : ascenseur, piscine, garage, court de tennis, aire de jeux.

Le loyer et ses modalités de paiement et de révision

218 Le loyer est généralement mensuel. Son **montant** doit évidemment être **indiqué dans le bail**, tout comme (même si le texte de l'article 3 de la loi de 1989 n'en dit mot) le montant de la provision sur charges.

De la même manière, il faut préciser si le loyer est **à terme échu** (paiement du loyer en cours en fin de mois) ou **à terme à échoir** (v. n° 509), s'il est **portable** ou **quérable** (c'est-à-dire si c'est au locataire de l'adresser au bailleur ou si, à l'inverse, c'est au bailleur à venir se faire payer chez le locataire).

Enfin, le bail doit préciser si, **tous les ans**, **le loyer est à réviser** et, si tel est le cas, selon quelles modalités (choix de l'indice, de la date de référence, etc. ; v. n° 517).

Le montant du dépôt de garantie

219 Afin de se prémunir d'un déménagement « à la cloche de bois » ou d'un défaut d'entretien, le bailleur peut exiger le versement d'un dépôt de garantie (v. n° 241). Depuis la loi pour le pouvoir d'achat du 8 février 2008 (applicable aux contrats conclus depuis le 9 février 2008), cette somme **ne peut pas dépasser un mois de loyer hors charges (contre deux mois précédemment)**. Si une telle garantie est demandée, il faut, bien entendu, qu'elle soit mentionnée dans le bail.

Sur la restitution du dépôt en garantie, v. n° 1027.

Les annexes au contrat de bail

Les annexes traditionnelles du bail

220 Doit impérativement être annexé au contrat de location l'**état des lieux** d'entrée (v. n° 302).

De plus, si le logement loué se situe dans un immeuble soumis au régime de la copropriété, un extrait du **règlement de copropriété doit être annexé**. Le bailleur doit fournir photocopie des articles :

– qui concernent la **destination de l'immeuble**, la **jouissance** et l'**usage de parties privatives et communes** ;
– qui précisent la **quote-part afférente au lot** loué dans chacune des **catégories de charges** (charges communes générales, telles

les charges d'entretien des parties communes et charges communes spéciales comme les charges d'ascenseur).

Le dossier de diagnostic technique

220-1 Le nouvel article 3-1 de la loi du 6 juillet 1989 impose de fournir au locataire différentes informations concernant le bien loué.

Ces informations sont regroupées dans un « Dossier de diagnostic technique » qui est annexé au contrat de bail lors de sa signature, mais aussi lors de son renouvellement.

L'état des risques naturels et technologiques

Si l'immeuble est situé dans une zone couverte par un plan de prévention des risques technologiques (PPRT) ou par un plan de prévention des risques naturels prévisibles (PPRNP), prescrit ou approuvé, ou dans des zones de sismicité, un état des risques naturels et technologiques est exigé (pour le savoir, contacter votre mairie ou les services de la DDE).

L'obligation, qui s'applique depuis le 1er juin 2006, vise les baux à usage exclusif d'habitation ou à usage mixte habitation et professionnel.

L'état des risques est établi par le bailleur moins de 6 mois avant la date de conclusion du contrat. Il est accompagné des extraits des documents de référence afin de permettre au locataire ou à l'acheteur de situer le bien par rapport aux risques.

Un modèle type officiel est disponible gratuitement sur le site Internet www.ecologie.gouv.fr, rubrique « Risques naturels ».

Un nouvel état des risques est nécessaire à chaque changement de locataire. En cas de colocation, le bailleur fournit un état à chacun des locataires lors de leur première entrée dans les lieux.

En cas de non-respect de ses obligations par le bailleur, le locataire peut poursuivre la résolution du contrat ou demander au juge une diminution du prix.

Le diagnostic de performance énergétique (DPE)

Depuis le 1er juillet 2007, lors de la signature et du renouvellement du bail, un diagnostic de performance énergétique doit être annexé au contrat. Ce document, qui n'a qu'une valeur purement informative, doit, par ailleurs, être mis à la disposition des « candidats » à la location, afin qu'ils puissent le consulter. Le DPE est établi par un professionnel habilité et assuré pour le faire. Son contenu est précisé à l'article R. 134-2 du CCH et sa durée de validité est de dix ans.

La notion de « renouvellement » a été précisée par un décret du 15 mai 2008 : par ce terme, il faut entendre le **premier renouvellement**. L'obligation de fourniture du DPE ne pèse donc pas sur le bailleur en cas de reconduction tacite du contrat (v. n° 701) et pour les renouvellements postérieurs. Par ailleurs, et c'est logique, le décret de 2008 précise que le DPE n'est exigible à l'occasion du premier renouvellement que lorsque celui-ci intervient à une date postérieure à l'expiration du délai de validité du diagnostic fourni lors de la location initiale.

Le constat de risque d'exposition au plomb (CREP)

L'obligation de fournir un CREP est entrée en vigueur le 12 août 2008. Elle ne concerne que les immeubles affectés en tout ou partie à l'habitation construits avant le 1er janvier 1949.

Lorsque le logement loué fait partie d'une copropriété, le constat ne porte que sur les parties privatives. Le constat est réalisé par un professionnel agréé. Sa durée de validité est illimitée lorsqu'il conclut à une absence de plomb. L'intégralité du coût de réalisation du CREP est toujours à la charge du bailleur (même si une clause du bail prévoit le contraire).

La déclaration des sinistres indemnisés

Depuis le 1er juin 2006, le bailleur doit informer le locataire, par écrit, de tous les sinistres indemnisés au titre d'une catastrophe naturelle ou technologique survenus depuis qu'il est propriétaire du bien, ou dont il a lui-même été informé. La déclaration, qui est faite sur papier libre, n'est soumise à aucun formalisme particulier.

L'information sur les modalités de réception des services de télévision

Le nouvel article 3-2 de la loi de 1989, introduit par la loi relative à la modernisation de la diffusion audiovisuelle et à la « télévision du futur » du 5 mars 2007, impose au bailleur de fournir au locataire une information sur les modalités de réception des services de télévision dans l'immeuble. Cette note d'information, qui n'a qu'une valeur informative précise le texte, est annexée au contrat de location lors de sa signature ou de son renouvellement.

Elle comprend :

- une information sur la possibilité ou non de recevoir les services de télévision par voie hertzienne ;
- lorsqu'un réseau de communications électroniques interne à l'immeuble distribue des services de télévision, une information qui précise si l'installation permet ou non l'accès aux services nationaux en clair de télévision par voie hertzienne terrestre en mode numérique (TNT) ou s'il faut s'adresser au distributeur de services pour bénéficier du « service antenne » numérique. Dans ce dernier cas, il faut préciser les coordonnées du distributeur de services auquel le locataire doit s'adresser pour bénéficier du service.

Pour obtenir ces informations, adressez-vous au syndic de l'immeuble.

Les clauses souhaitables

221 Bien que la loi du 6 juillet 1989 ne les ait pas élevées au rang des clauses impératives, il est hautement souhaitable que le contrat de location énumère :

- les **obligations des parties** (obligation de délivrance, d'entretien, de garantie… pour le bailleur ; obligation de jouissance paisible, de paiement des loyers et des charges… pour le locataire) ;

– le décompte des **charges locatives** ;
– les modalités de **renouvellement** du bail ;
– les conditions pour donner **congé** ;
– la mise en jeu de la **clause résolutoire** pour **non-paiement des loyers**, pour **défaut d'assurance** ou pour troubles du voisinage (si une telle clause est stipulée).

Peut-on prévoir une clause interdisant au locataire de changer de fournisseur d'énergie (gaz et électricité) ?

Depuis le 1er juillet 2007, le marché de la fourniture du gaz et de l'électricité aux particuliers est libre. On peut donc décider de quitter le « tarif réglementé » et souscrire un abonnement au tarif libre. Mais une fois ce choix fait, impossible de revenir en arrière. C'est donc une décision grave qui concerne le logement loué, le propriétaire, comme les locataires qui suivront. La question de savoir si un locataire peut, de son propre chef, prendre une décision aussi grave est donc particulièrement importante. La loi n'y répond pas. En pratique, deux moyens sont mis en œuvre pour interdire au locataire de sortir du tarif réglementé : en cas de conclusion d'un nouveau bail, stipuler une clause interdisant au locataire de changer de fournisseur sans l'accord écrit et préalable du bailleur (le modèle de bail proposé au n° 235 contient cette clause) ; pour les baux en cours, adresser une lettre RAR informant le locataire que le bailleur s'oppose à un tel changement en raison de son caractère irréversible.

Modèle de clause à insérer dans le contrat de bail

« Il est expressément convenu entre les parties que le Locataire ne pourra, pendant toute la durée du présent bail et de ses éventuels renouvellements, changer de fournisseur d'énergie sans l'accord écrit et préalable du Bailleur. »

Les clauses formellement interdites

222 Elles sont énumérées à l'article 4 de la loi de 1989.

Cette liste, qui prévoyait initialement dix clauses, comprend neuf clauses supplémentaires depuis une loi du 13 juillet 2006. Elles sont **réputées non écrites** si elles figurent dans un bail. Une clause réputée non écrite est **considérée comme nulle**.

En présence de l'une d'entre elles, le locataire n'a pas à en tenir compte. Il peut même obtenir du bailleur qu'il la supprime du bail (l'article 3 de la loi précise que « chaque partie peut exiger, à tout moment, de l'autre partie, l'établissement d'un contrat « conforme » à la loi »). La nullité de la clause **ne remet absolument pas en cause la validité du bail en lui-même**.

L'action du locataire n'est enfermée dans aucun délai. Il peut tout à fait attendre le moment où le bailleur essaiera de faire jouer cette clause pour lui opposer la nullité.

La visite des lieux en cours de bail

223 La clause qui oblige le locataire, en vue de la vente ou de la location du local loué, à **laisser visiter** celui-ci les jours fériés ou **plus de deux heures les jours ouvrables est interdite**. Cette prohibition s'explique par l'obligation qu'a le bailleur de ne pas troubler le locataire dans sa jouissance des lieux (v. n° 402).

En cours de préavis (notamment lorsque le locataire a donné congé) ou en cas de vente du logement, il est toutefois légitime que le bailleur se ménage des plages de visite, mais dans les limites que l'on vient d'indiquer.

Imposer le choix d'une assurance

224 Le locataire doit « s'assurer contre les risques dont il doit répondre en sa qualité de locataire » (art. 7 *g* de la loi de 1989). Toutefois, **le choix de la compagnie d'assurance ne doit pas lui être dicté**

par le bailleur. « Est réputée non écrite toute clause [...] *b*) par laquelle le locataire est obligé de souscrire une assurance auprès d'une compagnie choisie par le bailleur. »

Le paiement du loyer par prélèvement automatique

225 Le bailleur ne peut pas obliger son locataire à régler le loyer par un prélèvement automatique (art. 4 *c* de la loi de 1989). Pour autant, **cette technique n'est pas prohibée en tant que telle**. Le locataire peut très bien librement consentir à ce mode de paiement, mais il doit conserver la possibilité de résilier ce prélèvement à tout moment.

Le prélèvement du loyer par prélèvement sur le salaire

226 Le bailleur ne peut pas non plus imposer au locataire le paiement du loyer par prélèvement sur le salaire (art. 4 *d*). De la même manière, **est nulle, la clause autorisant le bailleur à pratiquer une saisie-arrêt sur salaires** en vue de recouvrer les éventuels loyers impayés.

Instaurer une responsabilité collective des locataires

227 Est réputée non écrite toute clause « qui prévoit la responsabilité collective des locataires en cas de dégradation d'un élément commun de la chose louée » (art. 4 *e* de la loi de 1989). Cette disposition, qui **interdit de répartir sur tous les locataires la charge des réparations**, impose donc au bailleur souhaitant obtenir réparation qu'il identifie le fauteur de trouble.

> Par exemple, la clause prévoyant que les frais de dégorgement et de réparation des canalisations d'évacuation ou de vide-ordures bouchés ou abîmés seront répartis entre tous les locataires de l'immeuble est nulle.

Rembourser le bailleur sur la foi de ses seules estimations

228 Le locataire doit au bailleur le remboursement des frais que ce dernier avance au titre des réparations locatives (v. n° 617). Toutefois, est nulle la clause qui prévoit que le locataire s'engage par avance à rembourser le bailleur **sur la seule base de ses estimations** (art. 4 *f*). Seul un remboursement sur justificatifs est possible.

Les clauses de résiliation de plein droit

229 Une clause de résiliation de plein droit va permettre au bailleur de mettre fin au bail en cas de manquement du locataire à l'une de ses obligations précisées par la clause. Le bailleur n'aura besoin que de faire **constater** par le juge que la « clause résolutoire » est acquise. Le juge n'aura aucune marge de manœuvre : il devra **systématiquement sanctionner** le manquement du locataire visé par la clause, quelle que soit sa gravité, **par la résiliation du bail (pour plus de précisions sur la procédure, v. n°s 1205 et s.)**.

Compte tenu de la gravité et de l'automaticité de la sanction en cas de violation d'une clause résolutoire, le législateur **a strictement limité les manquements** pour lesquels elle peut intervenir.

Il s'agit uniquement :

- **du défaut de paiement du loyer**, **des charges** ou **du dépôt de garantie** (art. 24 de la loi),
- du cas **de défaut d'assurance** (art. 7 *g*),
- ou, depuis la loi du 5 mars 2007 sur la prévention de la délinquance, du **non-respect de l'obligation d'user paisiblement des locaux loués**, résultant de troubles de voisinage constatés par une décision de justice passée en force de chose jugée.

> Par exemple, conformément à l'article 4 *g*, une clause qui prévoit la résiliation de plein droit du bail en cas de sous-location ou de cession est nulle. Le bailleur qui veut se séparer de son locataire pour ce motif devra saisir les juges afin qu'ils décident si la gravité du manquement invoqué justifie la résiliation du bail (v. n°s 1218 et s.).

La variation sans contrepartie des prestations offertes

230 L'équilibre voulu par les parties lors de la conclusion du bail ne doit pas être modifié ou rompu en cours d'exécution du contrat. Si le bailleur entend modifier un élément du bail, il doit indemniser son locataire pour le préjudice éventuel qu'il lui cause (art. 4 *h*).

> Par exemple, il est interdit au bailleur d'insérer une clause en vertu de laquelle, pendant la durée du bail, il se réserve le droit de réaliser tout type de travaux qu'il jugera utile et ne devra, quelle que soit la durée de ces travaux, aucune indemnité au locataire (v. n° 622).
> De même, est nulle la clause qui interdit au locataire d'exercer un recours contre le bailleur qui supprimerait le gardiennage dans l'immeuble.

La perception d'amendes

231 « Toute clause qui **autorise le bailleur à percevoir des amendes** en cas d'infraction aux clauses d'un contrat de location ou d'un règlement intérieur à l'immeuble » est **réputée non écrite** (art. 4 *i* de la loi de 1989). Il s'agit en fait d'une application de l'adage selon lequel nul ne peut se faire justice à soi-même.

L'interdiction est limitée aux amendes proprement dites. les juges estiment, en revanche, qu'une **clause pénale** (c'est-à-dire une clause par laquelle les parties évaluent d'avance et forfaitairement l'indemnité due en cas d'irrespect, par l'une d'entre elles, de ses obligations) **est valable**.

> Exemple de clause pénale : « En cas de retard de paiement du loyer ou des charges locatives supérieur à quinze jours, le locataire devra verser au bailleur une pénalité de 10 % de la somme impayée. »

L'interdiction d'exercer certaines activités

232 Toute clause qui **interdit** au locataire d'exercer **une activité politique, syndicale, associative ou confessionnelle** dans les lieux loués est **nulle** (art. 4 *j* de la loi de 1989).

Les neuf nouvelles clauses réputées non écrites

232-1 La loi du 13 juillet 2006 portant engagement national pour le logement (ENL) a complété la liste en ajoutant neuf nouvelles clauses.

Ainsi, est réputée non écrite, et est à ce titre nulle, la clause :

- qui impose au locataire la facturation de l'état des lieux dès lors que celui-ci n'est pas établi par un huissier de justice dans le cas prévu par l'article 3 ;

Cette clause répond à un souci très pratique. En effet, si l'article 3 de la loi de 1989 n'évoque un partage des frais d'établissement de l'état des lieux que s'il est établi par un huissier de justice, à l'initiative de la partie la plus diligente (v. n° 1104), dans les faits, certains professionnels de l'immobilier prévoyaient dans le contrat la facturation au locataire de l'établissement de l'état des lieux. Cette pratique est dorénavant explicitement prohibée. En revanche, rien n'interdit de facturer cet acte au propriétaire.

- qui prévoit le renouvellement du bail par tacite reconduction pour une durée inférieure à celle prévue à l'article 10 (3 ou 6 ans, selon que le bailleur est une personne physique ou non) ;
- qui interdit au locataire de rechercher la responsabilité du bailleur ou qui exonère le bailleur de toute responsabilité ;
- qui interdit au locataire d'héberger des personnes ne vivant pas habituellement avec lui ;

La loi ne fait ici que confirmer une solution dégagée par les juges et récemment rappelée (Civ. 3e, 22 mars 2006, n° 04-19.349).

- qui impose au locataire le versement, lors de l'entrée dans les lieux, de sommes d'argent en plus de celles prévues aux articles 5 (partage égalitaire de la commission de l'agent immobilier entre le bailleur et le locataire) et 22 (le montant du dépôt de garantie ne peut excéder un mois de loyer) ;
- qui fait supporter au locataire des frais de relance ou d'expédition de la quittance ainsi que les frais de procédure en plus des sommes

versées au titre des dépens et de l'article 700 du Code de procédure civile;
- qui prévoit que le locataire est automatiquement responsable des dégradations constatées dans le logement;
- qui interdit au locataire de demander une indemnité au bailleur lorsque ce dernier réalise des travaux d'une durée supérieure à quarante jours;
- qui permet au bailleur d'obtenir la résiliation de plein droit du bail au moyen d'une simple ordonnance de référé insusceptible d'appel.

Les clauses jugées illicites

233 En réalité, à chaque fois qu'une clause est en contradiction avec une disposition de la loi de 1989 ou même avec un autre texte, pourvu qu'il soit d'ordre public, elle est illicite.

C'est ainsi que, en annexe de sa recommandation n° 2000-01 du 17 février 2000, la Commission des clauses abusives a recensé les clauses illicites au regard des dispositions d'ordre public.

Exemples de clauses illicites

- la clause obligeant le locataire à souscrire une assurance auprès d'une compagnie d'assurances française (violation de l'article 49 du traité instituant la Communauté européenne);
- la clause prévoyant que les frais de constitution de dossier et d'établissement du bail (frais d'actes, de rédaction, d'imprimés, etc.) seront à la charge du locataire, ainsi que les frais d'enregistrement et les frais de photocopies des pièces annexées au bail (violation de l'article 5 de la loi de 1989);
- la clause prévoyant que tout mois commencé est dû (violation de l'article 15 de la loi du 6 juillet 1989);
- la clause interdisant au locataire dont l'expulsion est poursuivie, d'obtenir des délais pour libérer les lieux (violation des articles 1244-1 et 1244-3 du Code civil et de l'article L. 631-1 du Code de la construction et de l'habitation);

– la clause imposant au locataire de payer tous les frais et tous les honoraires en cas de procédure contre lui (violation de l'article 32 de la loi du 9 juillet 1991).

Les clauses jugées abusives

234 À côté des clauses illicites, il existe des clauses abusives, c'est-à-dire des clauses listées par la Commission des clauses abusives dont l'une ou l'autre des parties pourra demander au juge de les faire disparaître du bail (en les réputant non écrites).

À la différence des clauses illicites, que le juge doit automatiquement annuler, le locataire qui prétend qu'une clause du bail est abusive doit l'établir (ainsi qu'il est dit à l'art. L. 132-1 du Code de la consommation). S'il parvient à convaincre le juge, celui-ci annulera la clause.

À ce jour, il existe deux recommandations de la Commission des clauses abusives intéressant les rapports locatifs d'habitation, ayant – à elles deux – recensé 50 clauses abusives. Il s'agit de la recommandation n° 80-04 du 4 février 1980 et de la recommandation n° 2000-01 du 17 février 2000.

Exemples de clauses abusives

Est abusive, la clause qui a pour objet ou pour effet :
– de laisser croire au locataire qu'il est redevable de plus d'obligations que celles posées par la loi (qui est d'ordre public), tels le paiement de charges non récupérables, le versement d'un dépôt de garantie supérieur à un mois de loyer, le remplacement – aux frais du preneur – du compteur et de l'installation électrique intérieure, l'installation d'une boîte à lettres aux frais du locataire sur simple demande du bailleur;
– d'interdire au locataire de contester les clauses du bail sous peine de résiliation de celui-ci;
– d'obliger le locataire à faire procéder au ramonage des cheminées plusieurs fois par an;

- d'imposer au locataire, en fin de bail, de faire dresser, à ses frais par l'architecte du bailleur ou de son gérant, l'état des réparations locatives ;
- de fixer, en cas de congé, des horaires de visite incompatibles avec les contraintes de la vie courante des locataires ;
- de mettre à la charge exclusive du locataire les frais liés à la conclusion du bail ;
- d'obliger le locataire à négocier avec le propriétaire le montant du loyer de renouvellement, faute de quoi les frais de procédure de renouvellement seraient à sa charge ;
- d'exiger du locataire qu'il souscrive des assurances autres que celles qu'il est d'usage de contracter ;
- de prévoir une domiciliation du locataire dans les lieux libérés.

Vous pourrez retrouver la liste *in extenso* soit dans le Code des baux Dalloz, soit sur le site de la Commission des clauses abusives, www.clauses-abusives.fr

Modèle de contrat de location

235 Il s'agit d'un contrat de location initial d'un local à usage d'habitation ou à usage d'habitation et à usage professionnel, conclu en application de la loi du 6 juillet 1989.

Si le bailleur est une personne morale, indiquez le nom de la société et son siège social. Ajoutez la mention suivante si vous êtes représenté par un mandataire [*représenté le cas échéant par............ (nom et adresse du mandataire)*]. À préciser en cas de copreneurs non mariés

1. Désignation des parties

Le présent bail est conclu entre :

Bailleur : M. Dupont, dont le domicile est situé au 21, rue de la monnaie, 14300 Mirifleur

Locataire(s) : M. Durrance, 55, rue de la victoire, 32600 Barfleur et Mlle Tarn, 55, rue de la victoire, 32600 Barfleur, en qualité de locataires solidaires et indivis

Cochez la (les) case(s) correspondante(s) et remplissez les blancs

2. Détermination des locaux

2.1. Adresse

Les locaux sont situés..............

2.2. Consistance et désignation des lieux

Appartement ❒ Maison individuelle ❒

Si l'appartement est situé dans une copropriété, indiquez également le numéro du lot et ce qu'il représente en millièmes

Si l'appartement est situé dans une copropriété : Lot n° 23, représentant 125 millièmes.

Les locaux loués sont composés de 3 pièces et des dépendances suivantes :

- cave ❒ Lot n° 28, représentant 23 millièmes
- grenier ❒
- parking ❒

Champ à remplir si l'appartement est situé dans une copropriété

- autre [*préciser*]..............
- éléments d'équipement :
  - chauffage collectif ❒
  - eau chaude collective ❒
  - gardiennage ❒
  - interphone ❒
  - digicode ❒
  - ascenseur ❒
  - antenne TV collective ❒
  - câble ❒

Précisez s'il y a d'autres équipements

  - autre..............

2.3. Destination des lieux

Les locaux sont loués :

- à usage exclusif d'habitation ❒
- à usage mixte (d'habitation et professionnel) ❒

2.4. État des lieux loués (article 3 de la loi du 6 juillet 1989)

Précisez le nombre d'exemplaires

L'état des lieux loués fait l'objet d'un document dressé en autant d'exemplaires qu'il y a de parties au contrat, soit 4 exemplaires et joint à ce dernier.

3. Obligations des parties

3.1. Obligations du bailleur (article 6 de la loi du 6 juillet 1989)

Inscrivez les obligations du bailleur

Le bailleur s'oblige :

- à remettre au locataire un logement décent ne laissant pas apparaître de risques manifestes pouvant porter atteinte à la sécurité physique ou à la santé et doté des éléments le rendant conforme à l'usage d'habitation et dont les caractéristiques correspondent à celles définies par le décret n° 2002-120 du 30 janvier 2002 (annexé au contrat);
- à délivrer au locataire un logement en bon état d'usage et de réparation ainsi que les équipements mentionnés au présent contrat en bon état de fonctionnement;
- à assurer au locataire la jouissance paisible des lieux loués et, sans préjudice des dispositions de l'article 1721 du Code civil [en vertu duquel le bailleur doit garantie (et indemnité éventuelle) au preneur pour tous les vices ou défauts de la chose louée qui en empêchent l'usage, même si le bailleur les ignorait lors de la signature du bail], de le garantir des vices ou défauts de nature à y faire obstacle;
- à entretenir les locaux en état de servir à l'usage prévu par le contrat et à y faire toutes les réparations, autres que locatives, nécessaires au maintien en état et à l'entretien normal des locaux loués (voir rubrique 2.3.);
- à ne pas s'opposer aux aménagements réalisés par le locataire, dès lors que ceux-ci ne constituent pas une transformation de la chose louée;
- en cas de paiement total des sommes dues, à remettre gratuitement une quittance au locataire qui en fera la demande ou, en cas de paiement partiel, à lui délivrer un reçu.

3.2. Obligations du locataire (article 7 la loi du 6 juillet 1989)

Mentionnez les obligations du locataire

Le locataire s'oblige :

- à payer le loyer et les charges récupérables aux termes convenus, le paiement mensuel étant de droit lorsqu'il est demandé par le locataire [concernant les conditions financières du bail, voir rubrique n° 4];
- à user paisiblement des locaux loués suivant leur destination contractuelle;

- à ne pas céder ni sous-louer les locaux loués sans l'accord écrit du bailleur ;
- à garnir suffisamment les lieux loués, afin qu'à défaut de respect de ses obligations par le preneur, le bailleur puisse user du privilège qu'il tient de l'article 2102 du Code civil [par lequel celui-ci dispose d'une créance privilégiée sur les meubles meublants du locataire pour le paiement du loyer, les réparations locatives et pour tout ce qui concerne l'exécution du bail. Ce privilège existe également à l'égard de toute créance résultant, au profit du propriétaire ou du bailleur, de l'occupation des lieux à quelque titre que ce soit] ;
- à répondre des dégradations et des pertes qui surviennent pendant la durée du bail dans les locaux dont il a la jouissance exclusive, sauf cas de force majeure, faute du bailleur ou fait d'un tiers qu'il n'a pas introduit dans le logement ;
- à prendre à sa charge l'entretien courant du logement, des équipements mentionnés à la rubrique 2.2. et les menues réparations ainsi que l'ensemble des réparations locatives définies au décret n° 87-712 du 26 août 1987, sauf si elles sont occasionnées par vétusté, malfaçon, vice de construction, cas fortuit ou force majeure ;
- à laisser exécuter dans les lieux loués les travaux d'amélioration des parties communes ou des parties privatives du même immeuble, ainsi que les travaux nécessaires au maintien en état et à l'entretien normal des locaux loués, étant remarqué que les deuxième et troisième alinéas de l'article 1724 du Code civil sont applicables à ces travaux [alinéas en vertu desquels si les réparations durent plus de 40 jours, le prix du bail sera diminué à proportion du temps et de la partie de la chose louée dont il aura été privé (al. 2) et, si les réparations sont de telle nature qu'elles rendent inhabitable ce qui est nécessaire au logement du preneur et de sa famille, celui-ci pourra faire résilier le bail] ;
- à ne pas transformer les locaux et équipements loués sans l'accord écrit du propriétaire ; à défaut de cet accord, ce dernier peut exiger du locataire, à son départ des lieux, leur remise en état ou conserver à son bénéfice les transformations effectuées sans que le locataire puisse réclamer une

indemnisation des frais engagés; le bailleur ayant toutefois la faculté d'exiger, aux frais du locataire, la remise immédiate des lieux en l'état lorsque les transformations mettent en péril le bon fonctionnement des équipements ou la sécurité du local;

- à respecter le règlement intérieur de l'immeuble et/ou le règlement de copropriété;
- à s'assurer contre les risques locatifs et à en justifier lors de la remise des clés puis, chaque année, à la demande du bailleur (étant entendu que la justification de cette assurance résulte de la remise au bailleur d'une attestation de l'assureur ou de son représentant);
- à laisser le bailleur ou son mandataire visiter les lieux loués en vue de leur relocation ou de leur vente, étant entendu qu'en application de l'article 4 *a* de la loi n° 89-462 du 6 juillet 1989, ce droit de visite instauré au bénéfice du propriétaire ou de son représentant ne saurait s'exercer les jours fériés ou plus de deux heures les jours ouvrables;
- à ne pas changer de fournisseur d'énergie, pendant toute la durée du présent bail et de ses éventuels renouvellements, sans l'accord écrit et préalable du Bailleur.

4. Conditions financières du contrat

4.1. Loyer (article 17 de la loi du 6 juillet 1989)

Écrivez le montant du loyer et ses conditions de révision

Le loyer mensuel est fixé à 400 euros.

Il est payable, au domicile du bailleur ou de son représentant, à terme à échoir entre le 1er et le 5 de chaque mois.

4.2. Révision du loyer (article 17 *d* de la loi du 6 juillet 1989)

Le loyer ci-dessus mentionné sera révisé automatiquement tous les ans en fonction de la variation de l'indice de référence des loyers (IRL) publié par l'INSEE et qui correspond à la moyenne, sur les douze derniers mois, de l'évolution des prix à la consommation hors tabac et hors loyers.

Indiquez l'indice de référence qui sert de base pour la révision annuelle du loyer

L'indice de référence est celui du 1er trimestre de l'année 2008, d'une valeur de 115,12.

4.3. Charges (article 23 de la loi du 6 juillet 1989)

4.3.1. Détermination des charges récupérables

Les charges récupérables, sommes accessoires au loyer principal, sont exigibles sur justification, en contrepartie :

- des services rendus liés à l'usage des différents éléments de la chose louée ;
- des dépenses d'entretien courant et des menues réparations sur les éléments d'usage commun de la chose louée ;

Sont notamment récupérables à ce titre les dépenses engagées par le bailleur dans le cadre d'un contrat d'entretien relatif aux ascenseurs et répondant aux conditions de l'article L. 125-2-2 du Code de la construction et de l'habitation, qui concernent les opérations et les vérifications périodiques minimales et la réparation et le remplacement de petites pièces présentant des signes d'usure excessive ainsi que les interventions pour dégager les personnes bloquées en cabine et le dépannage et la remise en fonctionnement normal des appareils.

- des impositions qui correspondent à des services dont le locataire profite directement.

La liste des charges récupérables ressort du décret n° 87-713 du 26 août 1987, annexé au présent bail.

4.3.2. Provision sur charges

Fixez le montant de la provision sur charges et ses conditions de régularisation

La provision mensuelle sur charges est fixée à 60 euros.

4.3.3. Régularisation

La provision sur charges fera l'objet d'une régularisation annuelle et sera justifiée par la communication des résultats antérieurs et, si l'immeuble est soumis au régime de la copropriété ou si le bailleur est une personne morale, par le budget prévisionnel.

Un mois avant cette régularisation, le bailleur en communique au locataire le décompte par nature de charges ainsi que, dans les immeubles collectifs, le mode de répartition entre les locataires. (Voir la liste des pièces annexées au présent contrat.)

Durant un mois à compter de l'envoi de ce décompte, les pièces justificatives sont tenues à la disposition des locataires.

4.4. Récapitulation des sommes dues mensuellement

– loyer :	400 euros
– provisions sur charges :	60 euros
Total	460 euros

Le montant du dépôt de garantie ne peut pas excéder un mois de loyer hors charges [

4.5. Dépôt de garantie (article 22 de la loi du 6 juillet 1989)

Lors de la remise des clés, le locataire verse au bailleur un dépôt de garantie d'un montant de 800 euros.

Cochez la case correspondante [

5. Durée du contrat (articles 10 et 11 de la loi du 6 juillet 1989)

La durée du bail ne peut être inférieure à trois ans (bailleur personne physique) ou six ans (bailleur personne morale) [

5.1. Bail à durée normale (article 10 de la loi du 6 juillet 1989)

Le présent contrat est conclu pour une durée de 3 ans.

5.2. Bail à durée réduite (article 11 de la loi du 6 juillet 1989)

À remplir si un événement justifie la rédaction d'un bail à durée réduite La durée ne peut pas être inférieure à un an [

En raison d'un événement précis qui justifie que le bailleur (personne physique) doive reprendre les lieux loués pour des raisons professionnelles ou familiales, le présent contrat est conclu pour une durée de 24 mois.

Indiquez l'événement précis qui justifie un bail à durée réduite (v. n° 213) [

L'événement précis dont il est question à l'alinéa ci-dessus est le suivant : le départ à la retraite du bailleur.

6. Date de prise d'effet du contrat

Le présent contrat prendra effet le 1er juin 2008.

7. Tacite reconduction, renouvellement et congé

7.1. Tacite reconduction

À son expiration, à défaut de manifestation de volonté de l'une des parties, le bail est reconduit tacitement pour une durée de trois ans, si le bailleur est une personne physique et de six ans, si le bailleur est une personne morale.

7.2. Renouvellement du bail avec réévaluation du loyer (article 17 *c* de la loi du 6 juillet 1989)

En cas de renouvellement du bail, les parties ne peuvent pas contracter pour une durée inférieure à la durée minimale du contrat initial (trois ou six ans).

Lors du renouvellement du contrat, le loyer ne donne lieu à réévaluation que s'il est manifestement sous-évalué.

Dans ce cas, le bailleur peut proposer au locataire, au moins six mois avant le terme du bail par lettre recommandée avec accusé de réception ou par acte d'huissier, un nouveau loyer fixé par référence aux loyers habituellement constatés dans le voisinage pour des logements comparables dans les conditions définies à l'article 19 de la loi n° 89-462 du 6 juillet 1989.

7.3. Congé (article 15 de la loi du 6 juillet 1989)

Indiquez les formes de l'envoi [

- **Congé émanant du bailleur** : le bailleur qui ne souhaite pas poursuivre la relation contractuelle doit donner congé à son locataire par acte d'huissier ou par lettre recommandée avec accusé de réception. Ce congé doit être justifié, soit par sa décision de reprendre ou de vendre le logement, soit par un motif légitime et sérieux notamment l'inexécution par le locataire de l'une des obligations lui incombant.

Le délai de préavis applicable est de **six mois**.

Le congé ne peut être donné que pour le terme du bail.

- **Congé émanant du locataire** : le locataire qui ne souhaite pas poursuivre la relation contractuelle doit donner congé au bailleur par acte d'huissier ou par lettre recommandée avec accusé de réception. Ce congé n'a pas à être justifié.

Signalez que le délai de préavis est de trois mois et les conditions de sa réduction à un mois [

Le délai de préavis applicable est de **trois mois**. Ce délai est réduit à **un mois** en cas d'obtention d'un premier emploi, de mutation, de perte d'emploi, de nouvel emploi consécutif à une perte d'emploi. Ce délai est également réduit à un mois en faveur du locataire âgé de plus de soixante ans dont l'état de santé justifie un changement de domicile ainsi qu'en faveur du bénéficiaire du RMI.

8. Clauses résolutoires (articles 7 g et 24 de la loi du 6 juillet 1989)

8.1. Défaut de paiement du loyer ou des charges récupérables, défaut de versement du dépôt de garantie (article 24 de la loi du 6 juillet 1989)

À défaut de paiement du loyer ou des charges (qu'il s'agisse des provisions ou de la régularisation annuelle) aux termes convenus ou à défaut de versement du dépôt de garantie, il est prévu que le bail sera résilié de plein droit.

La présente clause résolutoire ne produira cependant effet que **deux mois** après un commandement de payer demeuré infructueux.

À peine d'irrecevabilité de la demande, l'assignation aux fins de constat de la résiliation est notifiée à la diligence de l'huissier de justice au représentant de l'État dans le département, par lettre recommandée avec demande d'avis de réception, au moins deux mois avant l'audience, afin qu'il saisisse, en tant que de besoin, les organismes dont relèvent les aides au logement, le Fonds de solidarité pour le logement ou les services sociaux compétents (loi du 6 juillet 1989, article 24, alinéa 2).

Le commandement de payer reproduit, à peine de nullité, les dispositions des cinq premiers alinéas de l'article 24 de la loi n° 89-462 du 6 juillet 1989, ainsi que celles du premier alinéa de l'article 6 de la loi n° 90-449 du 31 mai 1990 visant à la mise en œuvre du droit au logement, en mentionnant la faculté pour le locataire de saisir le Fonds de solidarité pour le logement, dont l'adresse est précisée (loi du 6 juillet 1989, article 24, alinéa 6).

Lorsque les obligations résultant du bail sont garanties par un cautionnement, le commandement de payer est signifié à la caution dans un délai de quinze jours à compter de la signification du commandement au locataire. À défaut, la caution ne peut être tenue au paiement des pénalités ou intérêts de retard (loi du 6 juillet 1989, article 24, alinéa 7).

8.2. Défaut d'assurance (article 7 g de la loi du 6 juillet 1989)

À défaut d'assurance des risques locatifs par le locataire, il est prévu que le bail sera résilié de plein droit.

La présente clause résolutoire ne produira cependant effet qu'**un mois** après un commandement de produire un justificatif demeuré infructueux. Ce commandement devra reproduire, à peine de nullité, les dispositions du paragraphe 7 g de la loi n° 89-462 du 6 juillet 1989.

8.3. Troubles de voisinage

En cas de non-respect par le locataire de son obligation d'user paisiblement des locaux loués, résultant de troubles de voisinage constatés par une décision de justice passée en force de chose jugée, il est prévu que le bail sera résilié de plein droit.

9. Cautionnement (article 22-1 de la loi du 6 juillet 1989)

Inscrivez le nom et l'adresse de la caution

L'exécution du présent bail est garantie par M. Tarn, demeurant 3 *ter*, rue de la Vigne, 06100 Nice en qualité de caution.

Il s'agit d'un cautionnement solidaire par lequel la caution renonce au bénéfice de discussion et de division pour les obligations que le locataire a contracté en signant le présent bail.

Précisez la date de fin de l'engagement de caution

Son engagement est à durée déterminée et prendra fin le 10 février 2012, date d'expiration dudit bail.

Un exemplaire de l'engagement de la caution est annexé au présent bail (voir rubrique 14).

Introduisez la clause de solidarité

10. Solidarité et indivisibilité

En cas de pluralité de locataires, ceux-ci reconnaissent être solidaires et indivis pour l'exécution de leurs obligations.

11. Rémunération des intermédiaires (loi du 6 juillet 1989, article 5)

La rémunération des personnes qui se livrent ou prêtent leur concours à l'établissement de l'acte de location est partagée par moitié entre le bailleur et le locataire.

12. Élection de domiciles

Pour l'exécution du présent bail, le bailleur et, le cas échéant, la caution, élisent domicile à leur propre domicile, tandis que le preneur déclare élire domicile dans les lieux loués.

Précisez le nombre d'exemplaires

13. Nombre d'exemplaires

Le présent bail est établi en 4 exemplaires, soit un exemplaire par partie au contrat et un exemplaire pour la caution.

14. Pièces annexées au présent contrat

- Les extraits du règlement de copropriété concernant la destination de l'immeuble, la jouissance et l'usage des parties privatives et communes, et la quote-part afférente au lot loué dans chacune des catégories de charges [***lorsque l'immeuble est soumis au statut de la copropriété***] ❒

Cochez les cases correspondantes

- Décret n° 87-713 du 26 août 1987 relatif aux charges récupérables ❒
- Décret n° 87-712 du 26 août 1987 relatif aux réparations locatives ❒

Citez les textes

- Décret n° 2002-120 du 30 janvier 2002 relatif aux caractéristiques d'un logement décent ❒

Pour plus de précisions, reportez-vous aux nos 220-1 et s.

- État des lieux d'entrée ❒
- Engagement de la caution ❒
- Le dossier de diagnostic technique ❒

Sur cette question, v. n° 220-1

- L'information sur les modalités de réception des services de télévision dans l'immeuble ❒

Lorsque le bien est concerné (v. n° 220-1)

- La déclaration des sinistres indemnisés ❒

Les signatures viennent en complément du paraphe apposé aux pages précédentes

15. Signatures

Le(s) locataire(s)

Fait à Barfleur, le 15 mai 2008

Signature(s)

Le bailleur (ou son représentant)

Fait à Barfleur, le 15 mai 2008

Signature(s) précédée(s) de *« Bon pour accord, lu et approuvé »*

Signature

La caution

Fait à Barfleur, le 15 mai 2008

Signature

Les garanties données au bailleur

L'engagement de caution

Avertissement : à l'heure où ces lignes sont rédigées, le Sénat a, dans le cadre du projet de loi de mobilisation pour le logement et la lutte contre l'exclusion, modifié l'article 22-1 de la loi de 1989 de manière à :
– interdire de cumuler cautionnement et assurance garantissant le risque locatif ;
– interdire au bailleur personne morale (exception faite des SCI familiales au sens de l'art. 13 de la loi de 1989, v. n° 212) d'exiger un cautionnement, sauf s'il est fourni par un des organismes dont la liste sera définie par un décret à venir ou s'il est demandé à l'occasion de la location d'un logement loué à un étudiant non boursier de l'enseignement supérieur.
N'hésitez pas à vous tenir au courant de l'évolution du texte sur www.editions-delmas.com ou sur **www.logement.gouv.fr**

236 La caution est la personne (un particulier ou un établissement financier) qui se porte **garante du respect** des obligations du preneur et **qui va prendre le relais** en cas de **carence** de celui-ci.

Se porter caution peut être très lourd de conséquences ; il faut être conscient de la portée de cet engagement.

Toute personne ayant **une couverture financière suffisante** peut se porter caution, étant précisé que l'appréciation de cette capacité est laissée à la discrétion du bailleur. Avant d'accepter une personne comme caution, le bailleur peut lui demander qu'elle lui fournisse la preuve de ses revenus en produisant les mêmes documents que ceux qu'il a réclamés au locataire (fiches de salaire, avis d'imposition, etc.). Alors qu'il est interdit au bailleur de demander au locataire certains documents, telles une photo d'identité ou une carte d'assuré social (v. n° 120), rien ne semble empêcher qu'il puisse réclamer ces documents à la caution.

À savoir : depuis la loi de « modernisation sociale » du 17 janvier 2002, le bailleur ne peut refuser la caution présentée au motif qu'elle ne possède pas la nationalité française. Et depuis la loi ENL du 13 juillet 2006, un bailleur ne peut plus refuser le cautionnement donné par une personne au motif qu'elle ne réside pas sur le territoire métropolitain (nouvel art. 22-1 de la loi du 6 juill. 1989).

La caution est simple ou solidaire

237 Les cautionnements simples n'existent pratiquement plus car une caution est d'autant plus lourdement engagée qu'elle signe un « **contrat de caution solidaire** ». En effet, ce contrat exclut **le bénéfice de discussion** et **de division** attaché au cautionnement simple. Le bailleur peut dès lors exiger **immédiatement auprès de la caution le paiement de la dette** sans même avoir tenté une quelconque action en justice contre le locataire. De plus, si plusieurs personnes se sont portées cautions, le bailleur peut exiger, à sa discrétion, à l'une ou l'autre de ces personnes **la totalité du paiement sans avoir à le répartir** entre elles.

La caution est à durée déterminée ou indéterminée

238 Dans le cautionnement à durée déterminée, la caution est engagée pour la période mentionnée au contrat. La caution ainsi engagée **est tenue pour toute la période** considérée, sans pouvoir se dégager unilatéralement.

> Exemple d'engagement à durée déterminée : « Le présent engagement ne vaut que pour la durée initiale du bail, à l'exclusion de tout renouvellement ou de toute reconduction tacite ».

Lorsque le cautionnement est à durée indéterminée, ce qui est très souvent le cas, la caution est engagée expressément pour une « durée indéterminée », ou sans indication de durée dans le contrat, c'est-à-dire pour la durée du bail initial, pour les renouvellements et pour la période de reconduction tacite. Elle pourra toutefois **mettre fin unilatéralement** à son engagement. Mais, la date d'effet de la résiliation de l'engagement de la caution est alors **différée au terme du bail en cours** (qu'il s'agisse du bail initial, du bail renouvelé ou du bail reconduit tacitement).

> Par exemple, le bail a été conclu pour trois ans à compter du 1er janvier 2005 et la caution s'est engagée pour une durée indéterminée. Si la caution notifie sa résiliation le 15 avril 2007, son engagement courra jusqu'au 1er janvier 2008, date d'échéance du bail. En revanche, si la caution dénonce son engagement après le 1er janvier 2008, date du renouvellement ou de reconduction tacite du bail, elle restera tenue jusqu'au 1er janvier 2011, terme de la période de reconduction.

Le cautionnement se transmet au nouvel acquéreur

239 En cas de vente du logement occupé par le locataire, sauf clause contraire insérée au bail, la caution est engagée envers le nouvel acquéreur.

Ce principe a été posé en 2004 par l'Assemblée plénière de la Cour de cassation (Cass. ass. plén., 6 déc. 2004, n° 03-10.713) (v. aussi n° 1022).

Les formes à respecter

Attention : un engagement de caution qui n'est pas strictement conforme à la loi est nul, sans qu'il soit nécessaire que la caution qui entend se délier de son engagement démontre que « l'irrégularité » lui a causé un grief.

La solution, qui résulte d'un arrêt de la **Cour de cassation**, est catégorique : soit le cautionnement est strictement conforme aux dispositions légales, et l'engagement est valable ; soit il ne l'est pas, et la caution est libérée de tout engagement (Civ. 3e, 8 mars 2006, n° 05-11.042).

240 La personne qui se porte caution doit faire précéder sa signature :

– de la reproduction manuscrite du montant du loyer,

– des **conditions de sa révision** telles qu'elles figurent au contrat de location,

– de la **mention manuscrite** exprimant de **façon explicite** et **non équivoque** la **connaissance** qu'elle a de la nature et de **l'étendue de l'obligation** qu'elle contracte,

– de la **reproduction manuscrite du second alinéa de l'article 22-1** (ayant trait à la portée de l'engagement d'un cautionnement à durée indéterminée).

Ces formalités sont imposées à peine de nullité pour tous les cautionnements souscrits depuis le 1er septembre 1994. Elles visent aussi bien le cautionnement à durée déterminée que celui donné pour une durée indéterminée (Civ. 3e, 27 sept. 2006, n° 05-17.804).

Les formalités prescrites par l'article 22-1 ne concernent toutefois que les cautionnements conclus sous seings privés et non ceux donnés en la forme authentique, avec le concours d'un notaire (Civ. 3e, 9 juill. 2008, n° 07-10.926).

Dernière obligation prévue par la loi : toujours pour s'assurer de son consentement libre et éclairé à s'engager, **un exemplaire du bail est remis à la caution**.

Et pour garantir encore davantage la sécurité juridique de son engagement, on peut demander à la caution d'être présente le jour de la signature du bail pour signer elle-même le bail (v. n° 206).

Modèle de cautionnement à durée déterminée (bail de trois ans)

Indiquez impérativement les nom, prénom et adresse de la caution [

Je soussigné M. Maurice Prévost demeurant 3 ter, rue de la Vigne, 06100 Nice, déclare me porter caution solidaire de Mlle Constantin en renonçant aux bénéfices de discussion et de division pour les obligations qu'elle a contractées en signant un bail le 4 février 2008, en qualité de locataire d'un logement situé 55, rue de la victoire, 32600 Barfleur, avec M. Quiquandon, bailleur.

Précisez si l'engagement est à durée indéterminée ou déterminée

Mon engagement est à durée déterminée. Il prendra fin le 4 février 2011, date d'expiration de la durée initiale dudit bail, indépendamment de tout renouvellement ou de toute reconduction tacite.

À rédiger à la main

Indiquez que la caution a reçu un exemplaire du bail

Inscrivez la somme totale que risque de payer la caution

Je reconnais avoir reçu du bailleur un exemplaire du contrat de location et, en conséquence, savoir que le loyer s'élève à 400 euros par mois, et la provision pour charges à 60 euros par mois, soit un total de 460 euros par mois. Cumulée sur trois ans, durée du bail pour laquelle je m'engage, la somme dont j'aurais à m'acquitter en cas de défaillance de Mlle Tarn s'élève donc à 16 560 euros.

Par ailleurs, je suis au courant que le loyer est indexé en fonction de la variation de l'indice de référence des loyers (IRL) publié par l'Insee du 3e trimestre de l'année 2006, d'une valeur de 103,12.

Je reconnais donc avoir connaissance de la nature et de l'étendue de l'obligation que je contracte par la présente.

Mentionnez les modalités de résiliation

Je suis au courant qu'en vertu de l'article 22-1 de la loi n° 89-462 du 6 juillet 1989, « lorsque le cautionnement d'obligations résultant d'un contrat de location conclu en application du présent titre [titre Ier de la loi du 6 juillet 1989] ne comporte aucune indication de durée ou lorsque la durée du cautionnement est stipulée indéterminée, la caution peut le résilier unilatéralement. La résiliation prend effet au terme du contrat de location, qu'il s'agisse du contrat initial ou d'un contrat reconduit ou renouvelé, au cours duquel le bailleur reçoit notification de la résiliation ».

Fait à Barfleur, le 4 février 2008

Maurice Prévost

Le dépôt de garantie

241 Nous avons vu que le bail peut prévoir le versement d'un dépôt de garantie (v. n° 219). Mais il est **interdit au bailleur** de demander une telle garantie lorsque **le loyer est payable d'avance** pour une période supérieure à deux mois. Néanmoins si, en cours de bail, le locataire demande le bénéfice du paiement mensuel du loyer (ainsi que l'article 7 *a* de la loi le lui permet, v. n° 508), le bailleur est alors en droit d'exiger le versement d'un dépôt de garantie.

Le dépôt de garantie a pour objet de « **garantir l'exécution de ses obligations locatives** par le locataire ».

Le locataire n'a pas le droit de s'abstenir de régler le loyer des deux derniers mois de préavis, sous prétexte que le bailleur pourra les récupérer sur le dépôt de garantie car ce n'est pas l'objet de celui-ci.

Depuis la loi pour le pouvoir d'achat du 8 février 2008 (applicable aux contrats conclus à compter du 9 février 2008), le montant du dépôt de garantie « ne peut être **supérieur à un mois de loyer** en principal », c'est-à-dire hors provision pour charges. Le montant du dépôt de garantie ne saurait :

- **ni être révisé** en fonction de la variation d'un indice. En cours de bail, le bailleur ne peut donc pas réclamer de supplément de versement;
- **ni produire d'intérêts** au profit du locataire, qui ne peut, en fin de bail, même renouvelé à de nombreuses reprises, réclamer plus que son versement initial. Le bailleur, lui, est tout à fait libre de placer la somme.

Si le dépôt de garantie n'est pas restitué dans les deux mois qui suivent la remise des clés par le locataire, le bailleur lui devra des intérêts sur la somme qui doit être restituée (v. n°s 1027 et 1114).

Le recours à la garantie autonome en remplacement du dépôt de garantie

Le nouvel article 22-1-1 de la loi de 1989 (créé par l'ordonnance du 23 mars 2006 relative aux sûretés) permet de remplacer le dépôt de garantie par la fourniture d'une « garantie autonome ».
Cette garantie, instituée par l'article 2321 du Code civil, est fournie par un tiers (le garant) qui s'engage à verser une somme déterminée soit à première demande, soit suivant des modalités convenues. Le garant ne peut opposer aucune exception tenant à l'obligation garantie. Dans ce cas, le montant de la garantie autonome ne peut pas excéder la limite du mois de loyer en principal qui s'applique au dépôt de garantie.

La garantie autonome n'a donc pas vocation à se substituer au cautionnement.

L'avenir nous dira si cette garantie sera consacrée par la pratique

Le loyer et la provision pour charges

242 Lorsque le loyer est stipulé **à terme à échoir** (v. n° 509), le locataire doit, à l'occasion de la signature du bail, **verser le dépôt de garantie**, **un mois de loyer** et un mois **de provisions sur charges** ou, à tout le moins, en cas de prise d'effet du bail en cours de mois, un prorata compte tenu du temps restant à courir.

Lorsque le loyer est **à terme échu** (v. n° 509), lors de la signature du bail, le locataire n'est redevable que du dépôt de garantie et de la provision sur charges.

3

L'entrée dans les lieux

Voici arrivé le jour de **prendre possession du logement**. **Dernière formalité importante** avant d'installer ses meubles : **établir l'état des lieux** d'entrée (v. n° 302). Mais **dans quel état doit être le logement** (v. n° 306) ?

Le logement a **besoin d'une remise en état**, d'un coup de peinture (v. n° 325). Il est possible de **prévoir** que **le locataire s'en charge**, en échange d'une **contrepartie**, en signant « **une clause de travaux** » (v. n° 315).

301 L'entrée dans les lieux est un moment important puisque, même si le locataire est déjà juridiquement lié au bailleur dès la signature du bail, ce n'est qu'au moment où il prend possession des locaux (quelques jours après, le plus souvent) qu'il a réellement conscience de la portée de son engagement.

Cette entrée dans les lieux est marquée par l'établissement d'un état des lieux et par la délivrance d'un local qui doit répondre aux critères de décence.

L'état des lieux d'entrée

302 Lorsqu'on est **locataire**, il est tout à fait **primordial de dresser un état des lieux d'entrée** puisque, à défaut, la combinaison de l'article 3 de la loi de 1989 et de l'article 1731 du Code civil, fait présumer que le locataire a reçu les locaux « en bon état de réparations locatives » et qu'il doit « les rendre tels, sauf preuve contraire ».

Contrairement à ce que l'on croit trop souvent, l'état des lieux d'entrée est donc une « formalité » destinée à protéger davantage le locataire entrant que le bailleur, dont les intérêts sont déjà protégés par la présomption de l'article 1731 du Code civil. C'est ce qu'illustre un arrêt du 23 janvier 2007 rendu par la Cour de cassation à l'occasion d'un différend portant sur l'état des parquets : dès lors que l'état des lieux d'entrée ne comporte aucune mention relative aux parquets, il appartient au locataire de démontrer que les dégradations constatées sont dues à la vétusté ou à la force majeure (Civ. 3e, 23 janv. 2007, n° 05-21.232). Un enseignement pour tous : l'état des lieux doit donc non seulement être dressé, mais en plus être le plus précis possible.

Le bailleur ne peut pas s'y opposer puisque, selon ce même article 3, la présomption de bon état de l'article 1731 du Code civil « ne peut être invoquée par celle des parties qui a fait obstacle à l'établissement de l'état des lieux ».

À chaque entrée, un état des lieux

303 Il n'y a **aucune ambiguïté** : l'état des lieux d'entrée doit être établi contradictoirement « lors de la remise des clés », avant d'être annexé au contrat (article 3 de la loi de 1989).

Il est possible, sous certaines conditions, de compléter l'état des lieux d'entrée après la remise des clés pour tout ce qui concerne les éléments de chauffage et dans l'hypothèse d'une « clause de travaux » (v. n°s 305 et 315).

En principe, ce document **est établi contradictoirement entre le bailleur et le locataire**. Toutefois, le bailleur qui a confié la gestion de son bien à un professionnel peut très bien lui demander de le représenter.

L'état des lieux peut aussi, en théorie, être réalisé par un **huissier de justice**, mais en pratique, cette situation se rencontre plutôt lors de l'établissement de l'état des lieux de sortie (v. n° 1104).

Rappelons que, désormais, la loi répute non écrite la clause du bail qui impose au locataire la facturation de l'état des lieux réalisé par un huissier, sauf s'il intervient dans le cas prévu par l'article 3 de la loi (v. n° 232-1).

Même si la Cour de cassation a admis qu'un état des lieux contradictoire établi en un seul exemplaire était tout à fait valable (Civ. 3e, 23 mai 2002, n° 01-00.938), il **est tout de même conseillé** de prévoir **un exemplaire pour le bailleur et un autre pour le (ou les) locataire(s)**. Chaque partie remplit un exemplaire en employant rigoureusement les mêmes termes, et détient en sa possession l'exemplaire rempli par l'autre.

Une description fidèle des lieux

304 L'objectif de l'état des lieux est **de rendre compte fidèlement de l'état du logement et de ses équipements**.

Il faut donc y identifier chaque pièce, chaque élément d'équipement et spécifier dans quel état il se trouve (« état neuf », « bon état », « état d'usage », « mauvais état »), en ajoutant, s'il le faut, **quelques commentaires ou réserves plus explicites** tels que par exemple : « plafond taché », « robinet qui fuit », « carrelage fendu », etc.

Même si l'exercice peut sembler bien rébarbatif à des locataires tout à leur bonheur d'avoir trouvé un logement, **il faut être le plus précis possible** dans la qualification de l'état du logement et de ses équipements puisque c'est la comparaison entre ce document et l'état des lieux de sortie qui va permettre de déterminer si des dégradations sont imputables au locataire lors de sa sortie des lieux.

Compléter l'état des lieux ultérieurement

305 Par dérogation au principe selon lequel l'état des lieux doit être rédigé lors de la remise des clés, le locataire qui entre dans les lieux alors que le chauffage ne fonctionne pas, peut demander, pendant le premier mois de la période de chauffe, que l'état des lieux soit complété par l'état des éléments de chauffage (art. 3 de la loi de 1989). Cet avenant à l'état des lieux initial est **également en principe contradictoire**, mais il peut, tout comme l'état des lieux initial, entraîner l'intervention d'un huissier (v. n°s 303 et 1104).

Un tel **complément s'impose en cas de déficience**, même minime, du chauffage (fuites, bruits anormaux, température basse…). En effet, lorsque le chauffage fonctionne parfaitement, aucun complément de l'état des lieux initial n'est requis, puisque, en application de l'article 1731 du Code civil, le défaut de mention concernant le chauffage présume que celui-ci est « en bon état de réparations locatives ».

Lorsque le bailleur et le locataire se sont entendus pour **faire peser sur le locataire la charge de réaliser un certain nombre de travaux** (en vertu d'une « clause de travaux », v. n° 315), l'état des lieux d'entrée doit également être complété après réalisation des travaux.

Bien évidemment, chaque exemplaire de l'état des lieux doit être **daté et signé des parties au contrat**.

Modèle d'état des lieux

État des lieux d'entrée ❒ en date du 15 avril 2008

État des lieux de sortie ❒ en date du.................

1. Désignation des parties

Le présent état des lieux est signé entre :

Bailleur : Monsieur Fernand Naudin dont le domicile est situé 14, rue de la gaîté, 75014 Paris, représenté par l'agence Dupond, 31, avenue Maréchal Leclerc 75014 Paris.

Locataire(s) : Monsieur Léonard Michalon, 31, rue Froidevaux 75014 Paris.

2. Désignation des locaux

Les locaux sont situés 31, rue Froidevaux 75014 Paris, 3e étage, appartement 601.

3. Consistance des lieux

Appartement ❒

Maison individuelle ❒

3.1. Nombre de pièces : 3

3.2. Locaux annexes

Garage : ❒

Parking : ❒

Cave : ❒

À préciser [Autre : ....

4. Nombre de clés remises au(x) locataire(s) : ... 6

5. Tableau synthétique de l'état des locaux donnés en location

Élément	Plafonds		Murs		Sols		Portes		Fenêtres		Chauffage		Équipements		Remarques diverses
Pièce	revêt.	état	revêt.	état	revêt.	état	matériau	état	matériau	état	mode	état	identification	état	
Entrée	peinture	moyen	papier peint	neuf	parquet	moyen	bois	moyen	pvc	bon	gaz	bon	placard porte blindée	bon bon	parquet : traces de brûlures de cigarettes sur 4 lattes
Salon															
Salle à manger	peinture	moyen	papier peint	moyen	parquet	bon	bois	moyen	pvc	bon	gaz	bon	cheminée	moyen	cheminée : marbre fendu
Chambre 1	peinture	moyen	papier peint	moyen	moquette	moyen	bois	moyen	pvc	bon	gaz	bon	lavabo	bon	moquette tachée
Cuisine	peinture	moyen	peinture	moyen	carrelage	bon	bois	moyen	pvc	bon	gaz	bon	meuble rangement	bon	
Salle de bains	lambris	bon	carrelage	bon	carrelage	bon	bois	moyen	pvc	bon	gaz	bon	lavabo douche	bon bon	bois de la porte fendu
WC	peinture	moyen	peinture	moyen	carrelage	bon	bois	moyen			gaz	bon	cuvette WC + abattant	moyen	trace fuite d'eau

6. Relevé des compteurs

6.1. Eau

– eau froide : 66 223

– eau chaude : 12 541

6.2. Électricité

– heures creuses : 2 145

– heures pleines : 1 245

6.3. Gaz : 3 654

Fait à Paris, le 15 avril 2008 en 2 exemplaires.

Le bailleur (ou son mandataire)

Écrit à la main [Bon pour accord

M. Claude Dupond

Le(s) locataire(s)

Écrit à la main [Bon pour accord

M. Léonard Michalon

Comment formuler ses remarques ?

Exemples de remarques :

– éraflures, fenêtres simple ou double vitrage, carrelage cassé, taches sur la moquette, ampoule manquante,...

Revêtement des murs :

– peinture, papier peint, lambris, tissu, etc.

État :

– neuf, bon, moyen, mauvais.

Revêtement des sols :

– carrelage, parquet, lino, moquette, etc.

Matériau :

– bois, PVC, métal, etc.

Chauffage :

– au gaz, au fuel, au bois, etc.

Équipements :
– placards, plan de travail, four, plaques électriques, hotte aspirante, porte blindée, WC, évier, baignoire, douche.

Le bailleur remet un logement « décent »

« Le bailleur est tenu de remettre au locataire un logement décent ne laissant pas apparaître de risques manifestes pouvant porter atteinte à la sécurité physique ou à la santé et doté des éléments le rendant conforme à l'usage d'habitation » (art. 6, al. 1er, de la loi de 1989).

306 La notion de « décence » a été précisée par un décret du 30 janvier 2002 : le logement doit ainsi assurer **la sécurité physique et la santé des locataires** (v. n° 307), présenter un certain **nombre d'éléments d'équipements et de confort** (v. n° 308) et respecter **certaines surfaces minimales** (v. n° 309).

Garantir la sécurité physique et la santé des locataires

307 Le logement n'assure la sécurité physique et la santé des locataires que s'il satisfait aux conditions suivantes :
– le **gros œuvre** du logement et **ses accès** doivent être en **bon état d'entretien et de solidité** et **protéger** les locaux **contre les eaux de ruissellement** et **les remontées d'eau**. Les menuiseries extérieures et la couverture avec ses raccords et accessoires assurent la protection contre les infiltrations d'eau dans l'habitation ;

Pour les logements situés dans les départements d'outre-mer, il est tenu compte pour l'appréciation des conditions relatives à la protection contre les infiltrations d'eau, des conditions climatiques spécifiques à ces départements.

– dans le logement et ses accès, les **dispositifs de retenue des personnes conformes** tels que garde-corps des fenêtres, escaliers, loggias et balcons, doivent être dans un état conforme à leur usage ;

Par exemple, un bailleur ne peut pas louer un logement situé au 4e étage dépourvu de dispositif suffisant à prévenir le basculement des occupants (CA Aix-en-Provence, 7 mai 2002, Lefebvre c/Riviera Sun).

– **la nature et l'état de conservation et d'entretien des matériaux de construction**, des **canalisations** et des **revêtements de surfaces** (sol et murs) du logement ne doivent pas présenter de risques manifestes pour la santé et la sécurité physique des locataires ;

– **les réseaux et branchements d'électricité** et **de gaz** et **les équipements de chauffage et de production d'eau chaude** doivent être conformes aux normes de sécurité définies par les lois et règlements et être en bon état d'usage et de fonctionnement ;

Il n'est pas question pour un locataire d'exiger la mise aux normes complète d'une installation ancienne. Le bailleur n'a qu'une obligation de rendre son installation non dangereuse pour un profane (Rép. min. n° 73576). En revanche, les travaux réalisés sur une installation ancienne doivent être, bien évidemment, conformes aux normes actuellement en vigueur.

– **les dispositifs d'ouverture et de ventilation** des logements doivent permettre un renouvellement de l'air adapté aux besoins d'une occupation normale du logement et au fonctionnement des équipements ;

– « **les pièces principales** » telles qu'elles sont définies par l'article R. 111-1 du Code de la construction et de l'habitation, doivent bénéficier d'un éclairement naturel suffisant et d'un ouvrant donnant à l'air libre ou sur un volume vitré donnant à l'air libre.

Cet article R. 111-1 du CCH prévoit qu'un « logement ou une habitation comprend, d'une part, des pièces principales destinées au séjour ou au sommeil, éventuellement des chambres isolées et, d'autre part, des pièces de service, telles que cuisines, salles d'eau, cabinets d'aisance, buanderies, débarras, séchoirs, ainsi que, le cas échéant, des dégagements et des dépendances ».

Être doté d'éléments d'équipement et de confort

308 Les éléments d'équipement et de confort que le logement doit comporter sont :

- une installation permettant **un chauffage normal**, munie des **dispositifs d'alimentation en énergie et d'évacuation** des produits de combustion et adaptée aux caractéristiques du logement (étant précisé que, pour les logements situés dans les départements d'outre-mer, il peut ne pas être fait application de ces dispositions lorsque les conditions climatiques le justifient) ;

L'obligation de délivrer un logement décent impose l'alimentation en eau courante et en électricité (CA Paris, 23 mai 2007, Prudhomme c/Oulbani).

- une **installation d'alimentation en eau potable** assurant à l'intérieur du logement la distribution avec une pression et un débit suffisants pour l'utilisation normale de ses locataires ;

L'exigence de la délivrance au preneur d'un logement décent impose son **alimentation en eau courante** (Civ. 3e, 15 déc. 2004, n° 02-20.614).

- des **installations d'évacuation des eaux ménagères** et des eaux-vannes empêchant le refoulement des odeurs et des effluents et munies de siphon ;
- une **cuisine** ou **un coin cuisine aménagé** de manière à recevoir un appareil de cuisson et comprenant un évier raccordé à une instal-

lation d'alimentation en eau chaude et froide et à une installation d'évacuation des eaux usées;

Dans les logements situés dans les départements d'outre-mer, les dispositions relatives à l'alimentation en eau chaude prévues ci-dessus ne sont pas applicables.

– une **installation sanitaire intérieure au logement** comprenant un WC, séparé de la cuisine et de la pièce où sont pris les repas, et un équipement pour la toilette corporelle, comportant une baignoire ou une douche, aménagé de manière à garantir l'intimité personnelle, alimenté en eau chaude et froide et muni d'une évacuation des eaux usées. L'installation sanitaire d'un logement d'une seule pièce peut être limitée à un WC extérieur au logement à condition que ce WC soit situé dans le même bâtiment et facilement accessible;

Lorsque les équipements sanitaires sont reliés à la tuyauterie de l'évier, le bailleur est obligé de réaliser des travaux de mise en conformité (CA Paris, 3 juill. 2007, Société civile du 95, rue de Charonne c/ Becis).

– un **réseau électrique permettant l'éclairage suffisant** de toutes les pièces et des accès ainsi que le fonctionnement des appareils ménagers courants indispensables à la vie quotidienne.

Avoir au moins une pièce principale pas trop petite

309 Deux cas sont à distinguer puisque le logement doit disposer au moins d'une pièce principale ayant :

– soit une **surface habitable** au moins égale à 9 m^2 et une **hauteur sous plafond** au moins égale à 2,20 mètres;

– soit un volume habitable au moins égal à 20 m^3.

L'article 4 du décret du 30 janvier 2002 prévoit que « la surface habitable et le volume habitable sont déterminés conformément aux dispositions des deuxième et troisième alinéas de l'article R. 111-2 du Code de la construction et de l'habitation ».
Il faut bien préciser que si l'article R. 111-2 du CCH dispose que « la surface et le volume habitables d'un logement doivent être de 14 m^2 et de 33 m^3 », cette règle des 14 m^2 ne concerne que les nouveaux logements, c'est-à-dire les constructions neuves ou la création de lots de copropriété suite à la division de l'immeuble (Rép. min. n° 10778).

310 Si les pièces principales doivent avoir certaines caractéristiques, il n'y a pas pour autant d'adéquation entre le nombre de pièces, les équipements et le nombre d'occupants. Aucun **critère d'occupation** lié au **nombre d'occupants** du logement ne peut en effet être retenu, le propriétaire bailleur ne pouvant pas être tenu pour responsable du nombre de personnes habitant effectivement le logement occupé (Rép. min. n° 10778).

Que faire si l'obligation de décence n'est pas respectée ?

311 Lorsque le logement loué **ne satisfait pas à ces critères de décence**, le locataire peut demander au propriétaire sa mise en conformité sans que cette demande affecte la validité du bail en cours (art. 20-1 de la loi de 1989).

Le locataire ne pourrait obliger le bailleur à lui fournir un autre logement (Civ. 3e, 15 déc. 2004, n° 02-20.614).

Modèle de demande de mise en conformité du logement

Monsieur Philibert Coger
8, place Charles Richet
35000 Rennes

Monsieur Achille Roy
3, rue Daumesnil
35000 Rennes

Rennes, le 31 mars 2008

Adressez votre lettre en recommandé avec AR

Lettre recommandée avec AR.

Monsieur,

Indiquez le défaut constaté

Suite à la signature d'un bail pour l'appartement que j'occupe et dont vous m'avez remis les clés le 15 courant, je me suis aperçu que le réseau électrique ne fonctionne pas correctement dans la chambre n° 2 et dans la buanderie.

Citez les textes de référence

Ainsi, il s'avère que le logement loué n'est pas conforme à l'article 3, 6°, du décret n° 2002-120 du 30 janvier 2002 relatif aux caractéristiques du logement décent.

Je vous demande donc, en application de l'article 20-1 de la loi n° 89-462 du 6 juillet 1989, de bien vouloir procéder, sans délai, à la mise en conformité de l'installation défectueuse.

Montrez votre détermination

À défaut, je me réserve la possibilité de saisir la Commission départementale de conciliation ou bien, directement, la justice, ainsi que l'article 20-1 m'y autorise.

Restant à votre disposition pour convenir d'un rendez-vous, je vous prie d'agréer, Monsieur, l'expression de mes salutations les meilleures.

Philibert Coger

312 Si le propriétaire refuse d'effectuer les travaux ou ne répond pas à sa demande dans un délai de deux mois, le locataire a deux possibilités :

– soit saisir **la commission départementale de conciliation**, laquelle rendra un avis (v. n°s 716 et s.). Cette saisine ne constitue pas un préalable à la saisine du juge par l'une ou l'autre des parties,
– soit **saisir directement le tribunal compétent**, c'est-à-dire le juge d'instance du lieu de situation de l'immeuble.

Le juge de proximité n'est pas compétent pour connaître du litige puisque les textes confèrent au juge d'instance une compétence exclusive en matière de baux d'habitation. La seule exception à ce principe (prévue à l'article R. 331-4 du Code de l'organisation judiciaire) concerne la restitution du dépôt de garantie, dans la limite de 4 000 euros (Cass. avis, 10 oct. 2005, avis n° 0500023 ; sur la question, v. n° 1112).

Que peut faire le juge ? La loi du 5 mars 2007 sur le droit opposable au logement a augmenté ses pouvoirs.

Désormais, le juge peut :

– déterminer la nature des travaux à réaliser et le délai de leur exécution ;
– réduire le montant du loyer ou suspendre, avec ou sans consignation, son paiement et la durée du bail jusqu'à l'exécution de ces travaux ;
– enfin, transmettre au préfet l'ordonnance ou le jugement constatant que le logement loué ne satisfait pas aux normes de décence.

Le bailleur doit « délivrer » le logement

313 Le bailleur doit, sauf s'il est stipulé une « clause de travaux » (v. n° 315), pleinement **respecter son obligation de délivrance**.

Son obligation consiste à mettre le locataire en situation de pouvoir utiliser la chose louée. Le défaut de paiement par le locataire du dépôt de garantie, et même du premier loyer (lorsque celui-ci est stipulé à terme à échoir, le locataire doit s'en acquitter à l'avance, v. n° 509) ne décharge pas le bailleur de son obligation de délivrance (Civ. 3e, 28 juin 2006, n° 05-10.137).

Il est tenu « de délivrer au locataire le logement **en bon état d'usage et de réparation** ainsi que les équipements mentionnés au contrat de location en bon état de fonctionnement » (art. 6 *a* de la loi de 1989). De même, il est obligé de remettre au locataire un logement **qui répond aux normes de décence** fixées par le décret n° 2002-120 du 30 janvier 2002 (v. nos 317 et s.).

Attention : une clause du bail selon laquelle le locataire accepte les lieux « en l'état » n'est pas valable car la loi de 1989 est d'ordre public, ce qui implique que le bailleur et le locataire ne peuvent pas y déroger par des conventions contraires (Civ. 3e, 10 févr. 2004, n° 02-20.115). De plus, le bailleur doit, en toutes circonstances, remplir intégralement son obligation de délivrance : il ne saurait se contenter de réaliser les travaux les plus urgents (Civ. 3e, 20 sept. 2006, n° 05-16.243).

Le bailleur **n'a pas pour autant l'obligation de louer un logement neuf**. Il doit seulement louer un logement adapté à l'usage pour lequel il est contractuellement destiné, à savoir l'habitation ou l'habitation et l'exercice d'une profession (usage mixte). À l'inverse, un bailleur ne remplit pas son obligation de délivrance s'il loue un logement neuf comportant des vices de construction ou des malfaçons le rendant impropre à l'habitation.

Par ailleurs, lorsque le local est loué afin de servir à l'habitation et à l'exercice de la profession du locataire, cette double destination doit être prise en compte lors de la délivrance des lieux. C'est au bailleur de s'assurer que les locaux sont aptes à assumer cette double destination, spécialement, lorsque le locataire précédent occupait les lieux à usage unique d'habitation principale.

314 En cas de manquement à l'obligation de délivrance, le locataire **peut obtenir des dommages et intérêts** en justice. Il peut même obtenir **une diminution de loyer** dans l'hypothèse d'un **manquement partiel** à cette obligation de délivrance. Enfin, il peut également demander en justice **qu'il soit ordonné au bailleur** (le cas échéant sous astreinte) **de remplir son obligation** de délivrance.

Ce locataire ne peut toutefois pas, de sa propre initiative, décider ne plus payer tout ou partie du loyer. Il doit d'abord y être autorisé par une décision de justice.

La « clause de travaux » : exception à l'obligation de délivrance

« Les parties peuvent convenir par une clause expresse des travaux que le locataire exécutera ou fera exécuter et des modalités de leur imputation sur le loyer; cette clause prévoit la durée de cette imputation et, en cas de départ anticipé du locataire, les modalités de son dédommagement sur justification des dépenses effectuées; une telle clause ne peut concerner que les logements répondant aux "caractéristiques définies en application des premier et deuxième alinéas" [de l'article 6 de la loi du 6 juillet 1989, *définies par le décret* n° 2002-120 du 30 janvier 2002] » (art. 6 *a* de la loi de 1989).

315 Seuls les baux portant sur des logements répondant **aux normes de décence** prévues au décret du 30 janvier 2002 peuvent faire l'objet d'une telle clause.

Quels travaux ?

316 En fait, il n'y a pas de liste de travaux qui peuvent faire l'objet d'une « clause de travaux ». Les textes ont pris le parti de définir ceux qui

ne peuvent pas être concernés. Seuls peuvent donc faire l'objet d'une clause de travaux ceux qui n'ont **pas pour finalité la mise aux normes du logement** telle qu'elle est prévue par le décret du 6 mars 1987. En effet, il ne faut pas que par une telle clause le locataire se retrouve à assumer la remise aux normes du logement.

Le texte commence par lister les normes propres au logement (v. n° 317), puis celles qui s'imposent aux seuls locaux à usage professionnel (v. n° 322) avant d'envisager les normes communes à la fois au logement et aux locaux professionnels, et enfin, finit sur les caractéristiques que l'immeuble doit lui-même présenter (v. n° 321).

Est exclue la remise aux normes du logement...

317 Il ressort du décret de 2002 que, pour être décent, un logement doit répondre aux caractéristiques qui suivent. La « clause de travaux » ne doit donc pas avoir pour but de rendre le logement conforme à l'une ou l'autre de ces caractéristiques.

Étant précisé que le logement qui fait l'objet d'un arrêté d'insalubrité ou de péril ne peut être considéré comme un logement décent.

Sécurité physique et santé des locataires

318 1. Le logement assure le clos et le couvert. Le gros œuvre du logement et de ses accès est en bon état d'entretien et de solidité et protège les locaux contre les eaux de ruissellement et les remontées d'eau. Les menuiseries extérieures et la couverture avec ses raccords et accessoires assurent la protection contre les infiltrations d'eau dans l'habitation. Pour les logements situés dans les déplacements d'outre-mer, il peut être tenu compte, pour l'appréciation des conditions relatives à la protection contre les infiltrations d'eau, des conditions climatiques spécifiques à ces départements ;

2. Les dispositifs de retenue des personnes, dans le logement et ses accès, tels que garde-corps des fenêtres, escaliers, loggias et balcons, sont dans un état conforme à leur usage ;

3. La nature et l'état de conservation et d'entretien des matériaux de construction, des canalisations et des revêtements du logement ne présentent pas de risques manifestes pour la santé et la sécurité physique des locataires ;

4. Les réseaux et branchements d'électricité et de gaz et les équipements de chauffage et de production d'eau chaude sont conformes aux normes de sécurité définies par les lois et règlements et sont en bon état d'usage et de fonctionnement ;

5. Les dispositifs d'ouverture et de ventilation des logements permettent un renouvellement de l'air adapté aux besoins d'une occupation normale du logement et au fonctionnement des équipements ;

6. Les pièces principales, au sens du troisième alinéa de l'article R. 111-1 du Code de la construction et de l'habitation, bénéficient d'un éclairement naturel suffisant et d'un ouvrant donnant à l'air libre ou sur un volume vitré donnant à l'air libre.

Éléments d'équipement et de confort

319 Le logement comporte les éléments d'équipement et de confort suivants :

1. Une installation permettant un chauffage normal, munie des dispositifs d'alimentation en énergie et d'évacuation des produits de combustion et adaptée aux caractéristiques du logement. Pour les logements situés dans les départements d'outre-mer, il peut ne pas être fait application de ces dispositions lorsque les conditions climatiques le justifient ;

2. Une installation d'alimentation en eau potable assurant à l'intérieur du logement la distribution avec une pression et un débit suffisants pour l'utilisation normale de ses locataires ;

3. Des installations d'évacuation des eaux ménagères et des eaux-vannes empêchant le refoulement des odeurs et des effluents et munies de siphon ;

4. Une cuisine ou un coin cuisine aménagé de manière à recevoir un appareil de cuisson et comprenant un évier raccordé à une instal-

lation d'alimentation en eau chaude et froide et à une installation d'évacuation des eaux usées ;

5. Une installation sanitaire intérieure au logement comprenant un WC, séparé de la cuisine et de la pièce où sont pris les repas, et un équipement pour la toilette corporelle, comportant une baignoire ou une douche, aménagé de manière à garantir l'intimité personnelle, alimenté en eau chaude et froide et muni d'une évacuation des eaux usées. L'installation sanitaire d'un logement d'une seule pièce peut être limitée à un WC extérieur au logement à condition que ce WC soit situé dans le même bâtiment et facilement accessible ;

6. Un réseau électrique permettant l'éclairage suffisant de toutes les pièces et des accès ainsi que le fonctionnement des appareils ménagers courants indispensables à la vie quotidienne.

Précisons que dans les logements situés dans les départements d'outre-mer, les dispositions relatives à l'alimentation en eau chaude prévues aux 4 et 5 ne sont pas applicables.

Composition et dimensions du logement

320 Le logement dispose au moins d'une pièce principale ayant soit une surface habitable au moins égale à 9 mètres carrés et une hauteur sous plafond au moins égale à 2,20 mètres, soit un volume habitable au moins égal à 20 mètres cubes.

La surface habitable et le volume habitable sont déterminés conformément aux dispositions des deuxième et troisième alinéas de l'article R. 111-2 du Code de la construction et de l'habitation.

... mais aussi d'autres remises aux normes

321 Il n'est pas possible de prévoir dans une « clause de travaux » que le locataire procède à des travaux portant sur les normes suivantes :

- **les normes relatives aux locaux à usage professionnel** : ces locaux doivent obéir à la législation en vigueur en matière d'hygiène et de sécurité des travailleurs ;

– **les normes communes aux logements et aux locaux à usage professionnel** : les sols, murs, plafonds des logements ou locaux ne doivent pas présenter d'infiltration ni de remontée d'eau; les **ouvrants** doivent être étanches à l'eau et en bon état de fonctionnement;

– **les normes propres à l'immeuble** : l'immeuble ne doit pas présenter de défaut d'entretien grave. Le gros œuvre (murs, charpentes, escaliers, planchers, balcons) doit être en bon état d'entretien. La couverture, ses raccords et ses accessoires doivent être étanches.

Une clause « travaux » ne peut porter sur la réfection du toit (CA Paris, 10 juin 2004, n° 2002/22187, Agence du bâtiment travaux publics c/Gaillard).

Modèle de clause de travaux type

3.1. Obligations du bailleur (article 6 de la loi du 6 juillet 1989)

Le bailleur s'oblige :

La clause nécessite aussi de modifier l'article 3.1 en le remplaçant par le nouvel article

– (1er tiret sans changement);

– à délivrer au locataire un logement en bon état d'usage et de réparation ainsi que les équipements mentionnés au présent contrat en bon état de fonctionnement. Toutefois, dans les limites et aux conditions définies à l'article 4.1 *bis* (clause de travaux) ci-après, les parties décident expressément de dispenser partiellement le bailleur de son obligation de délivrance;

– (le reste sans changement).

La clause est à insérer après le point 4.1 de notre modèle de bail (v. n° 222)

4.1 *bis*. Clause de travaux (article 6 de la loi du 6 juillet 1989)

Déterminez avec précisions les travaux à réaliser

Par la présente clause, les parties décident de confier au locataire le soin de réaliser ou de faire réaliser les travaux suivants :

– de remettre de la moquette neuve;

– de changer tous les papiers peints;

Précisez le montant des travaux

– de remplacer le lavabo de la salle de bains ;
– de prévoir un branchement pour la machine à laver.

Indiquez le montant et la durée de la réduction avec soin

[Ces travaux, évalués d'un commun accord à 1 200 euros, donnent lieu à une diminution de loyer de 120 euros par mois pendant 10 mois.

Pour éviter toute ambiguïté précisez exactement le montant à payer pendant cette période

[Par dérogation à l'article 4.1 du présent contrat, durant cette période, le montant du loyer mensuel, hors provision sur charges, s'élèvera donc à 730 euros.

Prenez le soin de fixer le point de départ de cette diminution de loyer

[Le point de départ de cette diminution de loyer est fixé à la date de prise d'effet du présent contrat, soit, le 2 janvier 2008.

Indiquez bien la date à laquelle les travaux doivent être effectués

[En conséquence, le locataire s'engage à réaliser ou à faire réaliser les travaux susvisés avant le 30 juin 2008, date à laquelle l'état des lieux d'entrée initial fera l'objet d'un avenant contradictoire.

Prévoyez la somme à rembourser au locataire dans l'hypothèse où il donne congé durant la période d'imputation

[Lorsque, avant le terme de la période de diminution de loyer, le locataire donne congé, il est dédommagé pour les sommes engagées en application du présent article, sur la foi des justificatifs des dépenses réalisées.

Ce dédommagement intervient alors au *prorata temporis* pour la somme due à la fin de la période de préavis.

Que faire lorsque la « clause de travaux » n'est pas respectée ?

322 Plusieurs hypothèses sont à distinguer. La première d'entre elles vise la clause qui tend à ce qu'un logement qui ne répond pas aux normes devienne décent. La clause est nulle (v. n° 317) et il n'y a donc rien à espérer si elle n'est pas respectée.

Au-delà, trois situations peuvent se rencontrer.

La clause est imprécise

323 La loi exige que la clause de travaux **soit prévue de façon expresse dans le bail**. Cela étant, un avenant au contrat peut valablement l'envisager. La clause doit impérativement mentionner (art. 6 *a* de la loi de 1989) :

- **l'indication des travaux concernés** ;
- **les modalités de leur imputation sur le loyer** ;
- **la durée de l'imputation** ;
- **en cas de départ anticipé du locataire, les modalités de son dédommagement** (sur justification des dépenses effectuées).

Lorsque la clause ne comporte pas l'une de ces mentions obligatoires (par exemple, lorsqu'elle n'indique pas la durée de la minoration de loyer ou lorsque les travaux ne sont pas définis), la sanction est également la **nullité de la clause de travaux**, voire la **nullité du contrat de bail dans son ensemble** lorsque la stipulation de la clause a été déterminante dans la conclusion de ce contrat (CA Paris, 27 sept. 2001, Cousinet c/Chouamier).

Lorsque l'imprécision de la clause ne concerne que l'hypothèse du départ anticipé du locataire, la nullité n'est pas encourue.

Au lieu de demander la nullité de la clause, l'une des parties peut toutefois préférer demander au juge d'apporter un complément à la clause imprécise.

Le locataire refuse d'exécuter les travaux

324 Dans ce cas, le bailleur peut saisir la justice afin d'obtenir, soit l'**exécution forcée** de l'obligation par le locataire, soit l'**annulation de la clause**. Dans ce dernier cas, le bailleur est dispensé d'appliquer la minoration de loyer. Il peut aussi obtenir un **rattrapage sur les loyers minorés passés**.

Les travaux sont réalisés, mais pas conformément à la clause de travaux

325 Les mêmes sanctions pourront s'appliquer. Le bailleur peut également demander, au départ de son locataire (amiablement puis, le cas échéant, en justice), qu'il **remette les lieux en l'état** (art. 7 *f* de la loi de 1989).

Cette remise en état peut même être demandée **immédiatement** « lorsque les transformations mettent en péril le bon fonctionnement des équipements ou la sécurité du local » (art. 7 *f, in fine*).

Tableau récapitulatif des sanctions en cas de manquements de l'une ou l'autre des parties

Situation	Sanction
Clause concernant un logement ne respectant pas les normes	Nullité de la clause
Clause imprécise	Nullité de la clause (voire nullité du contrat) ou complément de la clause par le juge
Refus d'exécution des travaux	Exécution forcée ou nullité de la clause (+ rattrapage des loyers minorés)
Réalisation de travaux non conformes	Exécution forcée ou nullité de la clause (+ rattrapage des loyers minorés), remise des lieux en l'état

4

Les obligations du bailleur

Le bailleur assure la **tranquillité** de son **locataire**, en faisant en sorte qu'il puisse **jouir paisiblement de son logement** (v. n° 402). Il le **garantit** aussi contre les **vices** (v. n° 411) et doit **entretenir** le logement et les accessoires loués (v. n° 414), en effectuant, au besoin, les **réparations utiles** (v. n° 417). En plus de ces obligations communes, **certains bailleurs** doivent aussi **assurer le gardiennage** et la **surveillance** des immeubles (v. n° 421).

401 En cours de bail, le bailleur doit respecter deux types d'obligations.

En effet, à côté des **obligations classiques**, qui relèvent de l'article 6 de la loi de 1989 et que tout bailleur doit respecter (obligation d'assurer la jouissance paisible du locataire, garantie des vices et des défauts de la chose louée, obligation d'entretien des lieux, obligation de supporter les aménagements réalisés par le locataire, voire, obligation de réaliser certains travaux d'amélioration), depuis peu il y a une émergence **d'obligations spécifiques à certains bailleurs** (ceux qui ont en charge, sur un site « à risques », un nombre important de logements), visant à assurer la **sécurité** de la collectivité dans son ensemble.

Les obligations communes à tous les bailleurs

Assurer une jouissance paisible au locataire

402 Le bailleur est obligé « d'assurer au locataire la jouissance paisible du logement » (art. 6 de la loi de 1989). Cette obligation signifie que le bailleur s'engage à n'avoir aucun comportement de nature à troubler le locataire dans sa jouissance du logement. Il peut même, à titre exceptionnel, être tenu pour responsable du comportement d'autres personnes.

Cette obligation pèse sur le bailleur originaire, même s'il vend son bien : le locataire serait en effet en droit de poursuivre en justice le vendeur à raison de la non-exécution des travaux qui lui incombaient alors en sa qualité de propriétaire (Civ. 3e, 14 nov. 2007, n° 06-18.430). Il aura toutefois intérêt à attraire en justice acheteur et vendeur.

Ne pas causer de troubles à son locataire

403 Le bailleur est tenu de garantir la tranquillité du locataire, tant à l'égard de troubles de fait que de troubles de droit qu'il causerait lui-même.

Un **trouble de fait** est un trouble qui résulte du simple comportement du bailleur.

Par exemple, doit être qualifié de trouble de fait, le comportement du bailleur qui :
- supprime le chauffage ou l'eau à son locataire ;
- enlève l'antenne de télévision en cours de bail ;
- supprime une fenêtre ;
- restreint l'accès à l'immeuble ;
- supprime un escalier secondaire ;
- pénètre dans les lieux loués sans l'accord du locataire et/ou en dehors des plages horaires prévues au contrat (notamment en cas de vente du logement ou en fin de bail, v. n° 223) ;

Le bailleur qui fait visiter les locaux loués à un candidat locataire sans avertir le preneur en place porte atteinte au respect de sa vie privée et lui doit réparation (Civ. 3e, 25 févr. 2004, n° 02-18.081).

- harcèle le locataire au téléphone ;
- n'offre pas aux locataires des boîtes à lettres individuelles et nominatives pour chaque appartement loué (Civ. 3e, 30 oct. 2007, n° 06-18.384).

Le bailleur peut-il garder un double des clefs ?

Rien dans la loi ne l'interdit. Le bailleur peut donc conserver un ou plusieurs jeux de clefs. Mais cela ne l'autorise pas pour autant à s'en servir pour pénétrer dans le logement qu'il a loué sans y avoir été autorisé par son locataire. En effet, le logement loué constitue le domicile du locataire et toute intrusion à son insu peut être qualifiée de violation de domicile, ce qui constitue un délit pénal. Et parmi les obligations que la loi met à la charge du bailleur figure l'obligation d'assurer au locataire « la jouissance paisible des lieux ». Or, la tranquillité du locataire passe aussi – et avant tout –, par l'interdiction faite au bailleur d'aller et venir dans les lieux comme il l'entend.

404 Un **trouble de droit** est toute attitude du bailleur qui cherche à porter atteinte au fondement même du droit pour le locataire de rester dans les lieux.

> Par exemple, se rend coupable d'un trouble de droit, le bailleur qui loue son logement deux fois et qui tente d'expulser le locataire en place. De la même manière, le trouble de droit existe si un tiers vient revendiquer un droit quelconque que le bailleur lui aurait consenti sur la chose louée.

Ne pas laisser les « occupants » du logement qu'il loue troubler la tranquillité des autres

404-1 La loi du 5 mars 2007 relative à la prévention de la délinquance a introduit une disposition responsabilisant les propriétaires de locaux d'habitation en cas de troubles de voisinage causés par les occupants de ces locaux.

Elle a créé dans la loi de 1989 un article 6-1 selon lequel, après mise en demeure dûment motivée, les propriétaires des locaux à usage d'habitation doivent, sauf motif légitime, utiliser les droits dont ils disposent en propre afin de faire cesser les troubles de voisinage causés à des tiers par les personnes qui occupent ces locaux.

Répondre parfois des agissements d'autres personnes...

405 La règle est claire : « **le bailleur n'est pas tenu de garantir le preneur du trouble que des tiers apportent** par voies de fait à sa jouissance » (art. 1725 du Code civil).

Si le bailleur n'a pas à répondre des actes des tiers, en revanche, il peut être considéré comme responsable des agissements de personnes qui, bien que lui étant extérieures, ne lui sont pas pour autant totalement étrangères.

C'est ainsi que n'ont pas été qualifiés de « tiers » :

- les **locataires d'autres locaux de l'immeuble** appartenant au même bailleur;

Il a ainsi été jugé que le bailleur doit être tenu pour responsable des voies de fait (insultes, bruits, dégradations du véhicule, etc.) causées par un autre locataire du même bailleur (Civ. 3e, 20 avr. 2005, n° 03-18.390).

- le **concierge** de l'immeuble ; même dans le cadre d'une copropriété, le bailleur peut avoir à répondre des actes du concierge de l'immeuble car, en sa qualité de membre du syndicat des copropriétaires, bailleur et concierge sont liés par un contrat de travail ;
- le **syndicat** des copropriétaires ;
- la **commune** qui réalise des travaux ayant entraîné un dégât des eaux dans les lieux loués, alors même que le bailleur a conclu une convention de travaux publics avec cette commune (Civ. 3e, 7 nov. 2001, n° 99-20.962) ;
- le salarié du bailleur.

Le bailleur est personnellement responsable du comportement du tiers qui, revendiquant des droits sur la chose louée, vient déranger le locataire (il s'agit en effet alors d'un trouble de droit dont le bailleur aurait à répondre, v. n° 404).

406 En fait, **le tiers est la personne qui n'a eu à connaître le bailleur ni de près ni de loin**. C'est ainsi qu'un autre copropriétaire est considéré comme un tiers à l'égard du bailleur (Civ. 3e, 25 mars 1998, n° 96-10.119).

Cette appréciation est toutefois un peu contestable car tous les deux sont membres d'une même et seule personne morale : le syndicat des copropriétaires.

... et du vol dont est victime son locataire

407 **En principe**, le locataire qui est victime d'un vol ne peut pas se retourner contre son bailleur. **Trois exceptions** existent cependant si :

- **le bailleur** s'est, **par contrat, engagé à garantir ce risque** ; il s'agit toutefois d'un cas d'école, les baux ne contenant que très rarement ce type de clause ;

- le bailleur **a commis une faute personnelle** ; par exemple, il loue un box dépourvu de toute fermeture et de toute surveillance (en réalité, alors, le bailleur n'a pas rempli son obligation de délivrance) ;
- **l'un des préposés du bailleur a commis une faute** ; par exemple, une entreprise a laissé un échafaudage en place sans protection ni surveillance, échafaudage utilisé par des cambrioleurs.

L'accès des forces de l'ordre aux parties communes

408 Les « propriétaires ou exploitants d'immeubles à usage d'habitation ou leurs représentants », peuvent accorder à la gendarmerie et à la police (tant nationale que municipale lorsqu'elle existe) une « autorisation permanente de pénétrer dans les parties communes de ces immeubles » (art. L. 126-1 du Code de la construction et de l'habitation).

Lorsque l'immeuble est en copropriété, seule l'assemblée générale sera habilitée à donner cette autorisation.

À lire le texte, il ne s'agit que d'une possibilité qui est offerte au bailleur mais, sauf à engager sa responsabilité en cas de problèmes graves et répétés dans l'immeuble, le bailleur (ou l'assemblée générale des copropriétaires) **doit** autoriser les forces de l'ordre à accéder aux parties communes.

Si le bailleur d'un logement situé dans un immeuble en copropriété se heurte au refus de l'assemblée générale, il peut saisir la justice pour la contraindre à donner cette autorisation.

Même si, à ce jour, il ne semble pas qu'il y ait eu d'action en responsabilité engagée par le locataire, il n'est pas exclu qu'à l'avenir ce type de contentieux émerge et trouve un écho favorable de la part des juges.

Ajoutons que, depuis la loi relative à la prévention de la délinquance du 5 mars 2007, l'occupation en réunion des espaces communs ou des toits des immeubles collectifs d'habitation en entravant délibérément l'accès ou la libre circulation des personnes ou en empêchant le bon fonctionnement des dispositifs de sécurité et de sûreté est puni de deux mois d'emprisonnement et de 3 750 euros d'amende. Par ailleurs, lorsque cette infraction est accompagnée de voies de fait ou de menaces, de quelque nature que ce soit, elle est punie de six mois d'emprisonnement et de 7 500 euros d'amende (CCH, art. L. 126-3).

Que faire si une jouissance paisible n'est pas assurée ?

409 Un bailleur qui ne respecterait pas son obligation d'assurer au locataire une jouissance paisible peut être condamné à l'indemniser pour le préjudice subi (préjudice que le locataire prendra soin de chiffrer très précisément).

Attention : pour obtenir indemnisation, le locataire doit en faire la demande alors qu'il est encore dans les lieux : toute réclamation qui interviendrait après son déménagement serait vouée à l'échec (Civ. 3e, 7 déc. 2004, n° 03-19.265).

En application des règles édictées par le Code de l'organisation judiciaire, une action pourrait être intentée devant le tribunal d'instance du lieu de situation de l'immeuble.

Le juge de proximité ne serait pas compétent pour connaître du litige, les textes conférant au juge d'instance une compétence exclusive (sur la question, v. n° 312).

Bien sûr, avant d'en arriver à pareille extrémité, on demandera, à l'amiable, au bailleur d'intervenir.

Lorsque le risque subi par le locataire, tel un dégât des eaux, fait partie des risques assurés au titre de son assurance « PNO » (propriétaire non occupant), le bailleur se contentera toutefois d'alerter la compagnie dont il dépend, qui se mettra en relation avec l'assureur du locataire.

410 Modèle de demande d'intervention du bailleur en cas de dégât des eaux

Monsieur Royer
22, rue Froidevaux
59000 Lille

Ce courrier est à adresser au bailleur ou à son représentant

Monsieur Jambier
53, rue de Poliveau
59000 Lille

Lille, le 11 mars 2008

Monsieur,

Précisez bien l'origine du dégât des eaux
Indiquez le préjudice que vous subissez et chiffrez-le

Suite à la rupture d'une canalisation d'eau dans l'appartement situé au second étage en face du mien, qui vous appartient et que vous louez à Monsieur Lagadec, j'ai été victime, le 10 février 2008, d'un dégât des eaux, entraînant une mise hors d'usage de mon ordinateur et de mon imprimante (valeur totale : 2 000 euros). Par ailleurs, les papiers peints du mur sud de mon bureau sont totalement abîmés (coût de remplacement : 200 euros).

Relatez les démarches que vous avez déjà entreprises

J'ai immédiatement contacté mon assureur (GMF, contrat n° 23541 D).

Présentez clairement ce que vous attendez de votre bailleur

Je vous demande d'en faire autant avec votre assurance sans délai afin que les compagnies s'entendent et que je sois dédommagé.

Montrez votre détermination et votre connaissance des textes

À défaut, conformément à l'article 1719 du Code civil et à l'article 6 b de la loi n° 89-462 du 6 juillet 1989, vous seriez contraint de régler les sommes sus-indiquées, soit amiablement soit, à défaut, par décision de justice.

Restant à votre disposition pour toute précision, je vous prie d'agréer, Monsieur, l'expression de mes salutations distinguées.

Monsieur Royer

Garantir les vices et les défauts de la chose louée

411 Le bailleur est tenu de garantir le locataire de tous les vices ou défauts de nature à faire obstacle à la jouissance du locataire (art. 6 de la loi de 1989 et art. 1721 du Code civil), même s'il les ignorait lors de la conclusion du bail.

Seul le vice caché est garanti

412 La garantie du locataire n'est due qu'en présence d'**un vice caché**.

Est un vice caché **le défaut de la chose** louée qui **n'est pas apparent lors de la signature du bail** et qui la rend, partiellement ou totalement, **impropre à l'usage** auquel elle est destinée.

À l'inverse, lorsque le vice est apparent (c'est-à-dire lorsque, au moment de la signature du bail, le locataire même profane, n'a pas pu ne pas le voir), le locataire ne peut se prévaloir d'une quelconque garantie.

Exemples de vices cachés pour lesquels le bailleur a été jugé responsable :

- descellement d'une barre d'appui d'une fenêtre;
- descellement d'un carreau du sol du couloir menant à l'appartement loué;
- préjudice subi par le locataire du fait du mauvais état des canalisations;
- un plancher qui s'effondre;
- une cheminée inutilisable;
- une toiture qui fuit;
- un local infesté de puces.

Le bailleur pourrait partiellement s'affranchir de cette garantie en insérant une « clause de travaux » dans le bail (v. n° 315).

Modèle de lettre à adresser au bailleur en cas de défaut de la chose louée

Avant d'envisager toute action contentieuse, il convient en effet de tenter une démarche amiable.

Monsieur Delpech
12, rue de la Halte
95120 Ermont

Agence immobilière
Monsieur Simoulin
5, rue Stalingrad
95290 L'Isle-Adam

Ermont, le 2 décembre 2007

Lettre recommandée avec AR.

Monsieur,

Précisez bien le moment où vous avez découvert le problème et indiquez clairement le vice

Suite à mon entrée dans les lieux (le 15 novembre 2007), j'ai constaté que la barre d'appui de la fenêtre de la chambre était descellée.

Mettez en demeure votre bailleur de faire les travaux en montrant votre connaissance des textes

Je vous demande donc, en application de l'article 6 b de la loi n° 89-462 du 6 juillet 1989 et de l'article 1721 du Code civil, de remédier sans délai à ce grave défaut de la chose louée.

Dans cette attente et restant à votre disposition pour convenir d'un rendez-vous, je vous prie d'agréer, Monsieur, l'expression de mes salutations les meilleures.

Monsieur Delpech

Quelles sanctions en cas de vice ou de défaut du logement ?

413 Le bailleur qui manque à son obligation de louer un logement exempt de vice ou de défaut caché, peut être condamné à indemniser le locataire et/ou à réparer le préjudice subi. Ce dernier pourrait même, compte tenu de la gravité des défauts ou des vices constatés, demander la résiliation pure et simple du bail, et être ainsi dispensé de respecter tout délai de préavis.

L'obligation d'entretien

414 Aux termes de l'article 6 *c* de la loi de 1989, le bailleur est obligé :

- d'« entretenir les locaux en état de servir à l'usage prévu par le contrat », c'est-à-dire, selon le cas, l'habitation seule ou l'habitation et l'exercice d'une profession ;
- d'y faire « toutes les réparations, autres que locatives, nécessaires au maintien en état et à l'entretien normal des locaux loués ».

Usufruitier et nu-propriétaire : à qui s'adresser ?

Lorsque la propriété du bien loué est démembrée et que son état nécessite de réaliser d'importants travaux, à qui le locataire doit-il s'adresser ? À l'usufruitier, a précisé la Cour de cassation, car l'article 605 du Code civil qui règle les rapports entre l'usufruitier et le nu-propriétaire ne concerne pas le locataire (Civ. 3e, 28 juin 2006, n° 05-15.563). Il revient ensuite à l'usufruitier de se retourner, sous certaines conditions, contre le nu-propriétaire.

Le bailleur doit, non seulement entretenir le local loué, mais également les accessoires énumérés au bail (garage, cave, grenier…) et les éléments d'équipement tels le chauffe-eau, la baignoire, la cuisine équipée, la piscine, etc.

Par exemple, il a été jugé que le bailleur devait :
- réparer la **chaudière** défectueuse depuis l'entrée dans les lieux du locataire ;
- assumer le coût des travaux prescrits par l'administration, tels les travaux de mise aux normes ou les travaux de retrait de l'**amiante** (Civ. 3e, 2 juill. 2003, n° 01-16.246) ;
- réaliser ou faire réaliser la réfection complète des **revêtements muraux** dégradés lors de l'entrée dans les lieux et qui les rendaient inhabitables ;
- réparer une **porte-fenêtre** impossible à ouvrir ;
- entretenir une **piscine**.

L'obligation d'entretien a des limites

415 Le bailleur **n'est pas tenu d'effectuer les réparations qui incombent au locataire** au titre des réparations locatives (v. n° 615). Il ne peut pas plus être contraint à réaliser des travaux d'amélioration. De la même manière, il est relevé de son obligation lorsque le défaut d'entretien **est imputable à une faute commise par le locataire**.

Mais il doit malgré tout :
- assumer le coût des réparations locatives imputables au précédent locataire qui n'auraient pas été effectuées ;
- faire son affaire des réparations occasionnées par la vétusté, une malfaçon, un vice de construction, un cas fortuit ou un cas de force majeure (v. n° 618).

416 **En cas de destruction du logement loué**, le bailleur ne peut pas, même en cas de destruction partielle, être contraint à reconstruire (art. 1722 du Code civil). Le locataire ne peut jamais prétendre à des dommages et intérêts pour le préjudice qu'il subit. En revanche, il peut obtenir :
- en cas de **destruction partielle**, une diminution de loyer proportionnelle à sa perte de jouissance ;
- en cas de **destruction totale ou de destruction partielle entraînant impossibilité absolue et définitive d'user des lieux**,

la résiliation du bail (mais non le relogement : Civ. 3e, 14 janv. 2004, n° 01-12.510).

Le locataire peut se voir allouer des dommages et intérêts lorsque la destruction est due, non pas à un cas fortuit (telles une explosion provenant d'un logement voisin, la foudre, une tempête, l'inondation des lieux suite à un violent orage…), mais à un comportement fautif du bailleur, et tout particulièrement à un défaut d'entretien de sa part.

L'obligation d'entretien n'est pas respectée

417 En cas de défaut d'entretien affectant l'immeuble sans pour autant rendre son utilisation impossible, le locataire peut obtenir les réparations matérielles nécessaires et une indemnisation pour le temps durant lequel il aura subi une perte de jouissance.

Attention à la tentation de vouloir se faire justice soi-même : il n'est pas possible de décider, de son propre chef, de diminuer le loyer prévu au bail : cette diminution doit être décidée d'un commun accord (et, dans ce cas, faire l'objet d'un document écrit signé des deux parties) ou prononcée par le juge (v. n° 514).

Le locataire peut même, le cas échéant, suppléer à la carence du bailleur en faisant intervenir un professionnel afin qu'il réalise les travaux nécessaires et présenter la facture au bailleur.

418 Toutefois, et sauf en cas d'urgence (fuite d'eau, incendie), cette initiative doit être précédée :

- d'une **mise en demeure** du bailleur (par lettre recommandée avec AR ou par voie d'huissier);
- et, à défaut de réponse, d'une **autorisation de la justice**.

De plus, le locataire devra veiller à faire jouer la concurrence et à ne pas s'engager dans des dépenses allant au-delà de la simple réparation.

Modèle de lettre à adresser au bailleur en cas de défaut d'entretien partiel

Monsieur Guiton
22, avenue Foch
93360 Neuilly-Plaisance

Monsieur Lemoine
15, rue Pasteur
93300 Neuilly-sur-Marne

Neuilly-Plaisance, le 5 avril 2008

Adressez votre courrier par LRAR [Lettre recommandée avec AR.

Objet : Mise en demeure.

Monsieur,

Précisez clairement la nature du problème Indiquez qu'il s'agit d'un défaut d'entretien et que la réparation incombe au bailleur [Suite à la découverte de prises de courant hors d'usage dans les deux chambres et la cuisine, je vous saurais gré, en application de l'article 6 c de la loi n° 89-462 du 6 juillet 1989 de bien vouloir faire le nécessaire afin de remédier à ce défaut d'entretien qui vous est imputable.

Mettez-le en demeure et affirmez votre détermination [Merci de me contacter sans délai afin que nous convenions d'un rendez-vous avec l'entrepreneur que vous aurez désigné.

À défaut de réponse de votre part sous huitaine, je me verrai contraint de saisir la justice afin d'être autorisé à faire effecteur les travaux à vos frais.

Dans l'attente, je vous prie d'agréer, Monsieur, l'expression de mes salutations les meilleures.

G

Monsieur Guiton

En cas de défaut d'entretien rendant l'utilisation du logement impossible, le locataire doit demander la résiliation du bail, d'abord amiablement puis, le cas échéant, en justice, assortie de dommages et intérêts.

Sauf hypothèse de la destruction totale des lieux loués, le locataire peut toutefois préférer rester dans les lieux et demander au bailleur d'effectuer les réparations nécessaires et, le cas échéant, saisir la justice pour l'y contraindre.

Le bailleur doit supporter les aménagements du locataire

419 Le bailleur ne peut pas « s'opposer aux aménagements réalisés par le locataire, dès lors que ceux-ci ne constituent pas une transformation de la chose louée » (v. n° 625).

La réalisation de travaux d'amélioration

419-1 Par une clause expresse du bail, ou à l'occasion d'un avenant écrit postérieur à sa signature, le bailleur a pu s'obliger à réaliser des travaux d'amélioration, en contrepartie desquels, le locataire a accepté une augmentation de loyer.

CODE

> « Lorsque les parties sont convenues, par une clause expresse, de travaux d'amélioration du logement que le bailleur fera exécuter, le contrat de location ou un avenant à ce contrat fixe la majoration du loyer consécutive à la réalisation de ces travaux » (art. 17 e de la loi de 1989).

Par « **travaux d'amélioration** », il faut entendre des travaux qui apportent soit un équipement nouveau (ascenseur intérieur, piscine dans une villa, cuisine équipée, etc.), un service ou une qualité supérieure au niveau des prestations existantes, soit une qualité permettant de diminuer d'une façon certaine les dépenses d'entretien ou d'exploitation (par exemple, changement de système de chauffage permettant de réaliser des économies d'énergie), soit encore une plus grande sécurité des biens et des personnes (installation d'un digicode, d'une porte blindée, d'un système de vidéosurveillance, d'un lecteur de carte magnétique pour accéder au parking, etc.).

Après la réalisation des travaux (et seulement après), le loyer sera définitivement augmenté de la valeur décidée par les parties.

Si le bailleur ne réalise pas les travaux qui lui incombent, ou s'il les réalise sans respecter les termes de la clause, l'augmentation ne pourra pas avoir lieu.

Bien plus, le locataire serait alors en droit de demander en justice que le bailleur respecte son engagement.

Exemple de clause

« Le bailleur s'engage à installer, dans les six mois de la signature du présent bail, une cuisine équipée composée d'un meuble sous évier, d'une hotte aspirante, de quatre éléments hauts et d'une colonne.
À l'issue de ces travaux, le loyer augmentera de 25 euros par mois.
Cette augmentation prendra effet le mois suivant l'achèvement des travaux. »

Les obligations de surveillance et de sécurité propres à certains bailleurs

Quels bailleurs sont concernés ?

420 Il s'agit de bailleurs qui réunissent deux conditions cumulatives :

– les bailleurs gérant au moins 100 logements locatifs d'habitation (art. R. 127-1 du Code de la construction et de l'habitation) ;

Les bailleurs de logements individuels (en secteur diffus ou en lotissement) ne sont donc pas concernés. À l'inverse, le bailleur de

100 logements ou plus dans une copropriété (situation qui peut notamment se rencontrer dans le secteur HLM, lorsque l'organisme a vendu une partie de son patrimoine) est visé.

– **situés dans une zone « à risques ».** Ces logements doivent se trouver dans un immeuble ou dans un groupe d'immeubles collectifs formant un ensemble situé dans une zone identifiée par les pouvoirs publics comme étant « à risques », soit en raison de son histoire (les zones urbaines sensibles), soit en raison de la forte concentration de population qui le caractérise (« commune de plus de 25 000 habitants ou comprise dans une aire urbaine d'un seul tenant regroupant au moins 50 000 habitants et dont une ou plusieurs communes comptent plus de 15 000 habitants »).

Les zones urbaines sensibles se caractérisent « par la présence de grands ensembles ou de quartiers d'habitat dégradé et par un déséquilibre accentué entre l'habitat et l'emploi. Elles comprennent les zones de redynamisation urbaine et les zones franches urbaines » (art. 42 de la loi du 4 févr. 1995 d'orientation et d'aménagement du territoire).

Les obligations supplémentaires qui leur incombent

Assurer le gardiennage et la surveillance

421 Les bailleurs concernés doivent assurer le gardiennage ou la surveillance des immeubles qu'ils louent (art. L. 127-1 du CCH).

Les fonctions de gardiennage ou de surveillance, dévolues à des concierges, gardiens, employés d'immeubles ou prestataires de services employés par le bailleur, doivent être assurées sur l'ensemble de l'année par au moins une personne à temps plein ou équivalent temps plein par tranche de 100 logements (art. R. 127-2 du Code de la construction et de l'habitation).

Par exemple, pour un ensemble de 99 logements, aucune obligation de gardiennage/surveillance ne pèse sur le bailleur. En revanche, le bailleur gérant 101 (ou 199) logements locatifs d'habitation devra affecter au moins une personne aux fonctions de gardiennage/surveillance. De la même manière, celui qui gère entre 201 et 299 logements doit dédier deux gardiens/concierges à ces missions, etc.

Le bailleur peut, à titre de complément, recourir à des **agents de prévention** et de médiation ou à des **correspondants de nuit**.

Depuis la loi relative à la prévention de la délinquance du 5 mars 2007, les communes ou les EPCI exerçant la compétence relative aux dispositifs locaux de prévention de la délinquance peuvent contribuer à l'obligation de gardiennage et de surveillance lorsque les immeubles ou groupes d'immeubles collectifs à usage d'habitation qui y sont assujettis sont particulièrement exposés à des risques de délinquance et font l'objet de dispositions des contrats locaux de sécurité.

Garantir la sécurité et la tranquillité des immeubles

422 Les bailleurs concernés doivent « prendre les mesures permettant d'éviter les risques manifestes pour la sécurité et la tranquillité des locaux » (art. L. 127-1 du CCH).

Le bailleur doit à cette fin (art. R. 127-5 du CCH) :

- installer et entretenir un **éclairage** assurant une bonne visibilité de l'entrée des immeubles et de leurs parties communes, notamment des parcs de stationnement, quand ils sont situés à l'intérieur des locaux ;
- installer et entretenir les systèmes permettant de limiter l'**accès aux parties communes** des immeubles aux résidents et aux personnes autorisées par les résidents ou habilitées et l'accès aux caves et parcs de stationnement intérieurs aux résidents qui en bénéficient et aux personnes habilitées, ou prendre les mesures ayant le même effet.

Compte tenu de problèmes particuliers à un quartier, les bailleurs peuvent associer les services de police ou de gendarmerie à la réflexion pouvant déboucher, d'une part sur des **modalités d'application spécifiques** des mesures indiquées ci-dessus et, d'autre part, sur la mise en œuvre de **mesures complémentaires** (par exemple, des rondes de police, art. R. 127-6 du CCH).

Contrôle et sanction de ces obligations

423 La mise en œuvre de ces obligations peut être contrôlée par le préfet (ou, à Paris, par le préfet de police). À la demande de celui-ci, le bailleur a deux mois pour lui faire connaître les mesures qu'il a prises. S'il ne le fait pas dans les délais impartis ou s'il transmet des informations erronées ou mensongères, il est passible de la peine d'amende prévue pour les contraventions de la 5e classe, soit 1 500 euros (art. 131-13 du Code pénal).

Lorsque le bailleur est une personne morale, en application de l'article 131-41 du Code pénal, la sanction pourra être multipliée par 5 : l'amende encourue est alors de 7 500 euros.

Lorsque le bailleur ne respecte pas les obligations spécifiques que la loi lui impose, les sanctions encourues sont :

- **en cas de manquement à son obligation de gardiennage/surveillance**, autant d'amendes de 5e classe qu'il manque de gardien par tranche de 100 logements. Lorsque le bailleur est une personne morale, toujours en application de l'article 131-41 du Code pénal, la sanction pourra être multipliée par 5 ;

> **Exemple :** un bailleur de 340 logements n'a affecté qu'un seul gardien aux tâches de gardiennage/surveillance. Il encourt alors deux amendes de 5e classe. S'il s'agit d'un bailleur personne physique, il peut donc être condamné à payer 3 000 euros. Si le propriétaire est une personne morale, la peine encourue est de 15 000 euros.

- **en cas de manquement à son obligation de sécurité/tranquillité**, autant d'amendes de 5e classe qu'il y a d'immeubles ou de groupes d'immeubles dépourvus des dispositifs prescrits. Là encore, lorsque le bailleur est une personne morale, la sanction pourra être multipliée par 5.

Exemple : un bailleur gérant un ensemble de quinze immeubles n'a équipé que trois d'entre eux des dispositifs requis. Il peut être condamné à s'acquitter de douze amendes de 5e classe. S'il s'agit d'un bailleur personne physique, il peut donc être condamné à payer 18 000 euros. Si le propriétaire est une personne morale, la peine d'amende encourue est de 90 000 euros.

Tableau récapitulatif des obligations du bailleur

Obligation	Textes de référence	Bailleurs concernés	Sanction
Jouissance paisible du locataire	Loi de 1989, art. 6 *b*	Tous	Dommages et intérêts.
Garantie des vices et des défauts de la chose louée	Loi de 1989, art. 6 *b* Code civil, art. 1721		Dommages et intérêts ou réparation ou résiliation du bail.
Entretien	Loi de 1989, art. 6 *c*		Dommages et intérêts ou réparation ou résiliation du bail. En cas de destruction : baisse de loyer (destruction partielle) ou résiliation du bail (destruction totale) et (en cas de faute du bailleur) dommages et intérêts.
Aménagements du locataire	Loi de 1989, art. 6 *d*		Le bailleur doit les supporter.
Gardiennage et surveillance des immeubles	CCH, art. L. 127-1, R. 127-1 à R. 127-4 et R. 152-7	Bailleurs gérant au moins 100 logements locatifs d'habitation compris dans un immeuble ou groupe d'immeubles collectifs formant un ensemble situé dans une zone à risques.	Défaut de transmission des éléments : amende de 1 500 euros (bailleur personne physique) ou de 7 500 euros (bailleur personne morale). Défaut de mise en place des gardiens : amende de 1 500 euros (bailleur personne physique) ou 7 500 euros (bailleur personne morale) par gardien manquant.

Obligation	Textes de référence	Bailleurs concernés	Sanction
Sécurité et tranquillité	CCH, art. L. 127-1, R. 127-5 à R. 127-7 et R. 152-8		Défaut de transmission des éléments : amende de 1 500 euros (bailleur personne physique) ou de 7 500 euros (bailleur personne morale). Défaut de mise en place des dispositifs : amende de 1 500 euros (bailleur personne physique) ou 7 500 euros (bailleur personne morale) par immeuble ou groupe d'immeubles non équipé.

5

Le paiement du loyer et des charges

Aux **dates prévues** par le bail, le locataire doit **payer son loyer** (v. n° 507) et le bailleur lui adresse, sur sa demande, une **quittance** (v. n° 510). Si le contrat l'a prévu, le **loyer est révisé** au cours du bail (v. n° 516), après **calcul du nouveau montant** (v. n° 518). Le bailleur **récupère** aussi certaines charges – on parle de « **charges locatives** » (v. n° 520) – avec, en fin d'année, une **régularisation** (v. n° 528).

C'est la première obligation faite au locataire : il doit payer le loyer et les charges locatives (loi de 1989, art. 7 *a*).

Qui doit payer le loyer et les charges ?

501 Hormis la caution, à qui les sommes seront réclamées si le locataire ne paie pas (voir n° 236), la réponse dépend des circonstances.

Le locataire est célibataire

502 Si le **locataire est célibataire**, le bailleur ne peut exiger le paiement du loyer que de lui.

Si par la suite son locataire se marie ou se pacse, le bailleur peut alors réclamer le loyer indifféremment à l'un ou l'autre des époux ou des partenaires pacsés.

Le locataire est marié

503 Lorsque les locataires sont **mariés**, et même si le bail n'a été signé que par l'un des deux époux, chacun des deux est responsable pour le tout (art. 220 du Code civil).

Le locataire célibataire qui se marie en cours de bail doit en avertir le bailleur, qui va ainsi avoir un débiteur supplémentaire dès la célébration du mariage. Même si le mariage n'est pas porté à la connaissance du bailleur, la mise en demeure en cas d'impayé adressée au locataire vaut également à l'égard du conjoint (art. 9-1 de la loi de 1989 ; sur cette question, v. n° 806).

La solidarité entre les époux naît avec le mariage et disparaît dès que sa dissolution est opposable au bailleur, c'est-à-dire en cas de **divorce** « à partir du jour où les formalités de mention en marge prescrites par les règles de l'état civil ont été accomplies ». Concrètement, c'est à compter de la transcription du jugement de divorce en marge des registres de l'état civil (art. 262 du Code civil). La solution vaut également en cas de jugement prononçant la **séparation de corps**.

Le locataire est pacsé

504 Si le locataire, unique signataire du bail, se pacse, lui et son partenaire se retrouvent « tenus solidairement à l'égard des tiers des dettes contractées par l'un d'eux pour les besoins de la vie courante » (art. 515-4 du Code civil). Ils sont donc chacun responsables du paiement des dettes locatives (loyer, charges et réparations locatives).

Là encore, le locataire célibataire qui se pacse en cours de bail doit en avertir le bailleur. S'il ne le fait pas, les notifications ou significations faites par le bailleur sont opposables à son partenaire (v. n° 807).

La solidarité entre les partenaires existe à partir du jour où les formalités de publicité du Pacs ont été régulièrement effectuées.

Elle cesse à partir du jour où les formalités de publicité consécutives à sa dissolution ont été accomplies.

Le locataire vit en concubinage

505 Si le locataire a signé seul le bail et qu'il vit en **concubinage**, il est le seul responsable du paiement.

Il y a plusieurs locataires cosignataires

506 Lorsque le bail a été signé par **plusieurs locataires** (concubins ou autres) et qu'il comporte une **clause de solidarité**, chaque colocataire est responsable à titre personnel du paiement de l'intégralité des loyers et charges (quitte ensuite pour lui à se retourner contre les autres).

En revanche, lorsque le bail a été signé par **plusieurs locataires** mais qu'il ne comporte pas de **clause de solidarité** (cas rarissime en pratique), en cas d'impayé, le bailleur doit agir contre tous les locataires. Il ne peut pas se retourner contre l'un d'entre eux et lui demander de régler toute la somme.

Le loyer est un élément central du bail

Le loyer est librement déterminé par les parties

507 Le loyer initial est librement fixé entre les parties. Peu importe que le logement loué soit neuf ou non, qu'il ait fait l'objet ou non d'une première location, que des travaux importants aient été réalisés par le bailleur. C'est le prix du marché, celui de l'offre et de la demande.

Toutefois, si vous voulez investir dans l'immobilier locatif et bénéficier du **dispositif « Borloo populaire » ou du dispositif « de Robien »** (qui permet d'opérer des déductions d'impôts), alors, le loyer est plafonné (ainsi que les ressources du locataire, dans le cadre du « Borloo populaire »). Pour plus de renseignements, v. www.logement.gouv.fr

508 Si, en théorie, rien n'interdit aux parties de fixer une autre périodicité, en pratique, le paiement du loyer est **mensuel**, à une date arrêtée par les parties (par exemple, « avant le 5 du mois »).

Le législateur a marqué sa préférence pour cette périodicité, propice à limiter le phénomène des impayés :

– en précisant « le paiement mensuel est de droit lorsque le locataire en fait la demande » (art. 7) ;
– en interdisant au bailleur de prévoir un dépôt de garantie lorsque le loyer est payable d'avance pour une période supérieure à deux mois (v. n° 241).

À terme échu ou à échoir ?

509 À décider dans le bail. S'il prévoit que le loyer est payable à *terme échu*, le locataire s'acquitte de sa dette pour le mois qui vient de s'écouler. À l'inverse, si c'est un paiement à *terme à échoir*, le locataire paie d'avance.

> **Exemple :** le locataire qui paie le 5 février va s'acquitter de sa dette pour le mois de janvier si le paiement est stipulé à terme échu. En revanche, si le terme est « à échoir », il se libérera de son échéance de février.

Le bailleur en délivre quittance

CODE

> « Le bailleur est tenu de **remettre gratuitement une quittance** au locataire qui en fait **la demande** » (art. 21, al. 1er, de la loi de 1989).

510 Il en résulte que :

- le bailleur n'a pas, spontanément, l'obligation d'adresser des quittances de loyer : ce n'est qu'en réponse à une demande du locataire qu'il doit s'exécuter ;
- la remise de la quittance est **gratuite** et la facturation de ce service au locataire, notamment par l'agence immobilière gérante du bien, est illégale. Cela vaut également à l'égard des **frais postaux**. La loi précise désormais expressément que la clause du bail faisant supporter au locataire les frais d'expédition de la quittance est réputée non écrite (v. n° 232-1).

Ce service est déjà rémunéré par le bailleur dans le cadre du mandat de gestion qu'il a confié à l'agence (v. n° 107) et l'article 5 de la loi de 1989, qui prévoit le partage par moitié de la « rémunération des personnes qui se livrent ou prêtent leur concours à l'établissement d'un acte de location d'un immeuble appartenant à autrui », n'est pas applicable à la quittance (v. n° 106).

Sauf clause contractuelle précise, le bailleur (ou son gestionnaire) est **libre de définir les modalités de remise de la quittance** : il pourrait très bien ne pas envoyer la quittance par la Poste mais se contenter de mettre le document à la disposition du locataire, à charge pour celui-ci venir la chercher.

Le bailleur est tenu de délivrer une attestation de paiement même en cas de paiement partiel. Cette hypothèse a été envisagée par le législateur : alors, « le bailleur est tenu de délivrer un *reçu* » (loi de 1989, art. 21, al. 2).

Les éléments que doit mentionner la quittance

511 Deux éléments doivent impérativement figurer sur la quittance : le **montant du loyer** acquitté et le **montant versé au titre des charges** (concrètement, la provision sur charges).

Le troisième élément dont fait état la loi, à savoir le droit de bail (rebaptisé un temps « contribution annuelle représentative du droit de bail »), n'existe plus depuis le 1er janvier 2001.

Un « avis d'échéance » qui ne porte pas le détail des sommes réclamées n'est pas une quittance (Civ. 3e, 24 mars 2004, n° 01-14.439).

La valeur de la quittance

512 La quittance fait foi jusqu'à preuve contraire.

Le bailleur qui a délivré une quittance erronée peut toujours se rétracter et réclamer le paiement du terme correspondant dès lors qu'il aura établi son erreur (en produisant, notamment, ses relevés de compte).

513 Modèle de quittance de loyer

Quittance de loyer
Période du 1er mars 2008 au 31 mars 2008
Nom du locataire : Monsieur Jésu
Adresse : 2, rue de Romainville, 94300 Vincennes
Nom du propriétaire : Monsieur Savalle
Adresse : 3, rue de la Pompe, 56890 Saint-Avé
Identification des lots loués : Appartement 215
Parking n° 17
Détail des sommes versées : Loyer principal : 1 050 euros
Provision pour charges : 120 euros
Total pour la période : 1 170 euros

Rien, en principe, n'autorise le locataire à ne pas payer le loyer

514 Tordons le cou à une croyance aussi fausse que durable : le refus de paiement n'est possible qu'à la double condition :

- d'une part, que les **locaux soient impropres à l'usage auquel ils sont destinés** (impossibilité totale d'habiter et/ou d'y exercer sa profession en cas de bail à usage mixte);
- et, d'autre part, que le locataire ait été **autorisé en justice** à ne pas payer.

> Par exemple, les magistrats refusent systématiquement d'accorder l'autorisation de ne pas payer son loyer au locataire qui ne fait que se plaindre d'un local mal entretenu, ou dont le système d'assainissement est défectueux.

De la même manière, **la grève du loyer** n'est pas envisageable (et n'est jamais autorisée par le juge) en cas de différend sur le loyer à payer. Un litige peut effectivement survenir à ce sujet en cours de bail, par exemple, lors de la révision du loyer ou lors de l'application de la « clause de travaux » (v. n° 315).

Le non-paiement injustifié du loyer peut-être lourd de conséquences

515 Le locataire qui ne paie pas son loyer s'expose à ce que le bailleur demande au juge la résiliation du bail. Mais le juge est libre de choisir la sanction qui lui semble la plus appropriée au manquement du locataire. Il peut opter pour la résiliation pure et simple du bail ou préférer une autre sanction, par exemple le paiement de l'arriéré sous astreinte.

En revanche, la résiliation-sanction est automatique lorsque le bail comporte **une clause résolutoire** prévoyant que le défaut de paiement du loyer ou des charges entraîne la résolution immédiate du bail. Cette clause peut être invoquée devant les tribunaux deux mois après une mise en demeure adressée au locataire non suivie d'effet (art. 24 de la loi).

Le juge n'a alors pas le choix : il constate le jeu de la clause et prononce la résiliation du bail (v. nos 1201 et s.).

La révision du loyer est permise

516 Si le bail a expressément prévu cette révision, le loyer est automatiquement révisé chaque année.

> CODE
>
> « Lorsque le contrat de location prévoit la révision du loyer, celle-ci intervient chaque année à la date convenue entre les parties ou, à défaut, au terme de chaque année du contrat.
> L'augmentation du loyer qui en résulte ne peut excéder la variation d'un indice de référence des loyers publié par l'Institut national de la statistique et des études économiques, dont les modali

tés de calcul et de publication sont fixées par décret en Conseil d'État. Ces modalités de calcul s'appuient notamment sur l'évolution des prix à la consommation, du coût des travaux d'entretien et d'amélioration du logement à la charge des bailleurs et de l'indice du coût de la construction. À défaut de clause contractuelle fixant la date de référence, cette date est celle du dernier indice publié à la date de signature du contrat de location » (loi de 1989, art. 17 *d*).

La **date de révision** n'est pas forcément celle de la date anniversaire du contrat, même si, par simplicité, c'est souvent celle qui est retenue.

Le bailleur qui oublie d'augmenter le loyer ne peut plus réclamer le reliquat correspondant à l'augmentation omise **au-delà de cinq ans** (art. 2224 du Code civil).

Attention : en 2006 et en 2008, l'indice à appliquer a changé (v. n° 517). Dans l'hypothèse où le bailleur veut faire un rattrapage, il devra se référer aux indices en vigueur au moment où il aurait dû réviser le loyer, soit la moyenne des 4 dernières valeurs de l'ICC jusqu'à fin 2005, l'IRL 1re version jusqu'au 9 février 2008 inclus et l'IRL deuxième version à partir du 10 (v. n° 518 pour un exemple chiffré).

De la même manière, **le locataire dispose de cinq ans** pour demander au bailleur le remboursement d'un trop-perçu (art. 1728 du Code civil, modifié par la loi de cohésion sociale du 18 janv. 2005).

Quel indice choisir ?

517 Le plus simple, et le plus courant : l'indice de référence des loyers publié trimestriellement par l'Insee (IRL) qui, depuis la loi pour le pouvoir d'achat du 8 février 2008 (applicable, pour l'avenir, aux contrats

en cours), correspond à la **moyenne, sur les douze derniers mois,** de l'évolution des prix à la consommation hors tabac et hors loyers.

Avant cette date, l'indice de référence a, tour à tour, été :
- l'indice du coût de la construction ;
- puis, à partir de la date d'entrée en vigueur de la loi du 21 juillet 1994, la moyenne des 4 derniers ICC ;
- puis, à compter du 1er janvier 2006, en application d'une loi du 26 juillet 2005 et jusqu'au 9 février 2008, l'IRL 1re version, indice composite constitué à 60 % de l'indice des prix à la consommation hors tabac et hors loyers, à 20 % de l'indice des prix des travaux d'entretien et d'amélioration du logement et à 20 % de l'indice du coût de la construction.

Les parties peuvent en préférer un autre. Mais dans ce cas, si la variation de l'indice retenu est supérieure à celle de l'IRL, la révision ne joue qu'à concurrence de l'évolution de l'IRL.

C'est pourquoi, en pratique, l'IRL est toujours retenu.

Il est également possible de fixer une autre date de référence pour l'indice retenu que celle de la signature du bail.

Attention au retard avec lequel l'Insee publie l'IRL aux Informations rapides de l'Insee, consultable sur www.insee.fr et reproduit, un peu plus tard et uniquement pour information au *Journal officiel*.

Et comment s'en servir ?

518 C'est la variation de l'IRL sur un an qui est prise en compte.

Un exemple concret de révision du loyer

Monsieur LOOS a signé son contrat de location le 1er juin 2007 pour trois années. Le loyer est fixé à 1 000 euros et le bail prévoit la révision du loyer selon la variation de l'indice de référence des loyers (IRL) publié par l'Insee du 1er trimestre (reportez-vous sur www.insee.fr, rubrique « Trouver rapidement », puis « L'indice de référence des loyers » ou sur www.dalloz.fr, rubrique « Dalloz actualité », puis « Indices et taux »). Comme l'indice du 1er trimestre a varié de 1,81 % en un an, à compter du 1er juin 2008, le loyer de Monsieur LOOS va passer à 1 18,10 euros (soit 1 000 × 1,81 + 1 000).

Et si le bailleur n'a pas révisé le loyer depuis plusieurs années ?

La question peut en effet se poser puisque l'action en révision est soumise à une prescription de cinq ans (v. n° 516).

Le fait qu'on soit passé de la prise en compte de l'ICC (en réalité, de la variation de la moyenne sur quatre trimestres de l'ICC) à celle de l'IRL 1re version, puis à celle de l'IRL 2e version ne doit toutefois pas troubler les esprits.

Applicables aux contrats en cours, la loi du 26 juillet 2005 (modifiée par la loi de finances pour 2006) qui a institué l'IRL 1, entre le 1er janvier 2006 et la loi « pouvoir d'achat » du 8 février 2008, texte fondateur de l'IRL, 2, ne sont **pas rétroactives**.

En conséquence, le bailleur devra appliquer la moyenne de l'ICC pour calculer la révision avant le 1er janvier 2006, l'IRL 1, pour la période comprise entre le 1er janvier 2006 et le 8 février 2008 inclus et l'IRL 2 à compter du 9 février 2008, date d'entrée en vigueur de la loi nouvelle.

Exemple : M. LOOS a signé son contrat de location le 1er janvier 2004 pour trois années. Le loyer est fixé à 1 000 euros et le bail prévoit la révision du loyer en fonction de la variation de la moyenne de l'ICC du 2e trimestre (valeur au 2e trimestre 2003, parue le 14 octobre 2003 : 1 181,75; pour retrouver cette valeur, v. www.insee.fr ou www.dalloz.fr).

Or, le bailleur ne pense à réviser le loyer qu'à partir du 1er mai 2008, le contrat ayant été tacitement reconduit (v. n° 701).

Il doit d'abord calculer la variation du prix du bail pour les loyers compris entre janvier 2005 et décembre 2005. Entre ces deux dates, le loyer de M. LOOS aurait dû augmenter de 3,85 % (la moyenne associée de l'ICC du 2e trimestre 2004 s'élevant à 1 227,25), c'est-à-dire passer de 1 000 euros à 1 038,50 euros par mois.

Ainsi, pour 2005, M. LOOS doit 462,00 euros à son bailleur (soit 38,50 × 12).

Le bailleur doit ensuite calculer les conséquences de la révision pour l'année 2006.

Comme, à compter du 1er janvier 2006, l'IRL 1 s'est substitué à l'ICC, c'est la variation de l'IRL qui doit être prise en considération. Or, pour le 2e trimestre 2005 cet indice a varié de à 2,60 %, à partir de l'échéance de janvier 2006, le loyer de M. LOOS passe de 1 038,50 à 1 065,50 euros, soit une augmentation mensuelle de 27 euros.

Pour l'année 2006, M. LOOS devra donc 324 euros (27 × 12).

Pour l'année 2007, il faut appliquer la variation de l'IRL 1, soit + 2,78 % (valeur de l'IRL du 2e trim. 2006 : 105,45). Le loyer passe à 1 095,12 euros, soit une hausse mensuelle de 29,62 euros. Au titre du rattrapage de l'année 2007, M. LOOS devra verser 355,44 euros (soit, 29,62 x 12).

Quant à l'année 2008, il faudra prendre en considération la variation de l'IRL 1, soit + 2,76 %, pour un loyer porté à 1 125,35 euros (1 095,12 + 30,23). Entre janvier et mai, M. LOOS devra, en plus de son loyer courant, s'acquitter de la somme de 30,23 euros, soit 151,15 euros.

Ce n'est ainsi qu'à l'occasion de la révision début 2009 que le locataire sera « impacté » par l'IRL 2.

En définitive, M. LOOS devra, au 1er mai 2008, un loyer de 1 125,35 euros et, au titre de rattrapage de la révision de loyer, sera redevable de 1 292,59 euros (462,00 + 324,00 + 355,44 + 151,1).

Bien évidemment, le bailleur de M. LOOS accordera à ce dernier un étalement de sa dette, car il ne saurait le mettre en difficulté financièrement à raison de son oubli !

Dans la mesure où, depuis le « passage » à l'IRL 2, l'Insee n'a pas jugé utile de continuer à mentionner les valeurs de l'IRL 1, il nous a semblé important de reproduire ci-dessous les valeurs applicables pour un rattrapage pour la période comprise entre le 1er janvier 2006 et le 9 février 2008 (les valeurs de l'IRL 2 sont, quant à elles, consultables sur insee.fr).

Indice de référence des loyers

Indice trimestriel INSEE – Référence 100 au 2e trimestre 2004

	2005	2006	2007
1er trimestre *date de parution*		104,61 (+ 2,46 %) *11/07/06*	107,66 (+ 2,92 %) *06/07/07*
2e trimestre *date de parution*		105,45 (+ 2,78 %) *13/10/06*	108,36 (+ 2,76 %) *12/10/07*
3e trimestre *date de parution*	103,07 (+ 2,30 %) *18/01/06*	106,36 (+ 3,19 %) *12/01/07*	
4e trimestre *date de parution*	103,78 (+ 2,30 %) *07/04/06*	107,13 (+ 3,23 %) *06/04/07*	

Les charges sont tout aussi essentielles

519 Les charges locatives (on parle aussi de « charges récupérables ») sont celles imputées au locataire. En cas de différend sur ce qui est réclamé, avant de saisir le juge, le bailleur ou le locataire peuvent demander à la *Commission départementale de conciliation* d'examiner la question (v. n° 716). La commission n'est toutefois pas un point de passage obligé : ce n'est qu'une faculté offerte aux parties destinée à régler le problème à l'amiable.

Même si le bailleur est tenu de procéder à une **régularisation annuelle**, ce n'est pas parce qu'il ne l'a pas fait qu'il est considéré comme ayant tacitement renoncé à récupérer les charges. Il peut donc tout à fait procéder au **rattrapage** de charges plus anciennes, mais dans la limite des cinq dernières années (art. 2224 du Code civil).

Quant au locataire, il dispose également de cinq ans pour demander au bailleur le remboursement d'un trop-perçu (toujours en vertu de l'art. 2224 du Code civil).

Quelles sont les charges locatives ?

520 Il s'agit des « sommes accessoires au loyer principal » (art. 23 de la loi de 1989) qui sont « exigibles sur justification » en contrepartie :

– des services rendus liés à l'usage des différents éléments de la chose louée ;

– des dépenses d'entretien courant et des menues réparations sur les éléments d'usage commun de la chose louée ; la loi du 13 juillet 2006 (loi « ENL ») précise que sont notamment récupérables à ce titre les dépenses engagées par le bailleur dans le cadre d'un contrat d'entretien relatif aux ascenseurs, dépenses concernant « les opérations et les vérifications périodiques minimales et la réparation et le remplacement de petites pièces présentant des signes d'usure excessive ainsi que les interventions pour dégager les personnes bloquées en cabine et le dépannage et la remise en fonctionnement normal des appareils » ;

Cet ajout opéré par la loi ENL est le contrepoint de l'obligation, inscrite dans le Code de la construction et de l'habitation, de mise en sécurité des ascenseurs (avant le 31 décembre 2010 ; CCH, art. R. 125-1-2) et de leur entretien.

– des impositions qui correspondent à des services dont le locataire profite directement.

Précision utile : pour l'application ce texte (dans sa rédaction issue de la loi ENL), **le coût des services assurés dans le cadre d'un contrat d'entreprise** correspond à la **dépense TTC acquittée par le bailleur**.

La loi ENL n'est pas rétroactive (Civ. 3e, 19 mars 2008, n° 07-10.704).

La liste des charges récupérables est fixée par décret

La liste est fixée par l'annexe du décret n° 87-713 du 26 août 1987.

À l'heure où ces lignes sont rédigées, il est question de modifier sensiblement ce décret « charges » de manière à le rendre davantage en phase avec les exigences actuelles des gestionnaires d'immeubles. Un premier texte pourrait changer la donne en matière de frais de personnel concernant les gardiens (voir avertissement au n° 523) et un second devrait s'atteler au toilettage de la liste des charges récupérables. Aucun calendrier n'a toutefois, à ce jour, été précisé.

Cette liste est impérative et limitative...

521 La liste est en principe **impérative** (impossible donc de s'y soustraire par une clause contraire insérée au contrat ou par une stipulation du règlement de copropriété). Mais depuis la loi ENL du 13 juillet 2006, il est possible d'y déroger par la signature d'un accord collectif local portant sur l'amélioration de la sécurité ou la prise en compte du développement durable.

La liste est aussi **limitative**. Mais ce caractère limitatif ne va pas interdire au bailleur de récupérer d'autres charges, dès lors que celles-ci vont être prévues par d'autres textes spécifiques.

> Ainsi, par exemple, si les charges liées à l'installation et à l'entretien des **antennes de télévision** ne sont pas mentionnées par le décret de 1987, il ne fait aucun doute qu'elles doivent être assumées par le locataire raccordé, puisque la loi du 2 juillet 1966 et son décret d'application du 22 décembre 1967 le prévoient expressément, tant pour l'installation que pour le remplacement et l'entretien des antennes.

... et pourtant, la récupération de certaines dépenses reste discutée

522 Malgré ce qui vient d'être dit, certains postes de charges donnent encore lieu à un abondant contentieux.

Le tableau ci-après se fait le reflet de l'imprécision ambiante et éclaire quelques points. Dans sa partie gauche, il énumère la liste des charges locatives. Dans sa partie droite, nous avons formulé un certain nombre de remarques et nous nous sommes fait l'écho de diverses solutions consacrées par la jurisprudence ou d'interprétations prônées par l'administration.

Charge récupérable ou non ?

Énumération des charges	Remarques et solutions jurisprudentielles
	La liste des charges récupérables est composée de huit postes. Aux termes de l'article 2e du décret de 1987, « le remplacement d'éléments d'équipement n'est considéré comme assimilable aux menues réparations que si son coût est au plus égal au coût de celles-ci ».
I. Ascenseurs et monte-charge 1. Dépenses d'électricité. 2. Dépenses d'exploitation, d'entretien courant, de menues réparations : *a)* Exploitation : – visite périodique, nettoyage et graissage des organes mécaniques; – examen semestriel des câbles et vérification annuelle des parachutes; – nettoyage annuel de la cuvette, du dessus de la cabine et de la machinerie; – dépannage ne nécessitant pas de réparations ou fourniture de pièces; – tenue d'un dossier par l'entreprise d'entretien mentionnant les visites techniques, incidents et faits importants touchant l'appareil. *b)* Fournitures relatives à des produits ou à du petit matériel d'entretien (chiffons, graisses et huiles nécessaires) et aux lampes d'éclairage de la cabine. *c)* Menues réparations : – de la cabine (boutons d'envoi, paumelles de portes, contacts de portes, ferme-portes automatiques, coulisseaux de cabine, dispositif de sécurité de seuil et cellule photo-électrique); – des paliers (ferme-portes mécaniques, électriques ou pneumatiques, serrures électromécaniques, contacts de porte et boutons d'appel); – des balais du moteur et fusibles.	Concernant les dépenses d'électricité, v. aussi n° 525-1. Faute d'être mentionnées par le texte, les dépenses relatives à l'entretien de la ligne téléphonique de l'ascenseur (alarme) ne sont pas récupérables (Civ. 3e, 24 mars 2004, n° 01-14.439). (Voir toutefois les développements relatifs à la loi ENL, n° 520.)

Énumération des charges	Remarques et solutions jurisprudentielles
II. Eau froide, eau chaude et chauffage collectif des locaux privatifs et des parties communes 1. Dépenses relatives : À l'eau froide et chaude des locataires ou occupants du bâtiment ou de l'ensemble des bâtiments d'habitation concernés; À l'eau nécessaire à l'entretien courant des parties communes du ou desdits bâtiments, y compris la station d'épuration; À l'eau nécessaire à l'entretien courant des espaces extérieurs; Les dépenses relatives à la consommation d'eau incluent l'ensemble des taxes et redevances ainsi que les sommes dues au titre de la redevance d'assainissement, à l'exclusion de celles auxquelles le propriétaire est astreint en application de l'article L. 35-5 du Code de la santé publique; Aux produits nécessaires à l'exploitation, à l'entretien et au traitement de l'eau; À l'électricité; Au combustible ou à la fourniture d'énergie, quelle que soit sa nature. 2. Dépenses d'exploitation, d'entretien courant et de menues réparations : *a)* Exploitation et entretien courant : – nettoyage des gicleurs, électrodes, filtres et clapets des brûleurs; – entretien courant et graissage des pompes de relais, jauges, contrôleurs de niveau ainsi que des groupes moto-pompes et pompes de puisards; – graissage des vannes et robinets et réfection des presse-étoupes; – remplacement des ampoules des voyants lumineux et ampoules de chaufferie; – entretien et réglage des appareils de régulation automatique et de leurs annexes; – vérification et entretien des régulateurs de tirage; – réglage des vannes, robinets et tés ne comprenant pas l'équilibrage;	Concernant les dépenses d'eau et de chauffage, V. aussi n° 525-1. La TVA des charges locatives est récupérable au titre de l'eau chaude et de l'eau froide (CA Paris, 25 janv. 2007). Ne sont pas récupérables : – les frais de modernisation de la chaufferie (Civ. 3e, 6 déc. 1995, n° 99-17.250), – les frais de location d'une citerne de gaz (Rép. min. n° 55822), – l'amortissement des installations (CA Toulouse, 16 mars 1999, Société garonnaise d'habitation c/Sadouki), – le coût du combustible stocké et non consommé (Civ. 3e, 5 févr. 1992, n° 92-13.153). Les frais acquittés par le locataire dans le cadre d'un contrat de vente de chaleur sont soumis à la réglementation sur les charges (Civ. 3e, 9 mars 2005, n° 01-18.039 et n° 03-13.062).

Énumération des charges	Remarques et solutions jurisprudentielles
– purge des points de chauffage; – frais de contrôles de combustion; – entretien des épurateurs de fumée; – opérations de mise en repos en fin de saison de chauffage, rinçage des corps de chauffe et tuyauteries, nettoyage de chaufferies, y compris leurs puisards et siphons, ramonage des chaudières, carneaux et cheminées; – conduite de chauffage; – frais de location d'entretien et de relevé des compteurs généraux et individuels; – entretien de l'adoucisseur, du détartreur d'eau, du surpresseur et du détendeur; – contrôles périodiques visant à éviter les fuites de fluide frigorigène des pompes à chaleur; – vérification, nettoyage et graissage des organes des pompes à chaleur; – nettoyage périodique de la face extérieure des capteurs solaires; – vérification, nettoyage et graissage des organes des capteurs solaires. *b*) Menues réparations dans les parties communes ou sur des éléments d'usage commun : – réparation de fuites sur raccords et joints; – remplacement des joints, clapets et presse-étoupes; – rodage des sièges de clapets; – menues réparations visant à remédier aux fuites de fluide frigorigène des pompes à chaleur; – recharge en fluide frigorigène des pompes à chaleur.	
III. Installations individuelles Chauffage et production d'eau chaude, distribution d'eau dans les parties privatives : 1. Dépenses d'alimentation commune de combustible. 2. Exploitation et entretien courant, menues réparations : *a*) Exploitation et entretien courant : –réglage de débit et température de l'eau chaude sanitaire;	Concernant les dépenses d'eau et de chauffage, v. aussi n° 525-1.

Énumération des charges	Remarques et solutions jurisprudentielles
– vérification et réglage des appareils de commande, d'asservissement, de sécurité d'aquastat et de pompe ; – dépannage ; – contrôle des raccordements et de l'alimentation des chauffe-eau électriques, contrôle de l'intensité absorbée ; – vérification de l'état des résistances, des thermostats, nettoyage ; – réglage des thermostats et contrôle de la température d'eau ; – contrôle et réfection d'étanchéité des raccordements eau froide-eau chaude ; – contrôle des groupes de sécurité ; – rodage des sièges de clapets des robinets ; – réglage des mécanismes de chasses d'eau. *b*) Menues réparations : – remplacement des bilames, pistons, membranes, boîtes à eau, allumage piézoélectrique, clapets et joints des appareils à gaz ; – rinçage et nettoyage des corps de chauffe et tuyauteries ; – remplacement des joints, clapets et presse-étoupes des robinets ; – remplacement des joints, flotteurs et joints cloches des chasses d'eau.	
IV. Parties communes intérieures au bâtiment ou à l'ensemble des bâtiments d'habitation 1. Dépenses relatives : À l'électricité : Aux fournitures consommables, notamment produits d'entretien, balais et petit matériel assimilé nécessaires à l'entretien de propreté, sel. 2. Exploitation et entretien courant, menues réparations : a) Entretien de la minuterie, pose, dépose et entretien des tapis. *b*) Menues réparations des appareils d'entretien de propreté tels qu'aspirateur. 3. Entretien de propreté (frais de personnel).	La question des frais de personnel concernant le point 3 (entretien de propreté) est étudiée au n° 523.

Énumération des charges	Remarques et solutions jurisprudentielles
V. Espaces extérieurs au bâtiment ou à l'ensemble de bâtiments d'habitation (voies de circulation, aires de stationnement, abords ; et espaces verts, aires et équipements de jeux). 1. Dépenses relatives : À l'électricité ; À l'essence et huile ; Aux fournitures consommables utilisées dans l'entretien courant : ampoules ou tubes d'éclairage, engrais, produits bactéricides et insecticides, produits tels que graines, fleurs, plants, plantes de remplacement, à l'exclusion de celles utilisées pour la réfection de massifs, plates-bandes ou haies. 2. *a)* Exploitation et entretien courant : • Opérations de coupe, désherbage, sarclage, ratissage, nettoyage et arrosage concernant : – les allées, aires de stationnement et abords ; – les espaces verts (pelouses, massifs, arbustes, haies vives, plates-bandes) ; – les aires de jeux ; – les bassins, fontaines, caniveaux, canalisations d'évacuation des eaux pluviales ; – entretien du matériel horticole ; – remplacement du sable des bacs et du petit matériel de jeux. *b)* Peinture et menues réparations des bancs de jardins et des équipements de jeux et grillages.	La charge de l'entretien des espaces verts incombe aux locataires sous réserve : – que ces espaces verts appartiennent bien au bailleur, et non, par exemple, à la commune (CA Versailles, 2 juin 1989, OPHLM d'Hermont c/Freling), – qu'il s'agisse d'espaces verts communs à l'ensemble des locataires et non des espaces verts situés dans un jardin privatif d'un autre occupant (Civ. 3e, 1er juin 1988, n° 87-10.561). L'élagage des arbres n'est pas récupérable (Civ. 3e, 23 mars 2004, n° 02-20.933), tout comme les frais d'abattage d'un arbre (Civ. 3e, 13 nov. 2007, n° 06-12.703).
VI. Hygiène 1. Dépenses de fournitures consommables : Sacs en plastique et en papier nécessaires à l'élimination des rejets ; Produits relatifs à la désinsectisation et à la désinfection, y compris des colonnes sèches de vide-ordures.	Ne sont pas récupérables les frais : – de location de containers à ordures (Civ. 3e, 5 oct. 1994, n° 92-11.622), – d'enlèvement des « encombrants » (Civ. 3e, 15 mai 2008, n° 07-15.567),

Énumération des charges	Remarques et solutions jurisprudentielles
2. Exploitation et entretien courant : Entretien et vidange des fosses d'aisance; Entretien des appareils de conditionnement des ordures. 3. Élimination des rejets (frais de personnel).	– de personnel ayant débouché les vide-ordures (Civ. 3e, 27 nov. 2002, n° 01-11.134), – de débouchage des égouts (Civ. 3e, 3 avr. 2007, n° 06-12.937) – de dératisation (Civ. 3e, 29 janv. 2002, n° 99-17.042), – d'entretien des pompes de relevage des eaux usées (Civ. 3e, 27 mai 2003, n° 01-12.002). Sont récupérables les frais : – de détartrage des colonnes de chutes, des branchements d'eaux usées et d'eaux vannes (Civ. 3e, 6 déc. 1995, n° 93-17.250), – de curage des collecteurs extérieurs (Civ. 3e, 6 déc. 1995, n° 93-17.250). La question des frais de personnel concernant le point 3 (élimination des rejets) est étudiée ci-dessous, au n° 523.
VII. Équipements divers du bâtiment ou de l'ensemble de bâtiments d'habitation 1. La fourniture d'énergie nécessaire à la ventilation mécanique. 2. Exploitation et entretien courant : – ramonage des conduits de ventilation; – entretien de la ventilation mécanique; – entretien des dispositifs d'ouverture automatique ou codée et des interphones; – visites périodiques à l'exception des contrôles réglementaires de sécurité, nettoyage et graissage de l'appareillage fixe de manutention des nacelles de nettoyage des façades vitrées. 3. Divers : Abonnement des postes de téléphone à la disposition des locataires.	

Énumération des charges	Remarques et solutions jurisprudentielles
VIII. Impositions et redevances Droit de bail. Taxe ou redevance d'enlèvement des ordures ménagères. Taxe de balayage.	Le droit de bail, un temps rebaptisé « contribution annuelle représentative du droit de bail », a été supprimé pour les revenus locatifs perçus à compter du 1er janvier 2001. La taxe d'enlèvement des ordures ménagères est récupérable dès lors qu'elle apparaît de manière indépendante dans le budget communal, que son taux d'imposition a été établi et qu'elle donne lieu à une perception (Civ. 3e, 10 juin 1998, n° 96-20.521). En revanche, les frais de rôle de la taxe d'enlèvement des ordures ménagères ne sont pas récupérables (Civ. 3e, 30 oct. 2002, n° 01-10.617; 24 mars 2004, n° 01-14.439). La taxe de balayage des trottoirs est récupérable (Rép. min. n° 27999).

La question particulière des dépenses de personnel

Avertissement : à l'heure où ces lignes sont rédigées, les pouvoirs publics seraient en train de réfléchir à faire évoluer la réglementation. Il serait notamment question de rendre récupérable une partie de la rémunération de l'encadrement technique, de permettre au gardien, dans certaines circonstances, de s'adjoindre les services d'un tiers et de moduler le pourcentage de récupération des charges en fonction des missions réellement effectuées. Par ailleurs, le texte assimilerait « gardien unique » à « ménage de gardiens » (ce

que la jurisprudence a d'ailleurs déjà acté, v. Avertissement n° 524). Enfin, il listerait un certain nombre d'éléments exclus de la récupération.
N'hésitez pas à vous tenir au courant sur www.editions-delmas.com ou sur **www.logement.gouv.fr**

523 Tout ne peut pas être condensé dans un tableau. Reste l'épineuse question de la récupération auprès du locataire des dépenses du personnel qui assure l'entretien et l'élimination des rejets (postes IV-3 et VI-3 de l'annexe et art. 2 du décret de 1987).

Ici, deux situations doivent être distinguées, en fonction du type de personnel affecté à l'entretien et à l'élimination des rejets.

Un gardien ou concierge se charge de l'entretien et de l'élimination des rejets

524 Dans ce cas, les dépenses récupérables correspondent aux **3/4 de la rémunération et des charges sociales et fiscales** (décret du 26 août 1987, art. 2 *b* et *c*), à l'exclusion du **salaire en nature** versé au gardien/concierge (logement de fonction, consommations d'eau et d'électricité), mais en tenant compte des frais de remplacement du gardien/concierge pendant ses congés (vacances ou maladie).

La prime de départ à la retraite du gardien n'est pas récupérable puisqu'elle ne correspond nullement aux services qu'il a rendus, mais à ses droits relatifs à la retraite (Civ. 3e, 25 juin 2008, n° 07-15.598 ; V. déjà Rép. min. n° 54128).

Il est toutefois indispensable de préciser que la récupération des charges ne sera possible que si le gardien/concierge effectue **cumulativement** l'entretien de l'immeuble (le ménage) et l'élimination des rejets (la sortie des poubelles). Cela a été jugé à de nombreuses reprises par la Cour de cassation (Civ. 3e, 7 mai 2002, n° 00-16.268 ; Civ. 3e, 15 mai 2008, n° 07-16.567). Et le forfait des 3/4 n'est pas modulable en fonction de l'activité réelle du gardien (Civ. 3e, 9 janv. 2008, n° 06-21.794).

Attention : la récupération partielle des dépenses correspondant à la rémunération du gardien n'est possible que lorsqu'il effectue **seul** les travaux d'entretien des parties communes et d'élimination des rejets à l'exclusion de tout partage d'activité avec un tiers (Civ. 3e, 27 sept. 2006, n° 05-18.193). Il a toutefois été récemment jugé, en présence d'un contrat de travail unique, que les charges salariales d'un **couple de gardiens**, qui se répartit de manière habituelle le travail, sont récupérables, dans la mesure où ils remplissent de manière effective les charges de leur travail commun qui leur confie cumulativement l'entretien des parties communes et l'élimination des rejets (Civ. 3e, 15 oct. 2008, n° 07-21.452).

Les dépenses du personnel qui n'effectue qu'un travail administratif de contrôle et de surveillance sans intervenir directement dans l'entretien et l'élimination des rejets n'ont pas été considérées comme étant une dépense récupérable (Civ. 3e, 8 oct. 1997, n° 95-20.113). De même, le bailleur qui a embauché un gardien afin qu'il surveille de nuit une aire de stationnement ne peut pas récupérer les dépenses inhérentes à ce salarié (Civ. 3e, 8 oct. 1997, n° 95-20.113). Enfin, les missions de gestion, télégestion et télésurveillance ne sont pas récupérables (Civ. 3e, 23 mars 2004, n° 02-20.933).

L'article 2 *a* du décret ne distingue pas entre les services assurés par le bailleur en régie (hypothèse dans laquelle le bailleur assure lui-même l'entretien et l'élimination des rejets, sans avoir recours à une entreprise extérieure) et les services assurés dans le cadre d'un contrat d'entreprise. Cependant, « le coût des services assurés en régie inclut les dépenses de personnel d'encadrement technique » (par exemple, le salaire du contremaître).

Un employé d'immeuble se charge de l'entretien et de l'élimination des rejets

525 Si la mission est confiée à un employé d'immeuble, le bailleur a le droit de récupérer 100 % des dépenses correspondant à sa rému-

nération et aux charges fiscales et sociales en découlant (art. 2 *d* du décret de 1987).

Lorsque le travail a fait l'objet d'un contrat d'entreprise, le bailleur doit impérativement s'assurer que celui-ci distingue bien les dépenses récupérables et les autres dépenses (art. 2 *a, in fine*), sinon la récupération des charges n'est pas possible (Civ. 3e, 30 oct. 2002, n° 01-10.617).

À l'inverse de ce qui prévaut à l'égard des gardiens et concierges, les avantages en nature qui auront pu être consentis à l'employé d'immeuble, telle la jouissance d'un local, seront récupérables (Civ. 3e, 30 mai 1996, n° 93-14.125).

Le sort particulier réservé aux impayés des factures d'électricité, de gaz, de chaleur et d'eau

525-1 À compter du 1er décembre 2008, en application du décret n° 2008-780 du 13 août 2008, une procédure particulière est mise en place lorsqu'un consommateur d'électricité, de gaz, de chaleur ou d'eau n'a pas acquitté sa facture dans un délai de quatorze jours après sa date d'émission ou à la date limite de paiement, lorsque cette date est postérieure.

La loi du 31 mai 1990 sur le droit au logement (art. 6) permet à cet égard au locataire d'obtenir une aide du fonds de solidarité pour le logement (FSL).

Par un premier courrier, le fournisseur informe le consommateur qu'à défaut de règlement dans un délai supplémentaire de quinze jours, sa fourniture pourra être réduite ou suspendue pour l'électricité ou suspendue pour le gaz, la chaleur ou l'eau.

Le fournisseur et le consommateur pourront alors définir des modalités de paiement. Toutefois, à défaut d'accord, le fournisseur peut procéder à la réduction ou à la coupure. Il en avise alors ce dernier au moins vingt jours à l'avance **par un second courrier** dans lequel il l'informe qu'il peut saisir les services sociaux si, comme il est dit à l'article L. 115-3 du Code de l'action sociale et des familles, il éprouve des difficultés particulières lui donnant droit à une aide de la collectivité.

Cet article L. 115-3 précise qu'en cas de non-paiement des factures, la fourniture d'énergie, d'eau ainsi que d'un service téléphonique restreint est maintenue jusqu'à ce qu'il ait été statué sur la demande d'aide.

Une procédure particulière est prévue lorsqu'il s'agit de la résidence principale du consommateur **et** que celui-ci est dans une situation financière fragile (entendons par là, notamment, qu'il bénéficie d'un tarif social ou qu'il a déjà reçu une autre du FSL). Alors, le locataire bénéficie d'un délai supplémentaire de trente jours. Par ailleurs, sauf opposition de sa part, les services sociaux seront avertis de la situation.

Notons enfin que le décret de 2008, en son article 11, précise que, pour les relations avec les services sociaux (départementaux ou communaux), pour les associations de défense d'usagers ou les consommateurs qui en feront la demande, chaque fournisseur d'électricité, de gaz, de chaleur ou d'eau approvisionnant des personnes physiques doit désigner un correspondant « solidarité-précarité », qui peut être commun à plusieurs départements et à plusieurs fournisseurs.

Comment s'acquitter des charges ?

526 De deux manières :

- soit tous les mois : le bail prévoit que le locataire s'acquitte des **sommes réellement déboursées par le bailleur** (au montant, par définition, variable) ;
- soit au moyen d'une **provision sur charges** (d'un montant égal tous les mois).

Ce second procédé qui a, pour des raisons évidentes de gestion de trésorerie, la faveur de la pratique, suppose de déterminer assez précisément le montant de la provision et de prévoir une régularisation en fin d'exercice, qui permet, le cas échéant, de réajuster la provision pour l'exercice suivant.

Si une provision sur charges est fixée…

527 Les demandes de provisions sont justifiées, dans tous les cas, par la **communication de résultats antérieurs** arrêtés lors de la précédente régularisation (loi de 1989, art. 23) et, lorsque l'immeuble est soumis au statut de la copropriété ou lorsque le bailleur est une personne morale (société d'HLM et investisseurs institutionnels notamment), par le **budget prévisionnel**.

Si ces justificatifs ne sont pas fournis par le bailleur, le locataire est en droit de demander une baisse de la provision.

L'objectif est que les provisions mensuelles soient calculées au plus juste afin que la régularisation annuelle soit la plus indolore possible.

… une régularisation annuelle doit nécessairement intervenir

528 Au moins une fois par an, le bailleur doit procéder à une régularisation des charges. Un mois avant, le bailleur envoie au locataire le **décompte par nature de charges** et, lorsque le local loué est situé dans un immeuble collectif, la **clé de répartition entre les locataires**.

Dans les immeubles en copropriété, le mode de répartition est dicté par le nombre de millièmes tant généraux que spéciaux affectés à chaque lot.

Les millièmes généraux servent à calculer les charges dues au titre de la conservation, de l'entretien et de l'administration de l'immeuble. **Les millièmes spéciaux** se rapportent aux charges entraînées par les services collectifs et les éléments d'équipement commun, tel l'ascenseur.

À l'inverse, lorsque l'immeuble appartient à un seul bailleur (c'est notamment le cas des organismes HLM), celui-ci a plus de latitude pour établir cette répartition. La seule obligation qui lui est imposée est de mettre en place **une répartition équitable**.

Pas de majoration de charges pour le locataire possesseur de chien !

Un bailleur ne peut pas augmenter les charges d'entretien des locaux communs versées par les seuls locataires propriétaires de chiens. Le gouvernement l'a précisé en réponse à une question portant sur la possible facturation des dépenses supplémentaires de nettoyage des locaux communs engendrées par la présence d'animaux dans l'immeuble (Rép. min. 3 mai 2007). En effet, la répartition des charges locatives des parties communes s'appuie sur la consistance des lieux loués au moyen de coefficients ou de tantièmes, et non pas sur des prestations ou des consommations individualisées.

Pendant le mois qui suit l'envoi du décompte de charges, « les pièces justificatives sont tenues à la disposition des locataires » (loi de 1989, art. 23). Le locataire dispose ainsi de la faculté de réaliser un véritable contrôle des charges.

Par « pièces justificatives », il faut notamment comprendre les factures, les contrats de fourniture et d'exploitation, ainsi que leurs avenants, les quantités d'eau, de gaz et d'électricité consommées et le prix unitaire de chaque fluide.

Il a été – logiquement – jugé que le libellé des factures d'entreprises doit permettre la distinction entre les sommes dues au titre des charges locatives et celles qui ne le sont pas (Civ. 3e, 13 nov. 2007, n° 06-12.703).

Un contrôle sur place et sur rendez-vous doit être possible

529 Contrôler les charges **est un droit** qui ne peut en aucun cas être refusé au locataire. Mais ce contrôle se fait selon des règles un peu particulières.

Le locataire doit prendre rendez-vous avec le bailleur et il ne peut que consulter les documents mentionnés ci-dessus : il ne lui est pas possible d'exiger du bailleur qu'il lui fournisse – même à ses frais – des photocopies. *A fortiori*, il ne peut pas emporter les originaux pour les étudier chez lui.

Afin de gagner du temps, certains bailleurs organisent une grande réunion d'information et estiment ainsi « purger » collectivement le droit de tout locataire à contrôler les charges. Mais le droit de contrôler les charges est **un droit individuel**. En effet, une réunion collective ne saurait priver un locataire du droit de demander un rendez-vous et de procéder à un contrôle des charges et cela même si le locataire était présent à la réunion collective (Civ. 3e, 28 janv. 2003, n° 02-15.810).

Le rôle particulier des amicales de locataires

530 En pratique, il n'est pas rare que, pour l'exercice de son droit de vérification, le locataire se fasse assister par un membre d'une association de défense des locataires.

Mais le rôle de ces associations est infiniment plus vaste. En effet, indépendamment des autres prérogatives qui leur sont confiées par les textes (notamment en matière de négociation collective avec les bailleurs, tant au plan national qu'au plan local), les associations de défense des locataires ont un rôle tout à fait primordial à jouer en matière de contrôle de charges.

Ces associations doivent :
- œuvrer dans le domaine du logement ;
- être indépendantes de tout parti politique ou organisation philosophique, confessionnelle, ethnique et raciale ;

– œuvrer dans le secteur locatif social ;
– ne pas poursuivre des intérêts collectifs en contradiction avec les objectifs du logement social ou du droit à la ville.

Qui, au sein des amicales, peut matériellement procéder à un contrôle ?

531 Ce sont les représentants d'associations qui comptent au moins 10 % d'adhérents parmi les locataires d'un immeuble ou d'un groupe d'immeubles, ou qui sont affiliées à une association nationale siégeant à la Commission nationale de concertation (loi du 23 décembre 1986 dite loi « Méhaignerie », art. 44).

Les associations de locataires siégeant à la Commission nationale de concertation sont, par ordre alphabétique ; l'Association Force Ouvrière Consommateurs (AFOC), la Confédération générale du logement (CGL), la Confédération nationale du logement (CNL), la Confédération de la consommation, du logement et du cadre de vie (CLCV) et la Confédération syndicale des familles (CSF). Retrouvez les coordonnées de ces associations sur www.conso.net

L'association qui réunit les conditions nécessaires pour procéder, notamment, au contrôle des charges dans un immeuble donné doit désigner au bailleur (par lettre recommandée avec demande d'avis de réception) ou au syndic de copropriété lorsque l'immeuble concerné est soumis au statut de la copropriété, « le nom de trois au plus de ses représentants choisis parmi les locataires de l'immeuble ou du groupe d'immeubles ».

Les pouvoirs des représentants des associations

532 On en dénombre quatre.

Ils ont **accès aux documents** concernant la détermination et l'évolution des charges pesant sur l'ensemble du patrimoine du bailleur sur lequel l'association est implantée. Il s'agit donc d'un droit de regard sur la gestion du bailleur, à la fois plus étendu et de nature totalement différente du droit reconnu aux locataires de contrôler les charges en vertu de l'article 23 de la loi de 1989 décrit plus haut.

De plus, à leur demande, ces représentants **vont être consultés** tous les semestres par le bailleur et, le cas échéant, par le syndic, sur les différents aspects de la gestion de l'immeuble ou du groupe d'immeubles.

Par ailleurs, dans les **immeubles en copropriété**, ils vont être **convoqués aux assemblées générales** et vont pouvoir y participer, sans toutefois avoir de droit de vote. Ils pourront, à cette occasion, faire valoir leur point de vue. De plus, ces représentants seront destinataires d'un procès-verbal abrégé de l'assemblée (relatant les seules décisions prises concernant les questions qui intéressent la collectivité des locataires, soit l'entretien de l'immeuble et les travaux).

Enfin, ces représentants bénéficient d'un **panneau d'affichage** dans un lieu de passage des locataires de chaque bâtiment d'habitation, leur permettant ainsi de faire des communications « sur le logement, l'habitat et les travaux ».

6

Les autres obligations du locataire

Le locataire a l'obligation d'**entretenir** son logement en effectuant ce qu'on appelle les « **réparations locatives** » (v. n° 615). Il y a tout intérêt puisque, au final, il sera **responsable** des **dégradations anormales** (v. n° 612). La **répartition des tâches** entre lui et le propriétaire est **fixée par les textes** (v. n° 617). S'il peut **aménager** le logement, il ne peut pas le **transformer** (v. n° 624) ou en changer la **destination** (v. n° 603).

601 Le locataire ne doit pas se contenter de payer le loyer et les charges. Il doit aussi se comporter en bon père de famille, ce qui lui impose – et la loi est là pour le lui rappeler dans le détail – différentes obligations et, en particulier, celle d'user paisiblement des lieux.

En réalité, toutes les obligations du locataire sont contenues dans cette obligation puisque, de fait, s'acquitter de ses obligations financières, s'assurer, ne pas dégrader les locaux, les entretenir… sont des comportements qui, à l'évidence, participent tous de ce souci de jouir des lieux en bon père de famille.

Le locataire doit « user paisiblement des lieux »

602 Au sens strict, cette obligation de jouir paisiblement des lieux recèle deux aspects puisque, selon l'article 7 *b* de la loi de 1989, « le locataire est obligé […] d'user paisiblement des locaux loués suivant la destination qui leur a été donnée par le contrat de location ».

Il doit respecter la destination des lieux

603 Le locataire doit utiliser les lieux loués, soit pour sa seule habitation principale, soit pour son habitation principale et l'exercice de sa profession (art. 2 de la loi).

Cet article précise que les dispositions de la loi de 1989 « s'appliquent aux locations de locaux à usage d'habitation principale ou à usage mixte professionnel et d'habitation principale […] ». Mais cette profession ne peut être qu'une profession libérale (dentiste, médecin, avocat, etc.), et non une activité commerciale.

En effet, lorsqu'un commerçant réside dans une partie des locaux loués, alors que le reste de la location est destiné à l'exercice de son commerce, la location n'est pas mixte : elle est considérée comme étant commerciale pour le tout et relève du statut des baux commerciaux, régi par les articles L. 145-1 et suivants du Code de commerce.

Toutefois, selon l'article L. 631-7-3 du Code de la construction et de l'habitation (applicable aux logements appartenant aux organismes HLM), dans sa version issue de la loi de modernisation de l'économie du 4 août 2008, applicable à partir du 1er janvier 2009, dès lors qu'aucune stipulation contractuelle prévue dans le bail ou le règlement de copropriété ne s'y oppose, l'exercice d'une activité professionnelle, **y compris commerciale**, est autorisé dans une partie d'un local à usage d'habitation, dès lors que l'activité considérée :

– n'est exercée que par le ou les occupants ayant leur résidence principale dans ce local ;

– et ne conduit à y recevoir ni clientèle ni marchandises.

Le sort particulier réservé aux locaux situés en rez-de-chaussée

Selon l'article L. 631-7-4 du Code de la construction et de l'habitation, créé par la loi de modernisation de l'économie (et applicable à compter du 1er janvier 2009), dès lors qu'aucune stipulation contractuelle prévue dans le bail ou le règlement de copropriété ne s'y oppose, l'exercice d'une activité professionnelle, y compris commerciale, est autorisé dans une partie d'un local d'habitation situé au rez-de-chaussée (qui reste soumis à la loi de 1989), pourvu que l'activité considérée :

– ne soit exercée que par le ou les occupants ayant leur résidence principale dans ce local ;

– n'engendre ni nuisance, ni danger pour le voisinage ;

– ne conduise à aucun désordre pour le bâti.

Cet article vaut aussi pour les logements appartenant aux organismes d'HLM, sous réserve toutefois d'une autorisation délivrée par le maire (CCH, art. L. 631-7-5).

Conséquences de la signature d'un bail mixte d'habitation et professionnel

604 Le locataire qui signe un bail d'habitation et professionnel a l'obligation d'habiter dans les locaux et d'y exercer sa profession. Dans les faits, cette double destination devra être maintenue tout au long du bail.

Plus précisément, le locataire ne doit pas délaisser le volet « habitation » des locaux, puisqu'il risquerait de perdre son droit au renouvellement.

En effet, si durant le bail, le locataire n'est pas tenu d'utiliser les lieux pour chacun des deux usages prévus par le bail, il ne peut se prévaloir du droit au renouvellement du contrat lorsque, à son terme, il n'occupe plus les locaux loués, au moins partiellement, pour son habitation principale (Cass., ass. plén., 2 févr. 1996, n° 91-21.373).

À l'inverse, compte tenu de l'objet de la loi de 1989, dont l'article 1er proclame que le droit au logement est un droit fondamental, il nous semble qu'un bailleur ne pourrait pas reprocher à son locataire d'avoir délaissé le volet professionnel prévu au bail et d'avoir réservé le local loué au seul usage de l'habitation.

Conséquences de la signature d'un bail à usage exclusif d'habitation

605 Lorsque le bail est un bail à usage exclusif d'habitation (on parle alors de « bail à usage d'habitation bourgeoise stricte »), il est interdit au locataire d'exercer sa profession dans les lieux loués.

> Par exemple, il ne peut y installer un cabinet de chirurgien-dentiste, un atelier d'artiste peintre ou un bureau d'agents d'affaires.

Une telle interdiction va en effet découler des clauses du bail et du règlement de copropriété (v. n° 603).

606 Par ailleurs, quelle que soit l'activité exercée (artisanale, commerciale, libérale), un entrepreneur peut **domicilier son entreprise** chez lui sans avoir à demander l'autorisation de son bailleur ou de la copropriété. Il lui suffit de les informer par écrit du projet de domiciliation, avant la création de l'entreprise.

Modèle de lettre au propriétaire en cas de domiciliation dans un local d'habitation

Mlle Lou Ravi
12, rue Jean Mermoz
13008 marseille

M. René Panisse
22, allée Turcat Méry
13008 marseille

À Marseille, le 16 juillet 2008

Vous pouvez adresser ce courrier par LRAR pour plus de sécurité

Monsieur,

J'ai l'honneur, par la présente, de vous informer que j'envisage, à partir du 3 octobre prochain de domicilier le siège de mon entreprise la SARL Consulis, immatriculée au RCS de Marseille sous le numéro 572 152 452 00013 depuis le 5 juillet 2007, à l'adresse de l'appartement que je vous loue, en l'absence de stipulation contraire du bail ou du règlement de copropriété.

Je tiens également à signaler que je conserverai dans ces lieux ma résidence principale et que je n'y recevrai ni clientèle ni marchandises.

Veuillez agréer, Monsieur, l'expression de mes sentiments les meilleurs.

Lou Ravi

607 Si le propriétaire ou la copropriété ne sont pas d'accord, ou si le bail d'habitation ou le règlement de copropriété contiennent une clause interdisant de domicilier une entreprise à cette adresse, le locataire pourra quand même utiliser cette adresse comme domiciliation de son entreprise, pendant cinq ans (et non plus deux ans), depuis la loi « Dutreil » du 1er août 2003.

Et s'il n'y a ni interdiction légale, ni restriction contractuelle, l'entreprise peut rester domiciliée à cette adresse sans limitation de durée (art. L. 123-11-1 du Code de commerce), dès lors que l'entrepreneur individuel ou le représentant légal de la société continue d'occuper le local à titre d'habitation principale.

Il doit jouir paisiblement des locaux

608 Le locataire ne doit pas être à l'origine de **troubles de voisinage**, c'est-à-dire de gênes qui excèdent les inconvénients normaux du voisinage.

Depuis une **loi du 5 mars 2007**, il est même possible de stipuler une **clause résolutoire** visant le non-respect, par le locataire, de son obligation d'user paisiblement des locaux loués (v. n° 229).

En la matière, les exemples tirés de la jurisprudence sont nombreux.

A ainsi été déclaré fautif, le locataire :

- coupable de violence envers le gardien de l'immeuble ou son propriétaire ;
- dont l'enfant (même majeur) a un comportement bruyant ;
- qui injurie et frappe ses voisins dans l'immeuble ;
- qui détient de nombreux chats dans son appartement ;
- qui dérange ses voisins en raison des odeurs émanant de son logement ;
- qui cohabite avec un serpent ;
- qui laisse un chien méchant en liberté ;
- qui a un comportement bruyant ;

– qui n'aère ni ne chauffe son lot (ce qui occasionne des dégradations);
– qui se livre à la prostitution dans les lieux loués;
– qui encombre les parties communes.

Et même en l'absence de clause résolutoire *ad hoc*, de tels comportements peuvent être sanctionnés en justice par l'exigence de remédier, sous astreinte, aux errements constatés, voire par la résiliation pure et simple du bail avec, le cas échéant, octroi de dommages et intérêts.

Le bailleur a tout intérêt à réagir rapidement face à un locataire, fauteur de troubles. En effet, la jurisprudence avait déjà reconnu aux victimes de ces troubles le droit de se retourner contre lui en engageant sa responsabilité (Civ. 3e, 30 juin 2004, n° 03-11.562). Désormais, c'est la loi elle-même qui l'y oblige (v. n° 404-1).

Le locataire doit s'assurer contre les risques locatifs

Seront successivement envisagés les risques contre lesquels le locataire doit s'assurer, la justification que le locataire doit fournir au bailleur et les conséquences du défaut d'assurance.

Les risques contre lesquels le locataire doit s'assurer

609 La loi oblige le locataire à « s'assurer contre les risques dont il doit répondre en sa qualité de locataire » (art. 7 *g* de la loi de 1989).

Trois risques sont ici visés :
– le risque de dégât des eaux;
– celui de l'explosion;
– le risque d'incendie.

Bien qu'il ne s'agisse pas d'une assurance obligatoire, on ne saurait par ailleurs trop conseiller aux locataires de s'assurer également contre le vol.

La justification que le locataire doit fournir au bailleur

610 Le locataire doit s'assurer et en justifier lors de la remise des clés puis, chaque année, à la demande du bailleur.

La loi précise que « la justification de cette assurance résulte de la remise au bailleur d'une attestation de l'assureur ou de son représentant » (art. 7 *g* de la loi de 1989).

Les conséquences du défaut d'assurance

611 Ce manquement est particulièrement grave puisqu'il peut conduire :

- soit à la résiliation judiciaire du bail ;
- soit à la mise en œuvre de la **clause résolutoire** stipulée dans le bail et visant spécialement ce cas de figure (v. n° 221).

Dans le premier cas, le bailleur va demander au juge de prononcer la résiliation judiciaire du bail aux torts du locataire pour défaut d'assurance. Mais le juge reste libre. Il pourra, par exemple, au lieu de résilier le bail, condamner le locataire, sous astreinte, à régulariser la situation.

Dans le second, en revanche, le bailleur ne va pas demander au juge de prononcer la résiliation du bail : il va lui demander de **constater** que la clause de résiliation de plein droit est acquise. La différence est de taille puisque le juge ne dispose plus d'aucune liberté d'appréciation : dès l'instant où la situation visée par la clause (le défaut d'assurance) est avérée, il doit prononcer la sanction contractuellement prévue par les parties, à savoir, la résolution du bail.

Toute clause résolutoire étant d'interprétation stricte, elle est limitée à ses propres termes. Ainsi, une clause résolutoire qui ne vise que la situation de loyers impayés ne pourra pas jouer en cas de non-assurance.

La loi prévoit que « toute clause prévoyant la résiliation de plein droit du contrat de location pour défaut d'assurance du locataire ne produit effet qu'un mois après un commandement demeuré infructueux » (art. 7 *g* de la loi de 1989).

Sur la question de la mise en œuvre de la clause résolutoire, reportez-vous aux n°s 1205 et s.

Le locataire doit répondre des dégradations et des pertes

CODE

Le locataire est obligé « de répondre des dégradations et pertes qui surviennent pendant la durée du contrat dans les locaux dont il a la jouissance exclusive, à moins qu'il ne prouve qu'elles ont eu lieu par cas de force majeure, par la faute du bailleur ou par le fait d'un tiers qu'il n'a pas introduit dans le logement » (art. 7 *c* de la loi de 1989).

Ce dont doit répondre le locataire

612 L'obligation du locataire de répondre des dégradations et des pertes est limitée à la fois dans le temps et dans l'espace.

Dans le temps, cette obligation naît avec l'entrée dans les lieux du locataire et disparaît avec la libération de ceux-ci. On comprend alors toute l'importance qu'il y a à remplir consciencieusement l'état des lieux d'entrée (v. n°s 302 et s.), mais aussi de sortie (v. n° 1104).

En effet, si ces documents sont évasifs ou incomplets, ils ne permettront pas aux parties de faire la part des choses entre ce qui est imputable au locataire et ce qui ne l'est pas.

Dans l'espace, cette obligation est limitée aux seuls locaux dont le locataire a la jouissance exclusive (logement et pièces annexes tel un garage) et ne concerne pas les parties communes de l'immeuble (couloirs, escaliers, ascenseurs, jardins…).

Attention toutefois car, sauf si ce texte a été expressément exclu par les parties dans le contrat de location, sur la base de l'article 1732 du Code civil, la responsabilité du locataire pourra être quand même recherchée pour les dégradations et les pertes affectant les éléments dont il n'a pas la jouissance exclusive. Ce texte indique en effet, sans opérer de distinction entre les parties dont le locataire a la jouissance exclusive et les autres, qu'« il répond des dégradations ou des pertes qui arrivent pendant sa jouissance, à moins qu'il ne prouve qu'elles ont eu lieu sans sa faute ».

> Il appartient au locataire de prouver que son comportement n'est pas fautif, et non au bailleur d'établir le contraire (Civ. 3e, 28 janv. 2004, n° 02-11.814).

C'est ainsi que les tribunaux ont déjà condamné un locataire en cas d'explosion de gaz ou de détérioration de la chaudière suite à l'action du gel ou d'un incendie.

Concernant **l'incendie**, les dispositions des articles 1733 et 1734 du Code civil sont applicables sauf si elles ont été expressément exclues par une clause du bail.

L'article 1733 prévoit la responsabilité du locataire, sauf s'il établit que l'origine du sinistre est un cas fortuit, un cas de force majeure, un vice de construction ou qu'il a pris naissance dans une « maison voisine ».

Lorsque le logement est occupé par plusieurs colocataires, l'article 1734 précise qu'ils sont tous responsables du sinistre en fonction de la surface qu'ils occupent dans l'appartement, à moins qu'ils ne prouvent (au moins pour certains d'entre eux) soit la responsabilité de l'un d'eux, soit que le feu n'a pas pu se déclencher chez eux.

Les justifications que le locataire peut invoquer pour dégager sa responsabilité

613 Il y a **trois causes exonératoires à l'obligation de ne pas dégrader les lieux**, à savoir :

- un cas de **force majeure**, c'est-à-dire un événement qui doit, selon la terminologie consacrée, être à la fois imprévisible, irrésistible et extérieur au locataire ;
- la **faute du bailleur**, lequel a pu, par exemple, en ne remplissant pas parfaitement son obligation de délivrance ou d'entretien, contribuer à la survenance du dommage ;
- **l'intervention d'un tiers** que le locataire n'a pas introduit dans les lieux (par exemple, un cambrioleur).

À noter qu'en matière d'incendie, les causes exonératoires sont différentes puisque l'article 1733 du Code civil permet au locataire de se dégager de sa responsabilité en invoquant l'existence d'un **cas fortuit**, d'un événement revêtant les caractéristiques de la **force majeure** ou d'un **vice de construction**. Pour exonérer le preneur, le vice de construction doit toutefois être à l'origine de l'incendie : Civ. 3e, 23 janv. 2008, n° 06-19.520.

Dans ce cas, le bailleur pourrait toutefois reprocher à son cocontractant un comportement léger, tel le fait de ne pas avoir fermé sa fenêtre alors qu'il habite au rez-de-chaussée.

En revanche, lorsque les dégradations et les pertes auront été commises par un ami du locataire, par un parent, un salarié (dans l'hypothèse d'un bail mixte, d'habitation et professionnel), un prestataire de services (plombier, chauffagiste, électricien, déménageur…), le locataire sera, à l'égard du bailleur, tenu responsable. Le locataire devra alors se retourner contre le tiers auteur des pertes et dégradations.

Les sanctions auxquelles s'expose le locataire

614 Tout manquement du locataire qui, la plupart du temps, se mesurera en fin de bail, lors de l'établissement de l'état des lieux de sortie, impliquera un dédommagement du bailleur (v. n° 1109).

Toutefois, si en cours de bail, le bailleur a vent de dégradations particulièrement importantes, il peut demander (y compris en justice et sous astreinte) au locataire la remise immédiate des lieux en état, voire saisir les tribunaux d'une demande de résiliation judiciaire du bail.

Le locataire doit entretenir les lieux

> Le locataire doit « prendre à sa charge l'entretien courant du logement, des équipements mentionnés au contrat et les menues réparations ainsi que l'ensemble des réparations locatives définies par décret en Conseil d'État, sauf si elles sont occasionnées par vétusté, malfaçon, vice de construction, cas fortuit ou force majeure » (art. 7 *d* de la loi de 1989).

615 Ce texte est donc le contrepoint de l'article 6 *c*, selon lequel le bailleur est obligé « d'entretenir les locaux en état de servir à l'usage

prévu par le contrat et d'y faire toutes les réparations, autres que locatives, nécessaires au maintien en état et à l'entretien normal des locaux loués » (v. n° 414).

L'étendue de l'obligation d'entretien du locataire

616 L'obligation d'entretien du locataire va porter non seulement sur les locaux dont le locataire a la jouissance exclusive (et uniquement sur ceux-ci, à l'exclusion des parties communes), mais également sur ses éléments d'équipement (électroménager, chaudière, chauffe-eau, cheminée, etc.).

Cette obligation pèse sur le locataire tout au long du bail. Mais le bailleur n'aura pas forcément connaissance des manquements du locataire en cours de bail, sauf danger imminent. C'est pourquoi la vérification du bon état d'entretien du logement ne se fera qu'en fin de bail, lors de l'établissement de l'état des lieux de sortie (v. n° 1104).

S'en tenir aux « réparations locatives »

617 L'annexe au décret contient **une liste indicative** (et non limitative) de ce qu'il faut entendre par « réparations locatives ». Elle est composée de six rubriques, reproduites dans le tableau ci-dessous, avec, dans la colonne de droite, quelques illustrations jurisprudentielles ou réponses ministérielles de ce qu'il faut entendre (ou ne pas entendre) par « réparations locatives ».

> « Sont des réparations locatives les travaux d'entretien courant et de menues réparations, y compris les remplacements d'éléments assimilables auxdites réparations, consécutifs à l'usage normal des locaux et équipements à usage privatif » (Décr. n° 87-712, 26 août 1987, art. 1er).

Liste des réparartions locatives	Applications jurisprudentielles ou réponses ministérielles
I. Parties extérieures dont le locataire a l'usage exclusif *a)* Jardins privatifs : – entretien courant, notamment des allées, pelouses, massifs, bassins et piscines; taille, élagage, échenillage des arbres et arbustes; – remplacement des arbustes; réparation et remplacement des installations mobiles d'arrosage. *b)* Auvents, terrasses et marquises : – enlèvement de la mousse et des autres végétaux. *c)* Descentes d'eaux pluviales, chéneaux et gouttières : – dégorgement des conduits.	
II. Ouvertures intérieures et extérieures *a)* Sections ouvrantes telles que portes et fenêtres : – graissage des gonds, paumelles et charnières; – menues réparations des boutons et poignées de portes, des gonds, crémones et espagnolettes; – remplacement notamment de boulons, clavettes et targettes. *b)* Vitrages : – réfection des mastics; – remplacement des vitres détériorées. *c)* Dispositifs d'occultation de la lumière tels que stores et jalousies : – graissage; – remplacement notamment de cordes, poulies ou de quelques lames. *d)* Serrures et verrous de sécurité : – graissage; – remplacement de petites pièces ainsi que des clés égarées ou détériorées. *e)* Grilles : – nettoyage et graissage; – remplacement notamment de boulons, clavettes, targettes.	Le remplacement d'une porte palière ne constitue pas une réparation locative (Rép. min. n° 11559).

Liste des réparartions locatives	Applications jurisprudentielles ou réponses ministérielles
III. Parties intérieures *a)* Plafonds, murs intérieurs et cloisons : – maintien en état de propreté; – menus raccords de peintures et tapisseries; remise en place ou remplacement de quelques éléments des matériaux de revêtement tels que faïence, mosaïque, matière plastique; rebouchage des trous rendu assimilable à une réparation par le nombre, la dimension et l'emplacement de ceux-ci. *b)* Parquets, moquettes et autres revêtements de sol : – encaustiquage et entretien courant de la vitrification; – remplacement de quelques lames de parquets et remise en état, pose de raccords de moquettes et autres revêtements de sol, notamment en cas de taches et de trous. *c)* Placards et menuiseries telles que plinthes, baguettes et moulures : – remplacement des tablettes et tasseaux de placard et réparation de leur dispositif de fermeture; fixation de raccords et remplacement de pointes de menuiseries.	Le bailleur est en droit de réclamer la réfection d'un plafond dans lequel de nombreux trous de chevilles ont été percés, même si, lors de l'entrée dans les lieux, le plafond était peint grossièrement (CA Versailles, 18 sept. 1998, Fourtanier c/ Marcellin). Dès lors que la dégradation des volets roulants n'est pas due à une faute du locataire, le remplacement total des lames et l'installation de nouvelles coulisses ne sont pas à sa charge (CA Paris, 21 mars 1997, SCI Les Rieux c/Maisse).
IV. Installations de plomberie *a)* Canalisations d'eau : – dégorgement; – remplacement notamment de joints et de colliers. *b)* Canalisations de gaz : – entretien courant des robinets, siphons et ouvertures d'aération; – remplacement périodique des tuyaux souples de raccordement. *c)* Fosses septiques, puisards et fosses d'aisance : – vidange. *d)* Chauffage, production d'eau chaude et robinetterie : – remplacement des bilames, pistons, membranes, boîtes à eau, allumage piézoélectrique, clapets et joints des appareils à gaz;	Le remplacement d'un robinet n'est pas une réparation locative (Rép. min. n° 15538). L'écrou desserré qui se situe à la base d'un embout, à l'extrémité d'une canalisation métallique et qui fait partie de la tuyauterie fixe, ne relève pas de l'entretien courant incombant au locataire (Civ. 3e, 10 mars 1999, n° 97-12.133). À défaut de démontrer que les regards situés à l'intérieur

Liste des réparartions locatives	Applications jurisprudentielles ou réponses ministérielles
– rinçage et nettoyage des corps de chauffe et tuyauteries ; – remplacement des joints, clapets et presse-étoupe des robinets ; – remplacement des joints, flotteurs et joints cloches des chasses d'eau. *e)* Éviers et appareils sanitaires : – nettoyage des dépôts de calcaire, remplacement des tuyaux flexibles de douches.	et à l'extérieur de l'appartement présentent un vice de conception ou un dysfonctionnement imputable au bailleur, les réparations nécessaires au bon écoulement des W-C et des douches sont à la charge du locataire (CA Nancy, 28 févr. 1995, Thiebaut c/Roder). La réparation de la fuite d'eau des W-C incombe au locataire (CA Montpellier, 11 juin 2002, Bouscayrol c/Bouchet). La surconsommation d'eau doit être supportée par le locataire (même arrêt) La réparation du flexible d'alimentation en eau du bidet mobile est une réparation locative (Civ. 3e, 30 oct. 2007, n° 06-03.394).
V. Équipements d'installations d'électricité Remplacement des interrupteurs, prises de courant, coupe-circuit et fusibles, des ampoules, tubes lumineux ; réparation ou remplacement des baguettes ou gaines de protection.	
VI. Autres équipements mentionnés au contrat de location *a)* Entretien courant et menues réparations des appareils tels que réfrigérateurs, machines à laver le linge et la vaisselle, sèche-linge, hottes aspirantes, adoucisseurs, capteurs solaires, pompes à chaleur, appareils de conditionnement d'air, antennes individuelles de radiodiffusion et de télévision, meubles scellés, cheminées, glaces et miroirs. *b)* Menues réparations nécessitées par la dépose des bourrelets. *c)* Graissage et remplacement des joints des vidoirs. *d)* Ramonage des conduits d'évacuation des fumées et des gaz et conduits de ventilation.	Les travaux de réfection du conduit d'évacuation du chauffage, extérieur au logement loué, ne constituent pas des réparations locatives (CA Paris, 19 févr. 1996, James c/Zacharia). L'obligation de ramoner après chaque période de chauffe est annuelle (TI Laon 6 mars 1995).

Les justifications que le locataire peut invoquer pour dégager sa responsabilité

Il en existe cinq : la vétusté, une malfaçon, un vice de construction, un cas fortuit ou la force majeure.

Invoquer la vétusté

618 Le locataire ne saurait répondre de la vétusté du logement ou des éléments d'équipement mentionnés au contrat.

La vétusté est **la conséquence de l'usage normal dans le temps** de la chose louée.

Il y a, en pratique, une réelle difficulté à quantifier la prise en compte de cette vétusté, qui varie en fonction de l'élément considéré (la durée de vie d'une moquette sera, par exemple, moins longue que celle d'un parquet).

Pour couper court à tout débat, il existe, dans le secteur social, plusieurs accords signés entre bailleurs et associations de locataires, **uniquement valables sur le parc de logements considéré**, fixant de manière forfaitaire, la durée de vie de chaque élément du logement et l'abattement pour vétusté.

Voici, à titre indicatif, l'extrait d'une grille de vétusté. Peut-être cela pourra-t-il donner des idées aux contractants.

Extrait d'une grille de vétusté

Nature	Durée de vie	Abattement cumulé
Peintures et tapisseries	7 ans	0 % jusqu'à deux ans, 10 % la 3e année, 22 % la 4e année, 42 % la 5e, 65 % la 6e, 90 % la 7e et au-delà.
Revêtement de sol thermoplastique	15 ans	0 % jusqu'à la 3e année, 4 % la 4e année, 9 % la 5e, 15 % la 6e, 21 % la 7e, 27 % la 8e, 34 % la 9e, 41 % la 10e, 49 % la 11e, 57 % la 12e, 66 % la 13e, 77 % la 14e, 90 % la 15e et au-delà.

Nature	Durée de vie	Abattement cumulé
Revêtement de sol aiguilleté ou textile	8 ans	0 % jusqu'à la 2e année, 10 % la 3e année, 20 % la 4e, 32 % la 5e, 47 % la 6e, 67 % la 7e, 90 % la 8e et au-delà.
Évier inox	15 ans	0 % jusqu'à la 3e année, 4 % la 4e année, 9 % la 5e, 15 % la 6e, 21 % la 7e, 27 % la 8e, 34 % la 9e, 41 % la 10e, 49 % la 11e, 57 % la 12e, 66 % la 13e, 77 % la 14e, 90 % la 15e et au-delà.
Serrurerie	10 ans	0 % jusqu'à la 2e année, 5 % la 3e année, 13 % la 4e, 21 % la 5e, 31 % la 6e, 43 % la 7e, 57 % la 8e, 73 % la 9e, 90 % la 10e et au-delà.

Si malgré tout, bailleur et locataire refusent cet indicateur, en cas de conflit, c'est au juge qu'il incombera de trancher le litige.

Il a ainsi été jugé que le bailleur ne peut réclamer le coût intégral du remplacement des papiers peints, alors que le locataire est en place depuis six ans.

Invoquer des malfaçons ou un vice de construction

619 Ces deux « pathologies » du bâtiment ont en commun qu'elles sont totalement étrangères au locataire, lequel ne saurait donc en supporter les conséquences.

Une **malfaçon** est une réalisation qui ne respecte pas les règles de l'art. Par exemple, une fenêtre neuve qui, bien qu'étant aux bonnes dimensions, ne ferme pas.

Un **vice de construction** est une réalisation qui respecte les règles de l'art mais qui n'est pas adaptée à la construction. Par exemple, une fenêtre qui ne ferme pas, faute d'être aux bonnes dimensions.

La sanction en cas de manquement du locataire

620 Sauf péril imminent permettant au bailleur d'exiger du locataire qu'il remédie à son défaut d'entretien en cours de bail, la plupart du temps, en cas de défaut d'entretien, le locataire s'expose à devoir indemniser le bailleur en fin de bail.

L'indemnisation sera due compte tenu des éléments qui vont être consignés dans l'état des lieux de sortie et de sa comparaison avec l'état des lieux d'entrée.

En cas de différend, les parties peuvent (c'est une possibilité, pas une obligation), avant tout contentieux, saisir la Commission départementale de conciliation (v. n° 716).

Si cet aspect de la question sera développé plus loin (v. n° 1109), sachez d'ores et déjà que le bailleur ne peut être indemnisé que s'il rapporte la preuve d'un préjudice né et actuel et qu'il importe peu, qu'en définitive, le bailleur réalise ou non les travaux de remise en état, travaux qu'il prendra la précaution de faire chiffrer dans un devis.

Le locataire doit laisser le bailleur exécuter certains travaux

Quels sont ces travaux ?

621 L'obligation pesant sur le locataire concerne non seulement les travaux d'amélioration que le propriétaire ou la copropriété décideraient d'entreprendre respectivement, dans les parties privatives d'autres logements que le local loué (le bailleur ne pouvant pas imposer au locataire la modification de la consistance du bien loué en cours de bail : Civ. 3e, 5 mai 2004, n° 01-16.041) ou dans les parties communes, mais également les travaux d'entretien incombant au bailleur en vertu de l'article 6 *c* de la loi (v. n° 414).

Concernant la clause du bail par laquelle le bailleur s'est engagé à faire des travaux d'amélioration en contrepartie d'une hausse de loyer, v. n° 419-1.

La contrepartie prévue pour le locataire

622 Compte tenu de la gêne occasionnée au locataire, les dispositions des deuxième et troisième alinéas de l'article 1724 du Code civil sont expressément déclarées applicables à ces travaux par l'article 7 *e*.

Ainsi, lorsqu'ils dureront **plus de quarante jours**, le prix du bail sera diminué à proportion du temps et de la partie du logement dont le locataire est privé.

Par ailleurs, lorsque les travaux rendront les **lieux inhabitables**, le locataire pourra obtenir des tribunaux la résiliation pure et simple du bail aux torts du bailleur (ainsi que des dommages et intérêts).

La sanction du locataire en cas de refus de laisser exécuter les travaux

623 La sanction peut prendre plusieurs formes :
- une condamnation sous astreinte à obtempérer ;
- le versement de dommages et intérêts ;
- voire la résiliation judiciaire du bail.

Le locataire ne doit pas transformer les lieux

Pas de transformation des lieux sans autorisation écrite du bailleur

624 Le locataire est obligé « de ne pas transformer les locaux et équipements loués sans l'accord écrit du propriétaire » (art. 7 *f* de la loi de 1989).

Par cet accord écrit, les parties doivent également régler le sort des travaux lors du départ du locataire.

Exemple d'accord écrit

« Par la présente, je soussigné, Gustave Gambart, propriétaire de l'appartement 512 b au 33, rue Jean-Jaurès au Plessis-Gassot, autorise mon locataire, Raoul Pithiviers à installer une cuisine équipée composée d'un meuble sous évier, d'une hotte aspirante, de quatre éléments hauts et d'une colonne de rangement.

À l'issue du bail, ces améliorations seront conservées par le bailleur (à l'exception de l'électroménager), moyennant dédommagement du locataire. Ce dédommagement se fera à hauteur des factures produites, plafonnées à 5 000 euros, moins 10 % par année d'occupation des lieux à compter de la réalisation des travaux. »

Transformation et aménagement, deux notions à ne pas confondre !

625 Comme l'article 6 *d* de la loi fait obligation au bailleur de supporter les aménagements réalisés par le locataire (« le bailleur est obligé [...] de ne pas s'opposer aux aménagements réalisés par le locataire, dès lors que ceux-ci ne constituent pas une transformation de la chose louée », v. n° 419), il est impératif de faire la distinction entre amélioration (prohibée sauf autorisation) et aménagement (permis même sans autorisation).

Au-delà de la définition donnée par le dictionnaire (selon le *Petit Robert*, l'aménagement est « l'action d'adapter, de modifier quelque chose pour le rendre plus adéquat », alors qu'une amélioration est un « ensemble de travaux ou dépenses faits sur un bien et lui procurant une plus-value »), l'étude des décisions des tribunaux permet de distinguer les deux notions.

Il a ainsi été jugé que des **travaux de peinture** (même d'une couleur différente de la couleur d'origine), de pose de **moquette** ou de **boiseries** sont de simples travaux d'aménagement. Il en va de même des travaux visant à modifier **l'agencement des pièces** (par exemple, transformer une chambre en bureau), le déplacement d'un **bidet** non scellé, l'aménagement des **combles** ou l'installation d'un **éclairage extérieur**.

Chaque fois que le doute est permis, nous vous conseillons vivement de solliciter l'accord écrit préalable de votre bailleur.

Les sanctions envisageables en cas de manquement du locataire

626 Deux situations sont à distinguer en fonction du danger (ou de l'absence de danger) que représentent les travaux.

Si les travaux ne sont pas dangereux, la sanction n'interviendra qu'en fin de bail

Lorsque le locataire a réalisé des travaux d'amélioration sans autorisation écrite du bailleur, la loi de 1989 précise que ce dernier a alors le choix, au départ du locataire, entre :

- exiger la remise des lieux en l'état (sous-entendu, aux frais du locataire);
- ou conserver à son bénéfice les transformations effectuées sans que le locataire puisse réclamer une indemnisation des frais engagés.

La réalisation de travaux d'amélioration sans permission pourrait d'ailleurs caractériser, pour le bailleur, un motif légitime et sérieux de donner congé au locataire (v. n° 833).

Si les travaux sont dangereux, la sanction est immédiate

Lorsque les transformations mettent en péril le bon fonctionnement des équipements ou la sécurité du local, l'article 7 *f* de la loi de 1989 indique que le bailleur peut, en cours de bail, exiger du locataire qu'il remette à ses frais et immédiatement les lieux en l'état.

Le propriétaire pourrait alors demander en justice la résiliation immédiate du bail, aux torts du locataire.

Attention : la jurisprudence de la Cour de cassation a récemment précisé que les dispositions de l'art. 7 *f* de la loi de 1989 n'interdisent pas au propriétaire de poursuivre la résiliation judiciaire du bail sur le fondement de l'article 1184 du Code civil (Civ. 3e, 31 oct. 2006, n° 05-10.553). – Sur la résiliation judiciaire, v. nos 1231 et s.

7 Renouvellement du bail et augmentation de loyer

Souvent, **le bail se poursuit** naturellement à l'issue de la période initiale, par **tacite reconduction** (v. n° 701). Personne n'a bougé : on repart pour une **nouvelle période** de 3 ou 6 ans. Et ainsi de suite. Le bailleur n'adresse une **offre de renouvellement** (v. n° 713) que **s'il veut modifier les conditions du bail**, en général **le montant d'un loyer** manifestement **sous-évalué** (v. n° 703). Débute alors une **procédure complexe** et **formaliste** (v. n° 705) où le **dernier mot** revient au **juge** (v. n° 724).

701 Le bailleur qui souhaite continuer le bail au-delà de la période initiale a le choix entre deux attitudes :

- ne rien faire ; le bail est alors **tacitement reconduit** aux clauses et conditions antérieures (art. 10 de la loi) pour une nouvelle période de **trois ans** (le bailleur est une personne physique, une SCI familiale – v. n° 212 – ou le logement est en indivision) ou **six ans** (le bailleur est une personne morale) ;
- manifester sa volonté de modifier les conditions du bail ; dans ce cas, il doit nécessairement adresser une **offre de renouvellement** au locataire. L'article 10 de la loi précise que l'offre de renouvellement doit obéir aux conditions du congé (forme et délai, v. n°s 902 et s.) et que le loyer du bail renouvelé est fixé selon certaines modalités (v. n°s 703 et s.).

Si la plupart du temps, le bailleur se contente de ne vouloir modifier que le montant du loyer, l'offre de renouvellement peut toutefois porter sur d'autres points (reprise d'une pièce annexe par le bailleur, modification de certaines obligations du locataire, etc.). Mais le bailleur n'a aucun moyen d'imposer les changements projetés : si le locataire refuse expressément ou reste silencieux, le bail précédent est reconduit tacitement aux mêmes conditions.

La situation est différente en matière de proposition d'augmentation de loyer car, comme nous allons le voir, en cas de refus ou à défaut de réponse du locataire, le texte met en place une procédure spécifique pouvant déboucher sur une hausse de loyer consentie ou, éventuellement, imposée (v. n°s 716 et s.).

702 Il ne faut pas confondre augmentation du loyer et révision du loyer.

L'augmentation du loyer constitue une modification d'un élément essentiel du contrat de bail, puisque le bailleur revient sur ce qui avait été initialement convenu avec son locataire.

La révision du loyer intervient chaque année grâce à la mise en œuvre de la clause de révision stipulée dans le bail. Le bailleur révise le montant du loyer en fonction de l'indice retenu (v. n°s 516 et 517).

Pas d'augmentation de loyer sans loyer « manifestement sous-évalué »

703 L'article 17 *c*, 1er alinéa, de la loi de 1989 affirme que « lors du renouvellement du contrat, le loyer ne donne lieu à réévaluation que s'il est manifestement sous-évalué ».

Le bailleur qui veut augmenter le loyer de son locataire à la faveur du renouvellement doit donc rapporter la preuve que le loyer pratiqué jusqu'alors est « manifestement sous-évalué ».

704 La notion de loyer « manifestement sous-évalué » n'est pas définie par la loi. Elle se contente de préciser qu'en cas de sous-évaluation manifeste, le bailleur pourra pratiquer une hausse de loyer pour atteindre le loyer pratiqué alentour.

> CODE
>
> « Dans ce cas, le bailleur peut proposer au locataire, [...] un nouveau loyer fixé par référence aux loyers habituellement constatés dans le voisinage pour des logements comparables » (art. 17 *c*).

Le bailleur doit bien sûr produire des justificatifs qui établissent le montant des loyers de référence pratiqués aux alentours (v. n° 710). Pour autant, tout écart entre le prix du marché (les loyers du voisinage) et le prix pratiqué ne va pas pouvoir entraîner une augmentation de loyer, puisqu'il faut que l'écart constaté soit significatif, « manifeste », pour reprendre le terme employé par le législateur.

Chaque situation est donc particulière et, en cas de désaccord, le dernier mot revient au juge du fond qui apprécie souverainement si la sous-évaluation est ou non de nature à justifier une augmentation de loyer (v. n° 724).

> La loi impose d'étaler dans le temps l'augmentation de loyer. Cet étalement se fait sur trois ans lorsque l'augmentation est inférieure à 10 % (v. n° 728), ce qui montre bien qu'un écart mineur (de quelques %) avec le prix du marché peut constituer une sous-évaluation manifeste.

Comment proposer l'augmentation du loyer ?

705 Vous allez vite vous en rendre compte en lisant les explications qui suivent : demander l'augmentation d'un loyer manifestement sous-évalué nécessite d'avoir, au préalable, constitué un dossier très complet qui contient des informations qualitatives très précises sur les loyers pratiqués aux alentours.

Certes, il existe des moyens de se procurer ces informations (v. n° 712), mais ce sera parfois difficile de les obtenir pour un simple particulier, et dans tous les cas, assez long. Il faut donc s'y prendre tôt.

Une autre solution peut être envisagée : confier à un professionnel de l'immobilier la gestion locative de son bien (v. n° 107) en lui demandant de se charger de cette augmentation. S'il accepte, il aura accès beaucoup plus facilement aux informations et justificatifs utiles, par la pratique de son métier et/ou le réseau auquel il est affilié.

Qui l'adresse à qui ?

La proposition émane du bailleur lui-même ou de son représentant

706 La demande est adressée par le bailleur, personne physique. En cas d'**indivision**, l'offre de renouvellement doit avoir été autorisée par tous les indivisaires, ou émaner d'un indivisaire mandaté par les autres.

Lorsque le bien est en **usufruit**, seul l'usufruitier peut valablement donner congé : une offre de renouvellement émanant du nu-propriétaire serait nulle.

La demande peut aussi être adressée **par le représentant du bailleur**. Par exemple, le propriétaire bailleur (personne physique ou morale) a donné son bien à gérer à un agent immobilier. L'offre de renouvellement est un « acte d'administration » que le mandataire peut accomplir en vertu de son mandat général de gestion.

Lorsque le bailleur est une personne morale (société), il va s'agir de la personne physique qui le représente en vertu des statuts de la personne morale ou en application d'une délibération d'assemblée générale.

En toute hypothèse, le représentant du bailleur doit être en mesure de rapporter la preuve qu'il est habilité à formuler cette offre de renouvellement.

La proposition est adressée au locataire

707 Comme en matière de congé délivré par le bailleur (v. n° 804), on distinguera plusieurs hypothèses.

Le locataire est célibataire

707-1 L'offre de renouvellement doit lui être délivrée. À lui et lui seul, même si, en pratique, le logement est occupé par plusieurs personnes.

Le locataire est marié

707-2 Même si le bail n'a été signé que par un seul des époux, le bailleur doit adresser un courrier séparé à chacun d'entre eux puisque, en application de l'article 1751 du Code civil, les époux sont cotitulaires du bail.

CODE

« Le droit au bail du local, sans caractère professionnel ou commercial, qui sert effectivement à l'habitation de deux époux est, quel que soit leur régime matrimonial et nonobstant toute convention contraire, et même si le bail a été conclu avant le mariage, réputé appartenir à l'un et à l'autre des époux » (art. 1751 du Code civil).

Si **le locataire s'est marié en cours de bail** mais qu'il n'en a pas informé son bailleur, ce dernier est dispensé de cette double notification. En effet, l'article 9-1 de la loi du 6 juillet 1989 prévoit que « nonobstant les dispositions des articles [...] et 1751 du Code civil, les notifications ou significations faites [...] par le bailleur sont de plein droit opposables [...] au conjoint du locataire si l'existence de ce [...] conjoint n'a pas été préalablement portée à la connaissance du bailleur ».

Le locataire qui conteste la validité de l'offre de renouvellement, délivré à lui seul et non à son épouse, devra prouver qu'il a bien informé le bailleur de son mariage : le fait que le propriétaire l'ait appris incidemment n'est pas suffisant pour rendre obligatoire une double notification (v., rendu à propos de la notification d'un congé, Civ. 3e, 19 oct. 2005, n° 04-17.039).

Le locataire vit en concubinage ou est pacsé

707-3 Il n'existe aucune cotitularité légale entre les concubins ou les partenaires pacsés.

Aussi, à moins qu'ils aient signé tous les deux le bail, l'offre de renouvellement n'est adressée qu'au signataire du bail.

Plusieurs personnes ont signé le bail

707-4 Si, en principe, chaque signataire du bail devra être destinataire de l'offre de renouvellement, en cas d'engagement solidaire, le bailleur pourrait, en vertu des articles 1197 et suivants du Code civil, se contenter d'adresser un courrier à l'un seul d'entre eux.

Toutefois, par courtoisie ou, plus prosaïquement, par souci d'informer ses cocontractants, il lui est recommandé d'adresser un courrier à chacun d'eux.

Tableau récapitulatif

Situation	Destinataire(s)
Locataire célibataire seul signataire du bail	Le seul locataire (même si le logement est occupé par plusieurs personnes)
Époux locataires (existence du conjoint connue du bailleur)	Les deux
Époux locataires (existence du conjoint ignorée du bailleur)	Le conjoint qui a signé le bail
Copreneurs non solidaires	Les deux
Copreneurs solidaires	Un seul (cependant, en pratique, la notification d'un courrier à chaque copreneur est recommandée)
Locataire vivant avec un partenaire (Pacs) non signataire du bail	Le seul locataire
Locataire vivant avec un concubin non signataire du bail	Le seul locataire

Une proposition reçue par le locataire au moins six mois avant la fin du bail

708 La proposition doit parvenir au locataire **au moins six mois avant le terme du bail**. Elle est adressée par **lettre recommandée avec demande d'avis de réception** ou par **acte d'huissier**.

La règle ressort de la combinaison des articles 17 et 15 de la loi du 6 juillet 1989.

Ne pas respecter ce délai de six mois entraîne la reconduction tacite du bail aux conditions antérieures de loyer éventuellement révisé (v. n°s 516 et s.), mais pas augmenté.

Le délai part à compter de la remise de la lettre à son destinataire. En cas d'envoi d'une lettre recommandée avec AR, cette remise n'est réputée effectuée qu'à compter de la date de la signature de l'accusé de réception (Civ. 3e, 19 janv. 2000, n° 98-10.486).

C'est pourquoi il est conseillé au bailleur, comme en matière de congés :

- dans un premier temps, d'adresser, largement avant les six derniers mois du bail, une proposition par LRAR. Il n'y a aucun risque à adresser une offre de renouvellement prématurément; l'offre est valable (Civ. 3e, 27 mars 2002, n° 00-21.752);
- dans un second temps, en respectant le délai de six mois, si le locataire n'est pas venu la chercher, de recourir à un huissier qui lui signifiera la proposition (il en coûtera alors environ 160 euros au bailleur).

Une proposition de renouvellement qui contient obligatoirement trois éléments

« La notification reproduit intégralement, à peine de nullité, les dispositions des alinéas du présent *c* et mentionne le montant du loyer ainsi que la liste des références ayant servi à le déterminer » (art. 17 *c* de la loi de 1989).

709 Ces trois éléments doivent « **à peine de nullité** » figurer dans la proposition de renouvellement (voir notre modèle, n° 713).

La sanction encourue est donc radicale : l'offre de renouvellement est nulle et, sauf à avoir le temps matériel de notifier une nouvelle proposition dans le délai imparti, le bail est alors tacitement reconduit pour trois ou six ans aux conditions financières antérieures. De plus, le bailleur ne peut plus délivrer un congé à son locataire puisque l'article 17 *c* précise que « lorsque le bailleur fait application des dispositions du présent *c*, il ne peut donner congé au locataire pour la même échéance du contrat ».

La proposition doit donc :

– reproduire fidèlement les **neuf alinéas de l'article 17 *c***,
– mentionner **le montant du loyer proposé**, montant déterminé en fonction des prix du voisinage et, le cas échéant, du décret de blocage existant (v. n° 731),

> L'article 17 *c* de la loi du 6 juillet 1989 n'impose pas au bailleur d'indiquer expressément dans la notification que le loyer est « manifestement sous-évalué » (Civ. 3e, 30 nov. 2005, n° 04-16.050).

– comporter la **liste des « loyers de référence »**, point central qui appelle les précisions qui suivent.

Comment fixer le montant du nouveau loyer ?

L'augmentation doit permettre d'aligner le loyer pratiqué sur le prix « du marché ». Or, ce prix correspond aux loyers de référence que vous avez trouvés et que vous justifiez à l'appui de votre demande. Le plus simple est donc de faire une **moyenne arithmétique** pour obtenir un prix moyen au m² que vous appliquerez ensuite à votre bien.

Trois précisions déjà à propos de cette liste **des « loyers de référence »** :

– seule la liste de références doit être fournie, pas les contrats des locations concernées ;
– elle peut faire l'objet d'un document annexé à l'offre ;
– même incomplète (références ne comportant pas toutes les mentions requises, nombre de références insuffisant, etc.), elle doit être prise en compte, à charge pour le bailleur de la compléter en cours de procédure.

C'est quoi « un loyer de référence » ?

« Les loyers servant de références doivent être représentatifs de l'ensemble des loyers habituellement constatés dans le voisinage pour des logements comparables, situés soit dans le même groupe d'immeubles, soit dans tout autre groupe d'immeubles comportant des caractéristiques similaires et situé dans la même zone géographique » (art. 19 de la loi de 1989).

710 Pour s'assurer que ce qui est comparé est bien comparable, le décret du 31 août 1990 impose que **chaque référence comporte** :

- le nom de la rue et la dizaine de numéros où se situe l'immeuble ;
- la qualité et l'époque de construction de l'immeuble ;
- l'étage du logement et la présence éventuelle d'un ascenseur ;
- la surface habitable du logement et le nombre de ses pièces principales ;

Par « surface habitable », il faut comprendre la surface de plancher construite, après déduction des surfaces occupées par les murs, cloisons, marches et cages d'escaliers. Il n'est pas tenu compte de la superficie des combles non aménagés, caves, sous-sols, remises, garages, terrasses, loggias, balcons, séchoirs extérieurs au logement, vérandas, volumes vitrés, locaux communs et autres dépendances des logements, ni des parties de locaux d'une hauteur inférieure à 1,80 mètre (art. R. 111-2 du Code de la construction et de l'habitation, alinéas 2 et 3).

- l'existence éventuelle d'annexes prises en compte pour le loyer (garage, cave, grenier,...) ;
- l'état d'équipement du logement (notamment, WC intérieur, salle d'eau, chauffage central) ;
- l'indication selon laquelle le locataire est dans les lieux depuis plus ou moins de trois ans ;

– le montant du loyer mensuel hors charges effectivement exigé.

Autre contrainte : les références doivent comporter, au moins pour deux tiers d'entre elles, « des références de locations pour lesquelles il n'y a pas eu de changement de locataire depuis trois ans » (art. 19 de la loi de 1989).

Donc, si le bailleur fournit 3 références, 2 au moins doivent concerner une location dont le locataire est en place depuis trois ans (ou plus) ; ce chiffre est porté à 4 lorsque le bailleur produit 6 références, à 6 lorsqu'il en excipe de 9, etc.

Exemple de loyer de référence

Localisation : 94340 Joinville-le-Pont, avenue Jamin, entre le 10 et le 20.

Qualité de la construction de l'immeuble :	immeuble en briques + crépi
Époque de la construction de l'immeuble :	1960
Étage du logement :	3e étage
Ascenseur :	oui
Surface habitable :	65 m^2
Nombre de pièces principales :	3
Annexes :	néant
État d'équipement du logement :	WC intérieurs, salle de bains, radiateurs électriques
Loyer mensuel hors charges :	650 euros
Ancienneté du locataire en place :	quatre ans.

Le nombre de références exigé

711 En principe, il faut fournir **au moins trois références**. Mais par exception, il en faudra six dans les communes, dont la liste est fixée par décret, faisant partie d'une agglomération de plus d'un million d'habitants (art. 19 de la loi de 1989).

Cette liste figure en annexe au décret du 2 octobre 1987. La voici.

Agglomération de Paris

La ville de Paris.

Dans le département de Seine-et-Marne, les communes suivantes : Brou-sur-Chantereine ; Champs-sur-Marne ; Chelles ; Collégien ; Combs-la-Ville ; Courtry ; Croissy-Beaubourg ; Émerainville ; Lésigny ; Lognes ; Mitry-Mory ; Noisiel ; Pontault-Combault ; Servon ; Torcy ; Vaires-sur-Marne ; Villeparisis.

Dans le département des Hauts-de-Seine, les communes suivantes : Anthony ; Asnières-sur-Seine ; Bagneux ; Bois-Colombes ; Boulogne-Billancourt ; Bourg-la-Reine ; Châtenay-Malabry ; Châtillon ; Chaville ; Clamart ; Clichy ; Colombes ; Courbevoie ; Fontenay-aux-Roses ; Garches ; Gennevilliers ; Issy-les-Moulineaux ; La Garenne-Colombes ; Le Plessis-Robinson ; Levallois-Perret ; Malakoff ; Marnes-la-Coquette ; Meudon ; Montrouge ; Nanterre ; Neuilly-sur-Seine ; Puteaux ; Rueil-Malmaison ; Saint-Cloud ; Sceaux ; Sèvres ; Suresnes ; Vanves ; Vaucresson ; Ville-d'Avray ; Villeneuve-la-Garenne.

Dans le département de la Seine-Saint-Denis, les communes suivantes : Aubervilliers ; Aulnay-sous-Bois ; Bagnolet ; Bobigny ; Bondy ; Clichy-sous-Bois ; Coubron ; Drancy ; Dugny ; Épinay-sur-Seine ; Gagny ; Gournay-sur-Marne ; La Courneuve ; Le Blanc-Mesnil ; Le Bourget ; Le Pré-Saint-Gervais ; Le Raincy ; Les Lilas ; Les Pavillons-sous-Bois ; L'Île-Saint-Denis ; Livry-Gargan ; Montfermeil ; Montreuil ; Neuilly-Plaisance ; Neuilly-sur-Marne ; Noisy-le-Grand ; Noisy-le-Sec ; Pantin ; Pierrefitte-sur-Seine ; Romainville ; Rosny-sous-Bois ; Saint-Denis ; Saint-Ouen ; Sevran ; Stains ; Tremblay-lès-Gonesse ; Vaujours ; Villemomble ; Villepinte ; Villetaneuse.

Dans le département du Val-de-Marne, les communes suivantes : Ablon-sur-Seine ; Alfortville ; Arcueil ; Boissy-Saint-Léger ; Bonneuil-sur-Marne ; Bry-sur-Marne ; Cachan ; Champigny-sur-Marne ; Charenton-le-Pont ; Chennevières-sur-Marne ; Chevilly-Larue ; Choisy-le-Roi ; Créteil ; Fontenay-sous-Bois ; Fresnes ; Gentilly ; Ivry-sur-Seine ; Joinville-le-Pont ; La Queue-en-Brie ; Le Kremlin-Bicêtre ; Le Perreux-sur-Marne ; Le Plessis-Trévise ; L'Haÿ-les-Roses ; Limeil-Brévannes ; Maisons-Alfort ; Mandres-les-Roses ; Marolles-en-Brie ; Nogent-sur-Marne ; Noiseau ; Orly ; Ormesson-sur-Marne ; Périgny ; Rungis ; Saint-Mandé ; Saint-Maur-des-Fossés ; Saint-Maurice ; Santeny ; Sucy-en-Brie ; Thiais ; Valenton ; Villecresnes ; Villejuif ;

Villeneuve-le-Roi ; Villeneuve-Saint-Georges ; Villiers-sur-Marne ; Vincennes ; Vitry-sur-Seine.

Dans le département de l'Essonne, les communes suivantes : Arpajon ; Athis-Mons ; Ballainvilliers ; Bièvres ; Boissy-sous-Saint-Yon ; Bondoufle ; Boussy-Saint-Antoine ; Brétigny-sur-Orge ; Breuillet ; Breux-Jouy ; Brunoy ; Bruyères-le-Châtel ; Bures-sur-Yvette ; Champlan ; Chilly-Mazarin ; Corbeil-Essonnes ; Courcouronnes ; Crosne ; Draveil ; Égly ; Épinay-sous-Sénart ; Épinay-sur-Orge ; Étiolles ; Évry ; Fleury-Mérogis ; Gif-sur-Yvette ; Gometz-le-Châtel ; Grigny ; Igny ; Juvisy-sur-Orge ; La Norville ; La Ville-du-Bois ; Le Coudray-Montceaux ; Le Plessis-Pâté ; Les Ulis ; Leuville-sur-Orge ; Linas ; Lisses ; Longjumeau ; Longpont-sur-Orge ; Marcoussis ; Massy ; Mennecy ; Montgeron ; Montlhéry ; Morangis ; Morsang-sur-Orge ; Ollainville ; Ormoy ; Orsay ; Palaiseau ; Paray-Vieille-Poste ; Quincy-sous-Sénart ; Ris-Orangis ; Saclay ; Sainte-Geneviève-des-Bois ; Saint-Germain-lès-Arpajon ; Saint-Germain-lès-Corbeil ; Saint-Michel-sur-Orge ; Saint-Pierre-du-Perray ; Saintry-sur-Seine ; Saint-Yon ; Saulx-les-Chartreux ; Savigny-sur-Orge ; Soisy-sur-Seine ; Varennes-Jarcy ; Vauhallan ; Verrières-le-Buisson ; Vigneux-sur-Seine ; Villabé ; Villebon-sur-Yvette ; Villemoisson-sur-Orge ; Villiers-sur-Orge ; Viry-Châtillon ; Wissous ; Yerres.

Dans le département du Val-d'Oise, les communes suivantes : Andilly ; Argenteuil ; Arnouville-lès-Gonesse ; Auvers-sur-Oise ; Beauchamp ; Bessancourt ; Bezons ; Bonneuil-en-France ; Bouffémont ; Butry-sur-Oise ; Cergy ; Champagne-sur-Oise ; Cormeilles-en-Parisis ; Deuil-la-Barre ; Domont ; Eaubonne ; Écouen ; Enghien-les-Bains ; Éragny ; Ermont ; Ézanville ; Franconville ; Frépillon ; Garges-lès-Gonesse ; Gonesse ; Groslay ; Herblay ; Jouy-le-Moutier ; La Frette-sur-Seine ; Le Plessis-Bouchard ; L'Isle-Adam ; Margency ; Mériel ; Méry-sur-Oise ; Montigny-lès-Cormeilles ; Montlignon ; Montmagny ; Montmorency ; Nesles-la-Vallée ; Neuville-sur-Oise ; Osny ; Parmain ; Pierrelaye ; Piscop ; Pontoise ; Saint-Brice-sous-Forêt ; Saint-Gratien ; Saint-Leu-la-Forêt ; Saint-Ouen-l'Aumône ; Saint-Prix ; Sannois ; Sarcelles ; Soisy-sous-Montmorency ; Taverny ; Valmondois ; Vauréal ; Villiers-Adam ; Villiers-le-Bel.

Dans le département des Yvelines, les communes suivantes : Versailles ; Achères ; Andrésy ; Bois-d'Arcy ; Bougival ; Buc ; Carrières-sous-Poissy ; Carrières-sur-Seine ; Chambourcy ; Chanteloup-les-Vignes ; Chatou ; Chevreuse ; Coignières ; Conflans-Sainte-Honorine ; Croissy-sur-Seine ; Élancourt; Fontenay-le-Fleury; Fourqueux; Guyancourt; Houilles; Jouars-Pontchartrain; Jouy-en-Josas; La Celle-Saint-Cloud; La Verrière; Le Chesnay; Le Mesnil-le-Roi; Le Mesnil-Saint-Denis; Le Pecq; Le Port-Marly; Le Tremblay-sur-Mauldre; Le Vésinet; Les Clayes-sous-Bois; Les Loges-en-Josas; L'Étang-la-Ville; Louveciennes; Magny-les-Hameaux; Maisons-Laffite; Mareil-Marly; Marly-le-Roi; Maurecourt; Maurepas; Montesson; Montigny-le-Bretonneux; Neauphle-le-Château; Neauphle-le-Vieux; Orgeval; Plaisir; Poissy; Rocquencourt; Saint-Cyr-l'École; Saint-Germain-de-la-Grange; Saint-Germain-en-Laye; Saint-Rémy-lès-Chevreuse; Sartrouville; Trappes; Vélizy-Villacoublay; Villepreux; Villiers-Saint-Frédéric; Viroflay; Voisins-le-Bretonneux.

Agglomération de Marseille

La commune de Marseille et les communes suivantes : Allauch; Aubagne; Auriol; Bouc-Bel-Air; Cabriès; Cadolive; Fuveau; Gardanne; Gémenos; Gignac-la-Nerthe; Gréasque; La Bouilladisse; La Destrousse; La Penne-sur-Huveaune; Les Pennes-Mirabeau; Marignane; Meyreuil; Mimet; Peypin; Plan-de-Cuques; Rognac; Roquevaire; Saint-Savournin; Saint-Victoret; Septèmes-les-Vallons; Simiane-Collongue; Vitrolles.

Agglomération de Lyon

La commune de Lyon et, dans le département du Rhône, les communes suivantes : Albigny-sur-Saône; Brignais; Brindas; Bron; Cailloux-sur-Fontaines; Caluire-et-Cuire; Champagne-au-Mont-d'Or; Chaponost; Charbonnières-les-Bains; Charly; Chassieu; Collonges-au-Mont-d'Or; Communay; Corbas; Couzon-au-Mont-d'Or; Craponne; Curis-au-Mont-d'Or; Dardilly; Décines-Charpieu; Écully; Feyzin; Fleurieu-sur-Saône; Fontaines-Saint-Martin; Fontaines-sur-Saône; Francheville; Genas; Genay; Givors; Grézieu-la-Varenne; Grigny; Irigny; La Mulatière; La-Tour-de-Salvagny; Limonest; Loire-sur-Rhône; Marcy-l'Étoile; Meyzieu; Millery; Mions; Montagny; Montanay; Neuville-sur-Saône; Oullins; Pierre-Bénite; Rillieux-la-Pape; Rochetaillée-sur-Saône; Saint-Cyr-au-Mont-d'Or; Saint-Didier-au-Mont-d'Or; Sainte-Consorce; Sainte-Foy-lès-Lyon; Saint-Fons; Saint-Genis-Laval; Saint-Genis-les-Ollières; Saint-Priest; Saint-Romain-au-Mont-d'Or; Saint-Symphorien-d'Ozon; Sathonay-Camp; Sathonay-Village; Sérézin-du-Rhône; Solaize; Tassin-la-Demi-Lune; Ternay; Vaugneray; Vaulx-en-Velin; Vénissieux; Vernaison; Villeurbanne; Vourles.

Dans le département de l'Ain, les communes suivantes : Beynost; Dagneux; La Boisse; Massieux; Miribel; Misérieux; Montluel; Neyron; Parcieux; Reyrieux; Saint-Didier-de-Formans; Sainte-Euphémie; Saint-Maurice-de-Beynost; Trévoux.

Dans le département de l'Isère, la commune de Chasse-sur-Rhône.

Où se procurer les références ?

712 Plusieurs possibilités s'offrent au « chasseur » de références.

Il peut :

- faire le tour de ses connaissances dans le quartier et en relever un certain nombre;
- se renseigner auprès des agences immobilières les plus proches;
- se rapprocher des fédérations nationales regroupant certaines agences immobilières (FNAIM, CNAB, CSAB, SNPI,...);
- contacter des associations de défense, selon le cas, des propriétaires ou des locataires;
- s'adresser à sa direction départementale de l'équipement;
- enfin, lorsqu'il existe, contacter l'observatoire des loyers compétent sur son secteur (mais il n'en existe que trois pour toute la France).

Coordonnées

Observatoire des loyers de l'agglomération parisienne (OLAP)
21, rue Miollis
75015 Paris
Tél. 01 40 56 01 47
www.olap.asso.fr

Observatoire des loyers d'Ille-et-Vilaine
22, rue Poullain-Duparc
35000 Rennes
Tél. 02 99 78 27 27

Observatoire des loyers de l'agglomération bisontine
37, rue Battant
25000 Besançon
Tél. 03 81 61 92 41

713 Modèle d'offre de renouvellement avec augmentation de loyer (bail de trois ans)

Monsieur Édouard Jacottin
15, rue Balzac
94300 Vincennes

Monsieur Jules Géhanin
3, rue Himac
94380 Bonneuil-sur-Marne

Vincennes, le 12 janvier 2008

Utilisez soit la lettre recommandée, soit la notification par acte d'huissier

Lettre recommandée avec AR.

Les références peuvent être fournies en annexe mais doivent être communiquées en même temps (v. n° 709)

Objet : Offre de renouvellement avec augmentation de loyer.

Monsieur,

Comme en attestent les références ci-jointes, le loyer de votre bail qui s'achève le 31 juillet 2008 est manifestement sous-évalué.

Indiquer le montant du nouveau loyer

Citez les textes de référence

Aussi, conformément à l'article 17 c de la loi n° 89-462 du 6 juillet 1989, je vous offre de le renouveler pour trois ans, moyennant une augmentation de loyer de 50 euros, soit un loyer de 600 euros.

Sur l'étalement de l'augmentation, v. n° 728. Si l'augmentation est supérieure à 10 %, l'étalement se fait sur 6 ans

Cette hausse s'appliquera par tiers tous les ans. Ainsi, durant la première année du renouvellement, le loyer mensuel dont vous devrez vous acquitter sera de 566,60 euros, puis passera à 583,33 euros à compter de la seconde année, et sera de 600 euros la troisième année.

En application du quatrième alinéa de l'article 17 c de la loi susmentionnée, vous trouverez ci-dessous la reproduction intégrale dudit article 17 c.

Reproduction intégrale obligatoire

« Lors du renouvellement du contrat, le loyer ne donne lieu à réévaluation que s'il est manifestement sous-évalué.

« Dans ce cas, le bailleur peut proposer au locataire, au moins six mois avant le terme du contrat et dans les conditions de forme prévues à l'article 15, un nouveau loyer fixé par référence aux loyers habituellement constatés dans le voisinage pour des logements comparables dans les conditions définies à l'article 19.

« Lorsque le bailleur fait application des dispositions du présent c, il ne peut donner congé au locataire pour la même échéance du contrat.

« La notification reproduit intégralement, à peine de nullité, les dispositions des alinéas du présent c et mentionne le montant du loyer ainsi que la liste des références ayant servi à le déterminer.

« En cas de désaccord ou à défaut de réponse du locataire quatre mois avant le terme du contrat, l'une ou l'autre des parties saisit la commission de conciliation.

« À défaut d'accord constaté par la commission, le juge est saisi avant le terme du contrat. À défaut de saisine, le contrat est reconduit de plein droit aux conditions antérieures du loyer éventuellement révisé. Le contrat dont le loyer est fixé judiciairement est réputé renouvelé pour la durée définie à l'article 10, à compter de la date d'expiration du contrat. La décision du juge est exécutoire par provision.

« La hausse convenue entre les parties ou fixée judiciairement s'applique par tiers ou par sixième selon la durée du contrat.

Sur le délai laissé pour répondre, v. n° 714

« Toutefois, cette hausse s'applique par sixième annuel au contrat renouvelé, puis lors du renouvellement ultérieur, dès lors qu'elle est supérieure à 10 % si le premier renouvellement avait une durée inférieure à six ans.

« La révision éventuelle résultant du d ci-dessous [révision annuelle ne pouvant excéder la variation de l'indice de référence des loyers] s'applique à chaque valeur ainsi définie. »

Vous demandant de bien vouloir me faire part, par courrier, des suites que vous comptez donner à ma proposition dans les meilleurs délais et, au plus tard, avant le 31 mars 2008.

Veuillez agréer, Monsieur, l'expression de mes salutations les meilleures.

Édouard Jacottin

Le choix qui s'offre au locataire

714 À la réception de l'offre de renouvellement avec augmentation de loyer, le locataire peut **accepter, refuser ou ne pas répondre**.

En réalité, qu'il refuse expressément la proposition qui lui est faite ou qu'il s'abstienne de se manifester revient au même puisque la loi assimile désaccord à défaut de réponse.

Seule une **réponse positive reçue au moins quatre mois avant le terme du bail** vaudra acceptation.

Plus précisément, la loi prévoit que le bailleur qui souhaite saisir la Commission départementale de conciliation, passage obligé à défaut d'accord (v. n° 716), doit le faire « en cas de désaccord ou à défaut de réponse du locataire quatre mois avant le terme du contrat » (art. 17 *c* de la loi de 1989).

Une lettre recommandée avec AR suffira puisqu'il est certain que le bailleur ira retirer le précieux courrier !

Et en cas d'accord verbal, il est indispensable d'obtenir, dans les délais, une confirmation écrite.

Que faire si le locataire n'accepte pas ?

715 À défaut d'accord écrit du locataire (le locataire a refusé ou n'a pas réagi), le bailleur doit saisir la Commission départementale de conciliation et, en cas d'échec de cette tentative de règlement amiable du litige, se retourner vers le juge.

Le locataire n'a aucune raison de saisir lui-même cette commission puisque l'augmentation ne pourra pas intervenir sans qu'il l'ait acceptée. Et qui sait, peut-être que le bailleur tardera à la saisir et se retrouvera forclos...

Première étape obligée : l'intervention de la Commission départementale de conciliation

716 Il s'agit d'une **phase obligatoire :** le bailleur qui saisirait d'abord le juge ne serait pas recevable dans son action. La juridiction saisie commencera d'ailleurs par vérifier ce point.

> « Le juge ne peut être valablement saisi avant que le délai de deux mois imparti à la commission de conciliation pour rendre son avis soit écoulé » (Civ. 3e, 13 déc. 2006).

La commission est une **commission paritaire** (y siègent des représentants d'organisations de bailleurs et d'organisations de locataires en nombre égal). Il en existe **une par département**.

Elle est compétente, non seulement pour connaître des « litiges résultant de l'application des dispositions de l'article 17 », mais aussi des litiges portant sur la décence du logement et « des litiges relatifs à l'état des lieux, au dépôt de garantie, aux charges locatives et aux réparations ».

En réalité, l'article 20 de la loi de 1989 lui assigne une mission plus vaste puisque, de surcroît, elle a non seulement vocation à connaître des litiges ayant trait à la procédure de sortie de la loi de 1948 mais, de plus, « sa compétence est étendue à l'examen [...] des difficultés résultant de l'application des accords collectifs nationaux ou locaux prévus aux articles 41 *ter* et 42 de la loi du 23 décembre 1986, de l'application du plan de concertation locative prévu à l'article 44 *bis* de la même loi et des modalités de fonctionnement de l'immeuble ou du groupe d'immeubles ».

Saisir la Commission départementale de conciliation

Quand et par qui ?

717 La commission doit être saisie par le bailleur (ou son représentant **au plus tôt** quatre mois avant le terme du bail (art. 17). Avant, la demande est irrecevable.

> Par exemple, pour un bail s'achevant le 30 juin, la commission ne peut pas être saisie avant le 1er mars.

Et **au plus tard** ? Si la loi ne fixe pas de date limite, une chose est sûre : la saisine doit intervenir suffisamment longtemps avant l'échéance du bail pour lui permettre de rendre son avis et, en cas de désaccord, laisser le temps au bailleur de saisir le tribunal avant cette date fatidique. D'ailleurs, une jurisprudence du 13 décembre 2006 interdit au bailleur de saisir le juge avant que le délai de deux mois imparti à la commission de conciliation pour rendre son avis soit écoulé (sur cette question, v. aussi n° 724-1).

Rappelons, en effet, qu'à défaut de saisine du juge avant le terme du bail, l'article 17 *c* de la loi indique que « le contrat est reconduit de plein droit aux conditions antérieures du loyer éventuellement révisé ».

Comment ?

718 Un décret du 19 juillet 2001 l'explique : la commission est saisie par **lettre recommandée avec AR** adressée à son secrétariat (art. 7) lettre dans laquelle le demandeur indique ses nom, qualité et adresse, ceux de son cocontractant et l'objet du litige.

Ce secrétariat est assuré par les directions départementales de l'équipement et, à Paris, par la direction de l'urbanisme, du logement et de l'équipement (art. 4).

719 Modèle de lettre de saisine de la Commission départementale de conciliation

Monsieur Ernest Pythouville
15, place d'Aligre
75012 Paris

Commission départementale
de conciliation
Secrétariat
50, avenue Daumesnil
75012 Paris

Paris, le 15 mars 2008

Obligatoirement par LRAR [Lettre recommandée avec AR.

Objet : Fixation d'un loyer de renouvellement.

Madame, Monsieur,

Suite à la proposition de renouvellement que j'ai adressée à mon locataire le 2 novembre 2007 (voir copie jointe) et à défaut de réponse de sa part quatre mois avant le terme du bail (également joint à la présente), je vous saurai gré de bien vouloir convoquer les parties concernées dans les meilleurs délais.

Mentions obligatoires [Coordonnées du bailleur : Ernest Pythouville, 15, place d'Aligre 75012 Paris.

Coordonnées du locataire : James Marignani, 32, rue de Rennes 75006 Paris.

Dans cette attente, je vous prie d'agréer, Madame, Monsieur, l'expression de mes salutations les meilleures.

Ernest Pythouville

PJ : Contrat de location et proposition de renouvellement (incluant les références produites à l'appui de ma demande).

La convocation à la réunion de la commission

720 **Au moins quinze jours avant la date de l'audience**, le secrétariat de la commission doit adresser une convocation aux parties. La convocation, qui peut prendre la forme d'une lettre simple, doit préciser l'objet du litige.

Si, en raison d'un motif légitime justifié (maladie, accident, raison professionnelle, déplacement, vacances,...), les parties convoquées ne sont ni présentes, ni représentées à la réunion ou si seule l'une d'entre elles est présente, ou représentée, alors, l'article 8 du décret de 2001 précise qu'une « ultime convocation peut être adressée ».

Par courtoisie, la partie qui ne peut pas se rendre à la convocation adressera un courrier simple expliquant les raisons de son empêchement et demandera un renvoi de l'audience à une autre date.

La représentation des parties lors de l'audience

721 Si, en principe, les parties convoquées doivent se présenter en personne, il est toutefois admis qu'elles puissent se faire représenter par une personne mandatée en ce sens (un agent immobilier, par exemple).

Elles peuvent aussi se faire assister par toute personne de leur choix (avocat, représentant d'une association,...), « à l'exclusion des membres titulaires ou suppléants de la commission », qui ne pourraient pas être, c'est bien normal, à la fois, juges et parties.

Le déroulement de la séance

722 La commission entend les parties, s'efforce de les concilier et émet un avis qui doit être rendu dans un délai de deux mois maximum à compter de la réception par le secrétariat de la lettre de saisine.

Il se peut toutefois que la commission ne parvienne pas à tenir ce délai. Le bailleur devra être vigilant et, en toute hypothèse, c'est-à-dire même si la commission n'a pas rendu son avis, saisir le juge avant la fin du bail.

C'est au cours de cette réunion que les parties feront valoir leurs arguments, bailleur et locataire s'efforçant de produire des références de loyer leur étant favorables.

L'avis rendu par la commission

723 La commission peut rendre trois sortes d'avis :

- en cas de **conciliation totale**, l'avis de la commission va constater la conciliation, dont les termes vont faire l'objet d'un document de conciliation. Le litige prend fin, et un nouveau contrat de location sera signé aux conditions de cet accord ;
- en cas de **conciliation partielle**, l'avis de la commission va faire apparaître les points de désaccord. Le litige ne sera pas clos et le bailleur qui souhaite poursuivre son action devra alors saisir la justice avant la fin du bail. L'avis de la commission devra être produit au cours de l'instance ;
- enfin, il n'y a **pas de conciliation** du tout. L'avis comporte l'exposé du différend et la position des parties ainsi que, le cas échéant, celle de la commission. Là encore, le bailleur devra saisir la justice avant la fin du bail et produire l'avis de la Commission départementale de conciliation.

Saisir le juge

724 Si le bailleur s'obstine malgré l'échec total ou partiel de la tentative de conciliation, il doit saisir la justice « **avant le terme du contrat** » (la date de fin du bail).

S'il ne le fait pas, il perd tout le bénéfice de la procédure de renouvellement engagée : « le contrat est reconduit de plein droit aux conditions antérieures du loyer éventuellement révisé ».

Quand saisir le juge ?

724-1 La Cour de cassation a décidé que le juge ne peut être valablement saisi avant que le délai de deux mois imparti à la commission de conciliation pour rendre son avis soit écoulé (Civ. 3e, 13 déc. 2006, n° 05-20.761). Ainsi, la technique consistant pour le bailleur à « zapper » la phase de conciliation en saisissant, peu de temps avant le terme du contrat, coup sur coup la commission et le tribunal est désormais condamnée : le bailleur doit saisir la commission suffisamment tôt pour que celle-ci puisse rendre son avis avant le terme du bail. Une saisine tardive de la commission par le bailleur lui interdira en effet de saisir le juge et le bail sera reconduit « de plein droit aux conditions antérieures du loyer éventuellement révisé » (loi de 1989, art. 17 *c*).

Quel juge saisir ?

725 En application des articles R. 221-28 et R. 221-48 du Code de l'organisation judiciaire, le juge compétent est le **juge d'instance du lieu de situation de l'immeuble**.

Précisons que devant le tribunal d'instance, le recours à un avocat n'est pas nécessaire. Toutefois, sauf à être familier des procédures, il est hautement recommandé de se faire assister par un homme de loi.

Si le tribunal d'instance est compétent en dernier ressort (c'est-à-dire que la décision rendue ne sera pas susceptible d'appel : seul un pourvoi en cassation – long et onéreux – serait possible contre la décision rendue) lorsque le litige porte sur une somme inférieure ou égale à 4 000 euros, en matière de loyer de renouvellement, la somme en jeu est indéterminée. L'appel est donc possible.

Comment ?

726 Conformément à l'article 838 du Code de procédure civile, le juge est saisi par la **remise au greffe d'une copie de l'assignation**.

Une assignation est obligatoirement délivrée par l'intermédiaire d'un huissier de justice à tous les signataires du bail (v. n° 707).

Le sens de la décision du juge

727 Même si l'avis rendu par la Commission départementale de conciliation risque de peser lourd dans la balance, le juge est souverain pour apprécier si le loyer pratiqué est – ou non – manifestement sous-évalué.

Par ailleurs, s'il reconnaît la sous-évaluation manifeste, il est également libre de déterminer le loyer de renouvellement et n'est pas tenu de retenir la moyenne arithmétique des références produites par le bailleur ou par les parties.

Précisons enfin, qu'en cas de fixation judiciaire du loyer, le bail est réputé renouvelé pour trois ans lorsque le bailleur est une personne physique ou assimilée et pour six ans si le bailleur est une personne morale (v. n° 701).

Le **point de départ du nouveau bail** est alors arrêté à la date d'expiration du précédent bail et ce, quelle que soit la date à laquelle la décision est rendue.

L'application de l'augmentation de loyer

728 En la matière, les règles applicables – qui sont identiques que le loyer ait été renouvelé amiablement, après conciliation ou sur décision de justice – sont prévues par les trois derniers alinéas de l'article 17 *c* de la loi du 6 juillet 1989.

En principe, la hausse est étalée sur la durée du bail de renouvellement

729 En principe, la hausse sera étalée sur la durée du bail renouvelé (chaque année, par 1/3, pour un bail de trois ans, par 1/6, pour un bail de six ans).

Tableau récapitulatif des suites pouvant être données à la proposition de renouvellement

Accord 4 mois avant la fin du contrat	Réponse 4 mois avant la fin du contrat	Saisine de la Commission de conciliation	Conciliation	Saisine du juge avant le terme du contrat	Résultat
Non	Non	Non		Impossible	Reconduction du contrat aux conditions antérieures (sans majoration de loyer, mais avec application de la clause de révision lorsqu'elle existe)
Non	Non	Oui	Non	Non	Reconduction du contrat aux conditions antérieures (sans majoration de loyer, mais avec application de la clause de révision lorsqu'elle existe)
Non	Non	Oui	Non	Oui	Renouvellement du contrat (loyer fixé par le juge) avec hausse étalée sur 3 ou 6 ans
Non	Non	Oui	Oui		Renouvellement du contrat (loyer fixé par l'accord) avec hausse étalée sur 3 ou 6 ans
Oui	Oui				Renouvellement du contrat avec majoration de loyer, avec hausse étalée sur 3 ou 6 ans

Dans les deux cas, ajoute le texte, « la révision éventuelle résultant du *d* ci-dessous s'applique à chaque valeur ainsi définie ». En d'autres termes, il faut ajouter les effets de l'éventuelle **clause de révision** du bail dès la première année de renouvellement (v. n° 516).

Exemple d'augmentation de loyer

Le bail de M. Chevassu a été renouvelé pour trois ans.

Son ancien loyer était de 500 euros. Le nouveau s'élève à 530 euros.

La première année du renouvellement, il devra donc s'acquitter d'un loyer de 510 euros par mois.

La deuxième année, son loyer s'élèvera à 520 euros.

La troisième année, le loyer de renouvellement sera d'un montant de 530 euros.

À ce montant, il faudra ajouter les effets de l'éventuelle **clause de révision** comprise dans le bail, étant entendu que cette indexation jouera dès la première année de renouvellement.

Par exception, une hausse supérieure à 10 % sera étalée sur six ans

730 Lorsque la réévaluation du loyer initial conduit à une augmentation de loyer supérieure à 10 %, le législateur a prévu d'étaler sur six ans la hausse de loyer et ce, quelle que soit la durée du bail de renouvellement, pour que le locataire puisse s'adapter à cette dépense supplémentaire.

Le texte prévoit que « cette hausse s'applique par sixième annuel au contrat renouvelé, puis lors du renouvellement ultérieur, dès lors qu'elle est supérieure à 10 % si le premier renouvellement avait une durée inférieure à six ans ».

Ainsi, lorsque le bail renouvelé est de trois ans, ce n'est qu'à compter de la dernière année du second renouvellement que la hausse sera répercutée totalement.

Exemple d'augmentation de loyer de + de 10 %

Le loyer initial de M. Chevassu s'élevait à 600 euros ; le loyer de renouvellement est de 700 euros. La majoration est donc supérieure à 10 %

du prix d'origine et la hausse va s'étaler sur six ans, alors que le bail a été renouvelé pour trois ans.

Durant la première année du renouvellement du bail, le locataire devra donc s'acquitter d'un loyer mensuel de 616,67 euros, c'est-à-dire du loyer initial (600 euros) + 1/6e de l'augmentation (16,67 euros).

Entre le début de la seconde année et la fin de la sixième année (si le bail est à nouveau renouvelé), le loyer mensuel augmentera tous les ans de 16,67 euros (633,34 euros la seconde année, 650 euros la troisième, 666,68 euros la quatrième, 683,35 euros la cinquième et 700 euros à compter de la sixième année).

À ce montant, il faudra ajouter les effets de l'éventuelle **clause de révision** comprise dans le bail, étant entendu que cette indexation jouera dès la première année de renouvellement.

Les décrets de blocage

CODE

« Dans la zone géographique où le niveau et l'évolution des loyers comparés à ceux constatés sur l'ensemble du territoire révèlent une situation anormale du marché locatif, un décret en Conseil d'État, pris après avis de la Commission nationale de concertation, peut fixer le montant maximum d'évolution des loyers des logements vacants définis au *b* de l'article 17 et des contrats renouvelés définis au *c* du même article.

Ce décret précise sa durée de validité qui ne peut excéder un an et peut prévoir des adaptations particulières, notamment en cas de travaux réalisés par les bailleurs ou de loyers manifestement sous-évalués » (art. 18 de la loi de 1989).

731 En réalité, depuis 1989, chaque année, avant la fin du mois d'août, le gouvernement publie un décret de blocage pour les loyers applicables à Paris et en région parisienne et valable pour un an.

Le dernier en date est le décret n° 2008-788 du 18 août 2008, en tous points identique au décret n° 2006-1049 du 23 août 2006 dont le texte, ainsi que la liste des communes concernées, sont reproduits dans le Code des baux des Éditions Dalloz.

Qu'on ne s'y trompe pas ! en dépit de la durée de validité d'un an, le décret de blocage va produire ses effets durant toute la durée de renouvellement du contrat (trois ou six ans).

Depuis 1993, le blocage ne s'applique qu'au loyer de renouvellement.

Le texte prévoit que lorsque le loyer est manifestement sous-évalué, la hausse de loyer ne peut excéder la plus élevée des deux limites qui suivent :

– soit la moitié de la différence entre le loyer déterminé conformément aux dispositions du *c* de l'article 17 de la loi de 1989 et le loyer à la date du renouvellement,
– soit une majoration du loyer annuel égale à 15 % du coût réel des travaux toutes taxes comprises, dans le cas où le bailleur a réalisé depuis le dernier renouvellement ou la dernière reconduction du contrat ou, si le contrat n'a été ni renouvelé ni reconduit depuis sa date d'effet, des travaux d'amélioration portant sur les parties privatives ou communes d'un montant au moins égal à la dernière année de loyer.

Le texte précise par ailleurs que les dispositions du décret « ne font pas obstacle à l'application des clauses contractuelles mentionnées au *e* de l'article 17 de la loi du 6 juillet 1989 » (qui concerne les clauses de travaux d'amélioration pouvant être stipulées au bail et entraîner une hausse de loyer, v. n° 315).

Exemple d'application du décret de blocage en cas de prise en compte de la moitié de l'augmentation de loyer

M. Chevassu loue un appartement à Collégien, en Seine-et-Marne (commune visée par le décret de blocage de 2005). À l'occasion du renouvellement, son loyer est passé de 600 à 700 euros. L'augmentation ne pourra être répercutée qu'à hauteur de 50 euros.

Durant la première année du renouvellement du bail, le locataire devra donc s'acquitter d'un loyer mensuel de 608,33 euros, c'est-à-dire du loyer initial (600 euros) + 1/6e de l'augmentation (8,33 euros).
Entre le début de la seconde année et la fin de la sixième année (si le bail est à nouveau renouvelé), le loyer mensuel augmentera tous les ans de 8,33 euros (616,66 euros la seconde année, 624,99 euros la troisième, 633,32 euros la quatrième, 641,65 euros la cinquième et 650 euros à compter de la sixième année).
À cette augmentation, il conviendra d'ajouter les effets de l'éventuelle clause de révision (v. n° 516).

Exemple d'application du décret de blocage en cas de prise en compte des travaux réalisés

M. Chevassu loue un appartement situé dans une copropriété pour lequel il paie un loyer de 600 euros.
Suite à la réalisation de divers travaux d'amélioration dans les parties communes (restructuration du jardin commun, ravalement-amélioration de la façade) et dans les parties privatives (installation du chauffage central en lieu et place des convecteurs électriques), d'un montant total incombant au bailleur de 8 000 euros, celui-ci entend, lors du renouvellement, augmenter le loyer.
Comme le coût des travaux est supérieur au montant de la dernière année de loyer (7 200 euros), il pourra augmenter le loyer de (8 000 × 15) : 100, soit 1 200 euros pour l'année ou 100 euros par mois.
Cette majoration étant supérieure à 10 % de l'ancien loyer, elle devra être étalée sur six ans.
Durant la première année du renouvellement du bail, le locataire devra donc s'acquitter d'un loyer mensuel de 616,67 euros, c'est-à-dire du loyer initial (600 euros) + 1/6e de l'augmentation mensuelle (16,67 euros).
Entre le début de la seconde année et la fin de la sixième année (si le bail est à nouveau renouvelé), le loyer mensuel augmentera tous les ans de 16,67 euros.
Comme dans l'exemple précédent, à cette augmentation, il conviendra d'ajouter les effets de l'éventuelle clause de révision (v. n° 516).

8

Le bailleur donne congé

Donner congé oblige non seulement à **respecter certaines formalités**, mais aussi de **justifier d'un motif admis par la loi**. Il faut, d'un côté, **être celui qui peut donner congé** (v. n° 802) et prendre garde à **l'adresser à la bonne personne** (v. n° 804), au **bon moment** (v. n° 809), par **lettre recommandée avec AR ou par acte d'huissier** (v. n° 812) et, de l'autre, **justifier sa décision** pour l'un des trois motifs suivants : **reprendre le bien soit pour l'habiter** ou y loger un proche (v. n° 816), **soit pour le vendre** (v. n° 821), soit avoir un **autre motif légitime et sérieux de vouloir récupérer son bien** (v. n° 833). Mais **attention :** si le **locataire a plus de 70 ans** et ne dispose que de **très faibles ressources**, il faudra en plus **s'engager à le reloger** (v. n° 836).

801 Un bailleur peut donner congé à son locataire, mais dans les cas et aux conditions prévues par la loi. Reprendre possession de son bien peut s'avérer délicat car l'article 15 de la loi du 9 juillet 1989 assure la protection du locataire.

Outre les questions de forme et de délais, le bailleur doit justifier sa décision et il ne peut invoquer que trois motifs : il reprend le bien soit pour l'habiter ou y loger un proche (v. n° 819), soit pour le vendre (v. n° 821), soit, enfin, parce qu'il a un motif légitime et sérieux de vouloir le récupérer (v. n° 833).

Comment donner congé au locataire ?

Qui peut donner congé ?

Le bailleur, bien sûr...

802 Lorsque le bailleur est une personne physique, la question de l'auteur du congé ne pose pas de problème. Le bailleur est facilement identifiable : c'est celui qui a signé le bail avec le locataire.

À la suite du décès du bailleur ou d'une donation avec réserve d'usufruit, les droits sur un logement peuvent être répartis entre nu-propriétaire et usufruitier. On dit dès lors que le bien est grevé d'un **usufruit**, et dans ce cas seul l'usufruitier est en droit de délivrer congé. Un congé délivré par le nu-propriétaire serait nul.

La solution est toutefois différente en cas de congé pour vente. En effet, alors, l'acte de congé doit être signé à la fois du nu-propriétaire et de l'usufruitier (v. n° 822).

Lorsque le logement loué est en **indivision** (c'est-à-dire lorsqu'il appartient à plusieurs propriétaires à la fois) – et même si l'article 815-3 du Code civil tel que modifié par une loi du 23 juin 2006 ne vise que la conclusion et le renouvellement du bail –, on peut considérer que qu'il n'est plus indispensable d'obtenir l'accord de tous les indivisaires pour donner congé. Les indivisaires représentant au moins les deux tiers des droits indivis peuvent le faire seuls, à condition d'en informer les autres. Et dans tous les cas, comme pour la signature du bail, il est possible de donner un mandat à cette fin (pour plus de détails, v. n° 204).

...mais aussi son représentant

803 Par « représentant », il faut entendre :

- soit l'agent immobilier qui a reçu mandat de gérer le logement loué,
- soit, lorsque le bailleur est une personne morale (société), la personne physique qui le représente.

Quelle que soit la qualité du représentant, ce dernier doit toujours être en mesure de prouver qu'il a bien reçu le pouvoir de délivrer congé. Le représentant de la personne morale propriétaire devra faire état des statuts de la société ou de la délibération d'assemblée l'ayant habilité. L'agent immobilier, quant à lui, devra rapporter la preuve du mandat de gestion qui le lie au bailleur (v. n° 107).

En cas de congé pour vendre, le représentant du bailleur devra être titulaire d'un mandat spécial lui permettant de réaliser un tel acte pour le compte de son mandant (v. n° 823). Le mandat donné à un agent immobilier de vendre un bien n'emporte pas mandat de délivrer un congé pour vendre.

Le congé délivré par un représentant doit obligatoirement mentionner le nom et les coordonnées du bailleur (Cass., ass. plén., 13 févr. 1998, n° 95-10.378). En revanche, la loi n'impose pas que le mandataire s'identifie, ni qu'il précise qu'il agit en qualité d'intermédiaire.

À qui doit-on délivrer le congé ?

804 Plusieurs situations sont à distinguer en fonction du nombre de locataires et de leur situation matrimoniale au moment du congé.

Le locataire est célibataire

805 Dans ce cas, la situation est simple : le congé est délivré au seul titulaire du bail. Une autre personne que le locataire en titre n'a pas à recevoir une quelconque notification de rupture du bail, puisque par définition, il n'est pas locataire.

Le locataire est marié

806 Lorsque les locataires sont mariés et même si un seul des époux est signataire du bail, le bailleur doit adresser un courrier à chacun des époux, par courrier séparé.

En effet, l'article 1751 du Code civil prévoit que le bail d'habitation est réputé avoir été conclu avec les deux époux alors même qu'il a été signé par un seul des époux avant le mariage. C'est ce que l'on appelle la « cotitularité du droit au bail entre les époux ».

La cotitularité du bail survit à la séparation du couple

Les époux sont, quel que soit leur régime matrimonial et nonobstant toute clause contraire, cotitulaires du droit au bail portant sur le logement qui constitue effectivement leur résidence principale. Mais que se passe-t-il si l'un d'eux a quitté le domicile conjugal ? En soi, cela ne change rien, a répondu la Cour de cassation. Chacun des époux reste cotitulaire du bail dès lors que le logement a effectivement servi à l'habitation des deux époux et ce, jusqu'à la transcription du jugement de divorce en marge des registres de l'état civil (Civ. 3e, 31 mai 2006, n° 04-16.920).

Mais, le bailleur qui a loué à un **locataire célibataire qui**, en cours de bail, **s'est marié sans l'en avertir**, peut valablement délivrer congé au seul signataire du bail. Cette rupture est valable à l'égard des deux. En effet, l'article 9-1 de la loi de 1989 dispose que « nonobstant les dispositions des articles [...] et 1751 du Code civil, les notifications ou significations faites [dont celles concernant le congé] par le bailleur sont de plein droit opposables [...] au conjoint du locataire si l'existence de ce [...] conjoint n'a pas été préalablement portée à la connaissance du bailleur ».

Le locataire qui conteste la validité du congé, délivré à lui seul et non à son épouse, devra prouver qu'il a bien informé le bailleur de son mariage : le fait que le propriétaire l'ait appris incidemment n'est pas suffisant pour rendre obligatoire une double notification (Civ. 3e, 19 oct. 2005, n° 04-17.039).

Le locataire vit en concubinage ou est pacsé

807 De deux choses l'une :

– soit le Pacs (Pacte civil de solidarité) ou le concubinage est antérieur à la prise de location, et le bailleur a pu faire signer un bail aux deux partenaires/concubins qui sont colocataires (v. n° 205);
– soit le Pacs ou le concubinage a eu lieu en cours de bail et, à défaut de reconnaissance par les textes d'une cotitularité à l'égard du partenaire/concubin, le bailleur n'est dans l'obligation de notifier son congé qu'au signataire du bail.

La nouvelle rédaction de l'article 9-1 de la loi de 1989 a juste aligné le régime des notifications du locataire qui se pacse en cours de bail sur celui du locataire qui se marie (v. n° 806). En revanche, il n'a pas étendu la cotitularité qui existe pour les époux au profit des partenaires d'un Pacs.

Plusieurs personnes ont signé le bail

808 Le principe est qu'en présence de plusieurs locataires ayant signé le bail, chacun doit recevoir un congé de la part du bailleur. En effet, ils sont copreneurs, ce qui implique qu'ils ont individuellement tous les droits d'un locataire.

Si le bail comporte **une clause d'engagement solidaire**, le congé peut n'être adressé qu'à l'un des colocataires. Les articles 1197 et suivants du Code civil prévoient en effet que ce type de clause permet de valablement notifier le congé à l'un quelconque des locataires. La réception du congé par l'un des locataires suffit pour le rendre opposable à tous les autres locataires. Toutefois, il faut préciser que la clause d'engagement solidaire ne se présume pas (art. 1202 du Code civil). Si le propriétaire entend en utiliser les effets, **elle doit impérativement figurer dans le contrat de bail**.

Par souci de bonne information, il est conseillé au bailleur de s'engager dans le contrat de location à adresser, tout de même, par courriers séparés, un congé à chacun des locataires.

En résumé

Situation	Destinataire(s)
Époux locataires (existence du conjoint connue du bailleur)	Les deux
Époux locataires (existence du conjoint ignorée du bailleur)	Le locataire
Copreneurs non solidaires	Les deux
Copreneurs solidaires	Un seul (cependant, en pratique, la notification d'un congé à chaque copreneur est recommandée)
Locataire vivant avec un partenaire (Pacs) non signataire du bail	Le seul locataire
Locataire vivant avec un concubin non signataire du bail	Le seul locataire

Quand doit-on délivrer le congé ?

Un délai de préavis de six mois

809 Le congé donné par le bailleur ne peut intervenir qu'**en fin de bail** et il doit être notifié **au moins six mois avant le terme du bail**.

Comment décompter ce délai fatidique ?

810 Le délai de six mois avant le terme du bail a une importance primordiale. Ne pas le respecter implique que le locataire restera en place pour 3 ou 6 ans de plus (sauf s'il délivre congé avant).

Ce délai mérite d'autant plus l'attention que son mode de calcul n'est pas évident, car il obéit aux règles des articles 641 et 642 du Code de procédure civile.

Le délai de préavis expire le jour du dernier mois qui porte le même quantième que le jour de la notification et, à défaut de quantième identique, le délai expire le dernier jour du mois.

Il expire le dernier jour à vingt-quatre heures. S'il arrive à son terme normalement un samedi, un dimanche ou un jour férié ou chômé, il est prorogé jusqu'au premier jour ouvrable suivant.

> Pour un bail à date d'effet au 1er mai, le locataire doit recevoir un congé trois ou six ans plus tard :
> – pour le 2 mai, si le 1er est compris entre le lundi et le jeudi,
> – pour le 3 mai, si le 1er est un samedi,
> – pour le 4 mai, si le 1er est un vendredi.

Comment notifier le congé ?

811 Le congé doit être adressé, soit par **lettre recommandée avec demande d'avis de réception**, soit par **acte d'huissier**. Cette condition de forme est dictée par l'article 15 de la loi de 1989. il n'est pas possible d'y déroger, la loi étant d'ordre public.

Lettre recommandée avec AR ou acte d'huissier ?

812 La **Lettre recommandée avec AR** a l'avantage d'être un procédé souple et peu coûteux. D'autant plus qu'un bailleur peut trouver bien sévère d'envoyer un huissier pour annoncer au locataire qu'il doit se préparer à trouver un autre logement.

Mais cette forme de délivrance du congé présente un grave inconvénient puisque le congé n'est considéré comme effectivement donné qu'à compter du jour de la réception de la lettre recommandée et non de son expédition. Or, la réception est la date effective de remise de la lettre entre les mains de son destinataire. **Seule la date de signature de l'accusé de réception va attester de la**

réception du congé et ainsi faire courir le délai de préavis. Ce qui laisse une période d'au moins quinze jours pendant laquelle on ne sait pas si le congé a bien été délivré.

Un bailleur prévoyant a donc tout intérêt à adresser une Lettre recommandée avec AR largement six mois avant l'échéance du bail afin de pouvoir recourir à un huissier et ainsi notifier dans les délais légaux, dans l'hypothèse où le locataire n'irait pas retirer le courrier recommandé.

Attention aux congés tardifs résultant des jours fériés. En effet, le décompte du délai se fait de façon un peu particulière (v. n° 810).

813 En dépit du coût de l'opération (une notification de congé par huissier coûte environ 160 euros), recourir à un **huissier présente un sérieux avantage** : le bailleur est sûr de la date à laquelle le congé a été délivré.

Même si le principe reste la délivrance en main propre au locataire, le fait pour l'huissier de déposer dans la boîte aux lettres de ce dernier un avis de passage daté l'informant qu'un congé lui a été notifié suffit. Il n'est pas nécessaire que le locataire ait été touché personnellement par l'huissier pour que le congé soit réputé avoir été porté à sa connaissance.

Le locataire est libre de partir à n'importe quel moment du préavis

814 Lorsque le congé émane du bailleur, le locataire n'est redevable du loyer et des charges que pour le temps où il occupe réellement les lieux pendant le délai de six mois de préavis.

Il peut partir à n'importe quel moment du préavis et il n'est absolument pas redevable des loyers et charges sur la période qui reste à courir (art. 15-1 de la loi).

Pour quels motifs peut-on donner congé à un locataire ?

815 Alors que le locataire peut donner congé à tout moment, le bailleur ne peut pas décider de reprendre son bien quand bon lui semble. Il doit nécessairement justifier sa décision et il ne peut invoquer qu'un des trois motifs suivants :

- il reprend le bien pour l'habiter ou y loger un proche (v. n° 816),
- il le reprend pour le vendre (v. n° 821),
- enfin, il a un motif légitime et sérieux de vouloir récupérer son bien (v. n° 833).

Le congé pour habiter

Qui bénéficie de cette reprise ?

816 En dehors du **bailleur** lui-même, le bénéficiaire de la reprise ne peut être que :

- son **conjoint**,
- le **partenaire** auquel il est lié par un Pacs enregistré à la date du congé,
- son **concubin notoire** depuis au moins un an à la date du congé,

> Le concubinage est notoire lorsqu'il est porté à la connaissance de tous par une déclaration en mairie, sur la foi de témoignages attestant la stabilité et la continuité de l'union.

- ses **ascendants**,
- ses **descendants**,
- les **ascendants ou les descendants de son conjoint, de son partenaire ou de son concubin notoire**.

> Cette liste dressée par l'article 15 de la loi de 1989 est limitative. Un congé donné pour loger toute autre personne est nul.

Les associés d'une SCI familiale en bénéficient également

817 En principe, une personne morale telle qu'une société ou une association n'a pas le droit de délivrer un congé afin de reprendre le logement pour y habiter (Civ. 3e, 7 févr. 1996). La règle joue même si cette société ou cette association désire y reloger un de ses associés ou un de ses membres (v. cependant n° 835).

Une exception toutefois : les SCI « familiales » (v. n° 212) à qui la loi de 1989 reconnaît la possibilité de donner congé afin de reprendre le logement en vue d'y reloger l'un de leurs associés (art. 13 *a*).

> Une SCI de famille ne peut donner congé pour reprise qu'au profit de l'un de ses associés, mais non en faveur, par exemple du conjoint de l'un d'eux ou d'un descendant (Civ. 3e, 19 janv. 2005, n° 03-15.922). Le cessionnaire unique d'une SCI familiale, étranger à cette famille, ne peut pas davantage le faire (Civ. 3e, 31 mai 2007, n° 06-13.524).

Le bénéficiaire doit en faire sa résidence principale

818 Les juges exigent que la reprise soit réalisée au profit d'une personne qui fera du local libéré sa résidence principale (Civ. 3e, 31 janv. 2001, n° 99-11.956).

Le congé pour habiter délivré afin de permettre au bénéficiaire de la reprise d'habiter les lieux comme résidence secondaire ou comme lieu de vacances est donc nul.

Les mentions nécessaires dans le congé pour habiter

819 Le congé pour habiter doit, à peine de nullité, comporter le **nom du bailleur**, le **motif de la reprise** et les **nom et adresse du bénéficiaire** de la reprise.

Curieusement, le **lien de parenté** n'a pas à être mentionné dans le congé. Mais rien n'interdit au bailleur d'apporter cette précision, pour le moins opportune.

Le bénéficiaire peut par la suite changer. En effet, le bailleur a le droit de donner congé au bénéfice d'une personne et, finalement, d'octroyer le logement à une autre. Cette solution a été admise par les magistrats, dès lors que le bénéficiaire réel (celui qui finalement habitera le logement repris) remplit également les conditions de l'article 15 et que le bailleur peut invoquer une raison légitime d'avoir opéré cette substitution.

Modèle de congé valant reprise pour habiter

Claude Durand
Chemin des Roques
06120 La Roquette

Monsieur Dupuis
152, boulevard Carnot
06420 Cannes

La Roquette, le 23 juin 2008

Utilisez soit la lettre recommandée avec AR, soit la notification par acte d'huissier

Lettre recommandée avec AR.

Objet : Congé pour habiter.

Monsieur,

Conformément aux articles 12 et 15 de la loi n° 89-462 du 6 juillet 1989, j'ai l'honneur de vous donner congé pour l'appartement situé au 152 du Boulevard Carnot, à Cannes (06420) que vous occupez en vertu d'un bail que nous avons signé le 1er janvier 2003.

Désignez le bénéficiaire et indiquez son adresse

Ce congé est motivé par le fait que je désire reprendre ce logement pour en faire bénéficier mon fils, Monsieur Jean Durand, demeurant actuellement au 13 de la Rue d'Antibes, à Cannes.

Précisez bien la date d'expiration [

La présente vaut donc congé pour le 31 décembre 2008, date de l'expiration de votre bail.

Dans l'attente de vos nouvelles afin que nous arrêtions une date pour dresser l'état des lieux de sortie, je vous prie d'agréer, Monsieur, l'expression de mes salutations les meilleures.

Claude Durand

Le temps de la reprise

820 Il n'existe aucun délai impératif dans lequel la reprise doit être effective. Tout est question de circonstances, lesquelles seront, le cas échéant, analysées par les juges, le critère retenu étant la bonne foi du bailleur. Par exemple, il a été jugé que le bailleur qui reloue le local plus d'un an après la libération des lieux ne commet pas de faute.

En cas de congé frauduleux, la seule sanction est l'allocation de **dommages et intérêts**. En pratique, la réintégration n'est jamais prononcée.

Le congé pour vendre

821 Le congé pour vente est un acte de disposition. Il doit comporter certaines mentions qui vont permettre au locataire de bénéficier d'un droit de préemption.

Le bailleur doit réunir certaines qualités

822 Le bailleur doit, pour valablement donner congé, réunir les mêmes qualités qui lui sont nécessaires pour vendre, à savoir **la capacité** et **le pouvoir**.

Un bailleur qui n'aurait pas la capacité juridique pour vendre ne pourrait pas valablement délivrer un congé.

Par exemple, est nul le congé émis par un **mineur**. L'est aussi celui donné par un **incapable majeur** (sous tutelle, curatelle ou sauvegarde de justice) : il faut que le congé soit donné par son tuteur ou curateur.

Si le bailleur est le seul et plein propriétaire du logement loué, pas de souci : il peut tout seul valablement donner congé. En revanche, **si le bien est en indivision**, il est obligé d'obtenir de la part des autres indivisaires un mandat spécial pour donner congé afin de vendre ou alors le congé doit être délivré par les indivisaires représentant au moins les deux tiers des droits indivis (v. n° 204).

À la différence de ce qui est exigé en matière de congé pour habiter ou de congé donné pour motif légitime et sérieux, si **le bailleur est usufruitier**, il faut que le congé émane à la fois de l'usufruitier et du nu-propriétaire.

823 De même, si c'est un **agent immobilier** qui délivre un congé pour vendre, celui-ci doit impérativement pouvoir justifier d'un mandat spécial, plus étendu qu'un simple mandat de gestion (Civ. 3e, 12 juill. 2006, n° 04-19.815). De même, un mandat de vendre n'implique pas un mandat de délivrer un congé pour vendre (v. n° 803).

Les indications qui figurent dans le congé

824 Le congé pour vendre doit reproduire intégralement les termes des **cinq premiers alinéas de l'article 15-II** de la loi de 1989. En cas d'oubli, le congé n'est cependant nul que si le locataire arrive à démontrer que ce défaut de reproduction lui a causé un préjudice.

En dehors de l'indication de la **dénomination** du bailleur, de ses **coordonnées** et du motif du congé, conformément à l'article 15-II de la loi du 6 juillet 1989, « le congé doit, à peine de nullité, indiquer le **prix** et les **conditions** de la vente projetée ».

Proposer un prix juste

825 Le prix exprimé dans le congé doit englober le montant des frais de notaire. De même, doivent être précisées les modalités de paiement : le logement est payable au comptant ou de façon échelonnée (et selon quelles modalités).

Si, en principe, le bailleur est libre de fixer le prix auquel il désire vendre son bien, un congé pour vendre à un prix trop élevé compte tenu de l'état du marché (selon une appréciation souveraine des juges du fond) risque d'être analysé comme une tentative de fraude. En effet, les juges auront tendance à penser que cette mise à prix trop élevée a uniquement pour but d'empêcher le locataire d'exercer son droit de préemption.

Dans ce cas, **le congé est susceptible d'être annulé pour fraude**. Encore faut-il que le locataire prouve ce qu'il affirme, la fraude ne se présumant pas (Civ. 3e, 14 juin 2006, n° 05-12.559).

Comment ? En démontrant, par exemple, que le prix de mise en vente est volontairement exagéré compte tenu du prix du marché, que le propriétaire n'a entrepris aucune démarche sérieuse pour vendre, que le logement a été reloué sitôt libéré, etc.

Si le locataire y parvient, il peut même obtenir des dommages et intérêts afin de réparer le préjudice moral ou matériel qu'il a subi.

> Par exemple, l'angoisse d'avoir à trouver un nouveau logement compte tenu de l'état du marché immobilier est un préjudice moral dont le locataire peut tout à fait obtenir réparation.

La dénomination exacte du bien vendu

826 L'offre de vente doit porter sur le local loué, tout le local, mais rien que le local.

Serait considéré comme nul le congé pour vente d'un logement loué qui inclut dans la proposition d'achat qui est faite au locataire des dépendances (une cave, par exemple) non comprises dans le bail ou, inversement, celui qui ne porterait que sur une partie seulement de la surface louée.

Certaines informations pourtant utiles n'ont pas à être fournies

827 Le bailleur n'a pas à indiquer **la superficie du logement**, même s'il se situe dans une copropriété. En effet, l'article 15-II de la loi de 1989 l'exclut expressément du dispositif « Loi Carrez ».

Il n'y a pas non plus **de recherche des termites et du plomb** à ce stade. Cette information n'est pas obligatoire.

Ces mentions devront être communiquées plus tard, lors de l'établissement du contrat de vente. Ajoutons que, concernant le plomb, à compter du 12 août 2008, un constat de risque d'exposition devra être annexé au bail lors de sa signature (sur ce point, v. n° 220-1).

Les copies du règlement de copropriété et de l'état descriptif de division n'ont pas à être fournies (Civ. 3e, 17 oct. 2007, n° 06-12.533).

Toutefois, rien n'interdit au bailleur de délivrer copie de ces actes. En principe tout locataire connaît le nombre de millièmes affecté au lot qu'il occupe puisque, d'une part, cette information ressort de son relevé de charges et, d'autre part, l'article 3 de la loi de 1989 pose la règle selon laquelle « lorsque l'immeuble est soumis au statut de la copropriété, le copropriétaire bailleur est tenu de communiquer au locataire les extraits du règlement de copropriété concernant la destination de l'immeuble, la jouissance et l'usage des parties privatives et communes et précisant la quote-part afférente au lot loué dans chacune des catégories de charges » (v. n° 220).

Modèle de congé pour vente

Claude Durand
Chemin des Roques
06120 La Roquette

Nom et coordonnées du locataire (v. nos 805 et s.)

Monsieur Dupuis
152, boulevard Carnot
06420 Cannes

La Roquette, le 23 juin 2008

Utilisez soit la Lettre recommandée avec AR, soit la notification par acte d'huissier

Lettre recommandée avec AR.

Objet : Congé pour vente.

Monsieur,

Conformément aux articles 12 et 15 de la loi n° 89-462 du 6 juillet 1989, j'ai l'honneur de vous donner congé pour l'appartement situé au 152 du Boulevard Carnot, à Cannes (06420) que vous occupez en vertu d'un bail que nous avons signé le 1er janvier 2003.

Indiquez un prix de vente honnête et loyal

Ce congé est motivé par le fait que je désire vendre ce logement.

Le prix de vente a été arrêté à 205 125 euros, payables comptant.

Même si ce n'est pas obligatoire, fournissez une copie de ces documents

À toutes fins utiles, vous trouverez ci-jointes copies du règlement de copropriété et de l'état descriptif de division.

La présente vaut donc congé pour le 31 décembre 2008, date de l'expiration de votre bail.

Reproduisez fidèlement le texte des alinéas 1 à 5 de l'article 15-II

Conformément à l'article 15-II, avant-dernier alinéa de la loi précitée, voici reproduits ci-dessous les alinéas 1 à 5 de cet article 15-II :

« Lorsqu'il est fondé sur la décision de vendre le logement, le congé doit, à peine de nullité, indiquer le prix et les conditions de la vente projetée. Le congé vaut offre de vente au profit du locataire : l'offre est valable pendant les deux premiers mois du délai de préavis. Les dispositions de l'article 46 de la loi n° 65-557 du 10 juillet 1965 fixant le statut de la copropriété des immeubles bâtis ne sont pas applicables au congé fondé sur la décision de vendre le logement.

« À l'expiration du délai de préavis, le locataire qui n'a pas accepté l'offre de vente est déchu de plein droit de tout titre d'occupation sur le local.

« Le locataire qui accepte l'offre dispose, à compter de la date d'envoi de sa réponse au bailleur, d'un délai de deux mois pour la réalisation de l'acte de vente. Si, dans sa réponse, il notifie son intention de recourir à un prêt, l'acceptation par le locataire de l'offre de vente est subordonnée à l'obtention du prêt et le délai de réalisation de la vente est porté à quatre mois. Le contrat de location est prorogé jusqu'à l'expiration du délai de réalisation de la vente. Si, à l'expiration de ce délai, la vente n'a pas été réalisée, l'acceptation de l'offre de vente est nulle de plein droit et le locataire est déchu de plein droit de tout titre d'occupation.

« Dans le cas où le propriétaire décide de vendre à des conditions ou à un prix plus avantageux pour l'acquéreur, le notaire doit, lorsque le bailleur n'y a pas préalablement procédé, notifier au locataire ces conditions et prix à peine de nullité de la vente. Cette notification est effectuée à l'adresse indiquée à cet effet par le locataire au bailleur ; si le locataire n'a pas fait connaître cette adresse au bailleur, la notification est effectuée à l'adresse des locaux dont la location avait été consentie. Elle vaut offre de vente au profit du locataire. Cette offre est valable pendant une durée d'un mois à compter de sa réception. L'offre qui n'a pas été acceptée dans le délai d'un mois est caduque.

« Le locataire qui accepte l'offre ainsi proposée dispose, à compter de la date d'envoi de sa réponse au bailleur ou au notaire, d'un délai de deux mois pour la réalisation de l'acte de vente. Si, dans sa réponse, il notifie son intention de recourir à un prêt, l'acceptation par le locataire de l'offre de vente est subordonnée à l'obtention du prêt et le délai de la réalisation de la vente est porté à quatre mois. Si, à l'expiration de ce délai, la vente n'a pas été réalisée, l'acceptation de l'offre de vente est nulle de plein droit. »

Demandez à votre locataire de vous tenir au courant de sa décision

Dans l'attente de vos nouvelles afin que nous arrêtions une date pour dresser l'état des lieux de sortie et que, le cas échéant, vous me fassiez part de votre souhait de vous porter acquéreur du logement que vous occupez.

Veuillez agréer, Monsieur, l'expression de mes salutations les meilleures.

Claude Durand

Le locataire est prioritaire

828 Le locataire dispose d'un droit de priorité pour acquérir le logement qu'il loue. L'article 15-II de la loi du 6 juillet 1989 lui confère un droit de préemption qui s'efface pourtant dans trois circonstances :

- lorsque le bailleur décide de vendre le logement à un **parent** jusqu'au troisième degré inclus (par exemple, le père qui vend à son fils, le grand-père à son petit-fils, une sœur à son frère, un oncle à sa nièce), sous la condition que l'acquéreur occupe le logement pendant une durée qui ne peut être inférieure à deux ans à compter de l'expiration du délai de préavis ;
- lorsque la commune exerce son **droit de préemption** urbain ;
- lorsque l'immeuble est **inhabitable**, c'est-à-dire, frappé d'interdiction d'habiter ou d'un arrêté de péril, déclaré insalubre ou dont au moins le quart de la surface est classé dans la catégorie IV (la moins bonne) de la loi de 1948 (CCH, art. L. 111-6-1).

Dans les autres cas, **le congé vaut offre de vente au profit du locataire**. Cette offre est valable pendant les deux premiers mois du délai de préavis. Le bailleur ne peut donc pas presser le locataire d'accepter dans un délai plus court, ce qui entraînerait la nullité pure et simple du congé.

Le locataire ne peut pas **négocier le prix** qui lui est proposé. Le droit de préemption n'existe que pour le prix demandé par le bailleur. S'il souhaite obtenir une diminution du prix de vente, il sera considéré comme ayant refusé l'offre.

Le locataire décide d'acheter

829 Si le locataire accepte, il passe devant tout autre acquéreur. À compter de la date d'envoi de sa réponse, il dispose alors de deux, voire de quatre mois (s'il déclare recourir à un prêt) pour réaliser la vente ; et le bail sera prorogé « jusqu'à l'expiration du délai de réalisation de la vente ».

Si, pour une raison ou pour une autre (notamment en cas de refus du prêt), le locataire ne peut pas, en définitive, se porter acquéreur, l'acceptation de l'offre de vente est nulle de plein droit et il est déchu de tout titre d'occupation. Dans le cas contraire, une fois devenu propriétaire (ou accédant à la propriété en cas de recours à un prêt), rien ne l'oblige à conserver le bien. Il peut choisir de le revendre dans les plus brefs délais.

Le locataire renonce à acheter

830 En cas de refus, à l'expiration du délai de préavis, le locataire est « déchu de plein droit de tout titre d'occupation sur le local ».

S'il reste malgré tout dans les lieux, il devient un occupant sans droit, ni titre qui peut être expulsé (v. n°s 1022 et 1102).

831 Si, après le refus du locataire, **le bailleur propose la vente à un tiers à un prix ou à des conditions plus avantageuses**, il (ou le notaire chargé de la vente) doit en avertir le locataire. S'il ne le fait pas, la vente pourra être annulée. Cette notification est effectuée à l'adresse que le locataire a indiquée au bailleur ou, à défaut, « à l'adresse des locaux dont la location avait été consentie ».

Elle vaut offre de vente au profit du locataire pendant un mois « à compter de sa réception ». L'offre qui n'est pas acceptée dans le délai d'un mois devient caduque.

Comme dans le cadre du premier droit de préemption, si le preneur accepte l'offre, il a, à compter de la date d'envoi de sa réponse au bailleur ou au notaire, deux ou quatre mois (en cas de prêt) pour réaliser l'acte de vente. À l'inverse, si, à l'expiration de ce délai, la vente n'est pas réalisée, l'acceptation de l'offre de vente est nulle de plein droit.

Le cas particulier des « ventes à la découpe »

832 La loi du 13 juin 2006 relative au droit de préemption et à la protection des locataires en cas de vente d'un immeuble (dite « loi Aurillac ») a introduit un **droit de préemption autonome** au profit du locataire en place, en créant un article 10-1 au sein de la loi du 31 décembre 1975.

Seule est concernée la vente d'un immeuble comportant plus de dix logements. Dans cette hypothèse, le bailleur devra, avant de conclure la vente, notifier son projet au locataire.

Ce nouveau droit de préemption **n'est pas automatique** : il ne joue que dans l'hypothèse où l'acquéreur ne s'est pas engagé à proroger les contrats de bail en cours à la date de la conclusion de la vente afin de permettre à chaque locataire ou occupant de bonne foi de disposer du logement qu'il occupe pour une durée de six ans à compter de la signature de l'acte authentique de vente.

CODE

> Lorsque le bailleur aura opté pour la prorogation du bail, il ne pourra pas donner congé avant le terme de son engagement. En effet, l'article 15 de la loi de 1989 précise que le congé pour vente délivré au locataire en violation de l'engagement de prorogation des contrats de bail en cours est nul de plein droit.

La notification du projet de vente

La notification s'accompagne « d'un projet de règlement de copropriété qui réglera les rapports entre les copropriétaires si l'un au moins des locataires ou occupants de bonne foi réalise un acte de vente, ainsi que des résultats d'un diagnostic technique portant constat de l'état apparent de la solidité du clos et du couvert et de celui de l'état des conduites et canalisations collectives ainsi que des équipements communs et de sécurité ».

La notification vaut **offre de vente** pendant une durée de quatre mois à compter de sa réception.

Le locataire est intéressé par l'achat

Le locataire qui accepte l'offre dispose, à compter de la date d'envoi de sa réponse au bailleur, d'un délai de deux mois pour acheter. Ce délai passe à quatre mois si, dans sa réponse, il notifie au bailleur son intention de recourir à un prêt. Dans ce cas, l'acceptation de l'offre de vente est subordonnée à l'obtention du prêt.

Passé le délai de réalisation de l'acte de vente, l'acceptation de l'offre de vente est nulle de plein droit.

Le congé pour motif légitime et sérieux

833 Contrairement à une idée reçue, le congé pour motif légitime et sérieux n'est pas toujours un congé sanctionnant le comportant fautif du locataire. Le motif légitime et sérieux peut également tenir à des raisons propres au bailleur.

Le congé doit mentionner uniquement les **nom** et **adresse** du bailleur (ou la dénomination sociale si le bailleur est une personne morale) et le **motif** allégué.

En cas de congé frauduleux, son annulation peut être obtenue et, en cas de préjudice avéré du locataire, des dommages et intérêts lui seront accordés.

Un motif tiré du comportement fautif du locataire

834 Lorsque le motif est imputable au locataire, le congé va sanctionner un manquement contractuel. Souvent, le motif est tiré du non-respect,

par le locataire, de ses obligations, notamment celles mentionnées à l'article 7 de la loi de 1989.

Exemples :
- le **défaut de paiement du loyer** (même si la dette locative est faible) ;
- le **retard systématique de paiement du loyer** (même si, en définitive, le bailleur est intégralement réglé) ;
- le **défaut de paiement des charges** ;
- le **défaut d'usage paisible** des lieux loués (comportement notamment bruyant ou agressif, attesté par des plaintes du voisinage) ;
- le **non-respect de la destination des lieux** (violation d'une clause d'habitation bourgeoise par l'exercice d'une profession commerciale ou libérale dans une partie des lieux loués) ;
- le **refus de laisser exécuter des travaux** dans les lieux loués ;
- le **défaut d'assurance** pour les risques locatifs ;
- la **sous-location** ou la **cession du bail** sans autorisation du bailleur.

À signaler : l'inexécution par le locataire d'une des obligations lui incombant peut constituer un motif légitime et sérieux de congé même si elle a cessé à la date de délivrance de ce congé. La précision a été apportée par la Cour de cassation le 17 mai 2006 à propos d'un défaut d'assurance (Civ. 3e, 17 mai 2006, n° 05-14.495). En l'espèce, le locataire, qui n'était pas assuré lors de la survenance du dégât des eaux, avait ensuite régularisé sa situation et était assuré au moment où le congé lui avait été notifié. Cette régularisation ne remet pas en cause la légitimité du congé.

Des motifs propres au bailleur

835 À côté du congé-sanction, les juges reconnaissent au bailleur le droit, lui aussi, d'invoquer des motifs légitimes et sérieux à l'appui de son congé.

Exemples :
- le non-renouvellement de l'engagement de la **caution** ;
- la **démolition** de l'immeuble dans lequel est situé le logement loué ;
- la réalisation d'importants travaux de **rénovation** ;

– une décision d'**expropriation** ;
– la nécessité, pour le bailleur personne morale de loger une personne attachée à son service (salarié des Hôpitaux de Paris, enseignant d'une association religieuse par exemple).

Bien entendu, le bailleur doit rapporter **la preuve de l'existence du motif allégué** en fournissant au locataire une copie du permis de démolir, de la décision d'expropriation, etc. Cette preuve doit être suffisamment explicite et attester que le motif invoqué va se réaliser avec certitude.

Par exemple, le bailleur ne peut pas se contenter de fournir au locataire l'arrêté préfectoral portant déclaration d'utilité publique de l'acquisition de l'immeuble. Il doit également faire état de la décision administrative ordonnant l'expropriation de l'immeuble en question.

Modèle de congé pour motif légitime et sérieux

Claude Brunet
Chemin des Roques
06120 La Roquette

Nom et coordonnées du locataire (v. nos 805 et s.)

Monsieur Lecomte
152, boulevard Carnot
06420 Cannes

La Roquette, le 23 juin 2008

Utilisez soit la Lettre recommandée avec AR, soit la notification par acte d'huissier

Lettre recommandée avec AR.

Objet : Congé pour motif légitime et sérieux.

Monsieur,

Conformément aux articles 12 et 15 de la loi n° 89-462 du 6 juillet 1989, j'ai l'honneur de vous donner congé pour l'appartement situé au 152, boulevard Carnot, à Cannes (06420) que vous occupez en vertu d'un bail que nous avons signé le 1er janvier 2003.

Précisez le motif pour lequel vous donnez congé [Ce congé est motivé par le fait que vous ne m'avez pas réglé les loyers des mois de janvier, mars et avril 2008 intégralement et ceux des mois de novembre et décembre 2007 avec quinze jours de retard.

La présente vaut donc congé pour le 31 décembre 2008, date de l'expiration de votre bail.

Dans l'attente de vos nouvelles afin que nous arrêtions une date pour dresser l'état des lieux de sortie.

Veuillez agréer, Monsieur, l'expression de mes salutations les meilleures.

Claude Brunet

La protection particulière des locataires âgés et démunis

836 Les locataires âgés et sans grandes ressources bénéficient d'une protection particulière. L'article 15-III de la loi de 1989 veille, en effet, à ce que ces personnes spécialement vulnérables fassent l'objet d'une attention toute particulière. Le bailleur ne peut pas leur délivrer congé, sauf à les reloger, à moins que le bailleur ne soit lui-même âgé ou peu argenté.

Les locataires concernés

837 Il s'agit des locataires âgés de **plus de 70 ans** à la date d'échéance du bail et dont les **ressources annuelles** sont, à la date de notification du congé, inférieures à une fois et demie le SMIC.

Ces deux conditions doivent être réunies cumulativement.

Concernant les ressources à prendre en compte, on relèvera qu'il s'agit des ressources annuelles du locataire déclarées à l'Administration fiscale, avant tout abattement ou déduction. Devront être déduites de ces ressources toutes les aides ponctuelles dont le locataire peut bénéficier (aides familiales ponctuelles, prime d'assurance-vie…).

> Concrètement, depuis le 1er juillet 2005, le SMIC horaire est fixé à 8,03 euros et le SMIC mensuel (pour 151,67 heures) s'élève à 1 217,88 euros. Le locataire bénéficie de la protection si, âgé de plus de 70 ans, ses ressources mensuelles ne dépassent pas 1 826,82 euros.

Un dépassement, même minime, de ce montant (même d'un euro !) fait perdre au locataire tout droit à la protection.

Une **précision utile** : lorsque le logement est occupé par plusieurs personnes, les juges considèrent que les ressources de chaque occupant doivent être appréciées séparément, et non cumulativement.

Une protection lourde de conséquences pour le bailleur

838 **Sauf à reloger son locataire, le bailleur ne peut pas lui donner congé.** Cette protection vaut quel que soit le motif allégué (reprise pour habiter, congé pour vendre ou congé pour motif légitime et sérieux).

La **proposition de relocation** doit être formulée dans le corps même du congé.

Le logement proposé doit :

– être **à proximité** du logement occupé actuellement (la notion de proximité visée est celle définie à l'article 13 *bis* de la loi du 1er septembre 1948) ;

> Ainsi, aux termes de ce texte, est considéré comme étant à proximité un logement se trouvant :
>
> – dans le même arrondissement ou les arrondissements limitrophes ou les communes limitrophes de l'arrondissement où se trouve le local,

> objet de la reprise, si celui-ci est situé dans une commune divisée en arrondissements ;
> – dans le même canton ou dans les cantons limitrophes de ce canton inclus dans la même commune ou dans les communes limitrophes de ce canton si la commune est divisée en cantons ;
> – dans les autres cas, sur le territoire de la même commune ou d'une commune limitrophe, sans pouvoir être éloigné de plus de 5 kilomètres.

– être **adapté aux besoins et possibilités du locataire**. Le logement de substitution ne doit pas être trop petit et son loyer ne doit pas être trop onéreux.

Si le locataire refuse le logement de substitution proposé alors qu'il est situé à proximité de sa résidence actuelle, adapté à ses besoins et possibilités, le bailleur est réputé avoir rempli ses obligations et le congé peut produire normalement ses effets.

L'exception au principe de protection

839 L'avant-dernier alinéa de l'article 15-III de la loi du 6 juillet 1989 dispose que la protection disparaît si le bailleur est une personne physique, âgée de **plus de 60 ans** à la date d'échéance du contrat *ou* dont **ressources annuelles** sont, à la date de notification du congé, inférieures à une fois et demie le SMIC (v. n° 837).

Ici, il s'agit de conditions alternatives : l'exception au principe de protection des locataires âgés et démunis joue dès lors que le bailleur remplit **au moins l'une d'entre elles**.

9

Le locataire donne congé

Le bail est en cours et le **locataire** (v. n° 902) décide de **déménager**. Il est **libre** de le faire à **n'importe quel moment**, **sans motif**. Il doit seulement en **informer** régulièrement son **bailleur** (v. n° 907), en lui adressant un **congé** (v. n° 911) en bonnes et dues formes et, ensuite, respecter un **préavis** de **3 mois** (v. n° 912). Dans certains cas, la **durée** du préavis peut être **réduite** à **un mois** (v. n° 915).

901 Si un locataire peut toujours, sans avoir à donner d'explication, décider de déménager, il doit quand même respecter certaines formes pour que son congé soit valable. L'enjeu tient ici surtout au préavis de trois mois qui devra être respecté, préavis qui parfois peut être réduit à un mois si certaines conditions sont remplies.

Comment donner congé ?

Qui donne congé ?

902 Si le locataire est seul signataire du bail, et seul occupant du logement, la question de savoir qui doit donner congé ne pose aucun problème : c'est lui l'auteur du congé.

D'autres situations méritent que l'on s'y attarde.

Le locataire est marié

903 Les époux étant cotitulaires du droit de bail (en application de l'art. 1751 du Code civil) et solidaires quant à l'exécution des obligations découlant du contrat de location (en vertu de l'art. 220 du même code), seul un congé délivré au bailleur par les deux époux va les libérer l'un et l'autre.

À défaut, le locataire qui n'a pas donné personnellement congé est toujours juridiquement locataire des lieux et le locataire qui a donné congé reste toujours juridiquement tenu de remplir ses obligations (paiement du loyer et des charges, entretien…).

Le logement est loué à plusieurs personnes

904 Tous les signataires du bail (les copreneurs) doivent donner congé. Si tous les locataires ne le font pas et que le bail comporte une **clause de solidarité** (clause très répandue), le bailleur peut quand même continuer à réclamer le paiement du loyer et des charges au locataire qui lui a donné son congé, même après qu'il ait quitté les lieux.

En revanche, en **l'absence d'une telle clause**, le locataire qui a délivré congé est libéré de tout engagement à l'égard du bailleur. À l'inverse, les autres locataires qui eux n'ont pas donné congé sont toujours juridiquement considérés comme locataires.

Le locataire est pacsé

905 En dehors de l'hypothèse des partenaires ayant cosigné le bail – auquel cas ils sont copreneurs (v. n° 904) –, seul le signataire du bail devra délivrer congé. En effet, il n'existe pas la même cotitularité entre les partenaires liés par un pacte civil de solidarité et entre les époux.

Le locataire vit en concubinage

906 Sauf si les concubins ont signé tous les deux le bail – auquel cas ils sont copreneurs (v. n° 904) –, seul celui qui est mentionné comme étant le locataire en titre dans le bail peut rompre le contrat. Il est donc le seul à pouvoir donner congé.

Tableau récapitulatif

Situation	Auteur(s) du congé
Époux locataires	Les deux
Copreneurs solidaires	Tous
Copreneurs non solidaires	Tous
Locataire vivant avec un partenaire (Pacs) non signataire du bail	Le seul locataire
Locataire vivant avec un concubin non signataire du bail	Le seul locataire

À qui doit-on donner congé ?

907 Plusieurs cas sont à distinguer :

- le bailleur est une **personne physique qui gère elle-même** son bien : le congé doit lui être délivré ;

– le bien loué appartient à plusieurs propriétaires en **indivision** : le congé doit être délivré à tous les indivisaires si le bail a été signé par eux tous et à leur mandataire, si le bail a été signé par lui seul (v. n° 204) ;
– le bien est grevé d'**usufruit** : c'est à l'usufruitier (celui à qui le loyer est versé) et à lui seul qu'il convient de donner congé ;

> Un congé délivré au nu-propriétaire serait purement et simplement nul.

– le bailleur est une **personne morale gérant elle-même son bien** : le locataire doit alors donner congé à la personne physique qui aura été désignée par les statuts de la société ou par une assemblée générale, pour représenter l'entité. Il s'agit de la même personne qui a signé le bail ou encore de son remplaçant qui aura été nécessairement indiqué au locataire ;
– **le logement est géré par un tiers** : le congé doit être délivré au mandataire (généralement l'agent immobilier) du bailleur.

Tableau récapitulatif des différentes situations

Situation	Destinataire(s)
Bailleur personne physique gérant son bien	Le bailleur
Logement en indivision	Tous les indivisaires
Logement grevé d'usufruit	L'usufruitier
Bailleur personne morale gérant son bien	La personne habilitée
Logement géré par un tiers	Le mandataire

Le locataire peut donner congé à tout moment

908 Alors que le bailleur ne peut donner congé qu'en fin de bail (v. n° 809), le locataire est libre de rompre la relation contractuelle en cours d'exécution du contrat **à n'importe quel moment**.

Comment notifier son congé ?

909 Lorsque le congé émane du locataire, il doit « être notifié par **lettre recommandée avec demande d'avis de réception** ou signifié **par acte d'huissier** ».

Le locataire n'a pas à justifier sa décision

910 Contrairement au bailleur, le locataire peut donner congé en toute liberté, sans avoir à motiver le moins du monde sa démarche.

En réalité, le locataire n'a besoin de donner un motif à son congé que lorsqu'il veut bénéficier d'un délai de préavis réduit (v. n° 915).

Cette décision est irrévocable

911 Une fois le congé délivré, le locataire ne peut pas revenir sur sa décision. Pour rester dans les lieux au-delà de la date butoir fixée par la fin de son préavis, il faut impérativement un accord du bailleur. C'est donc un acte important qui ne doit pas être réalisé à la légère.

Modèle de congé adressé par un locataire

Monsieur Dupuis
152, boulevard Carnot
06420 Cannes

Claude Cantarelli
Chemin des Roques
06120 La Roquette

Cannes, le 23 juin 2008

La lettre recommandée est obligatoire, la seule alternative est l'acte d'huissier [Lettre recommandée avec AR.

Monsieur,

Pas besoin de donner de raison

Conformément aux articles 12 et 15 de la loi n° 89-462 du 6 juillet 1989, j'ai l'honneur de vous donner congé pour l'appartement situé au 152, boulevard Carnot, à Cannes (06420) que j'occupe en vertu d'un bail que nous avons signé le 1er janvier 1999.

La date est à fixer en prenant en compte le délai de réception supposé par le bailleur

En application de l'article 15 de la loi précitée, le délai de préavis étant de trois mois lorsque le congé émane du locataire, la présente vaut congé pour le 25 septembre 2008.

Dans l'attente de vos nouvelles afin que nous arrêtions une date pour dresser l'état des lieux de sortie.

Veuillez agréer, Monsieur, l'expression de mes salutations les meilleures.

Monsieur Dupuis

Le préavis du locataire

Un préavis normal de trois mois

912 L'article 15 de la loi de 1989 précise que le délai de préavis applicable au congé est de **trois mois** lorsqu'il émane du locataire.

Le congé donné en cours de mois fait immédiatement débuter le délai de préavis.

À savoir : l'idée communément répandue chez les bailleurs selon laquelle « tout mois commencé est dû » n'a aucune raison d'être. Le locataire qui a donné congé le 13 du mois par exemple, ne paiera au terme de son préavis que de la période allant du 1er au 13 et pas au-delà.

Point de départ du préavis

913 Le point de **départ du délai** de préavis est, en cas de congé par lettre recommandée avec AR, la date de réception de la lettre par le

bailleur, c'est-à-dire la date à laquelle il signe l'avis de réception (v. n° 812). Si le bailleur refuse de retirer ladite lettre, le locataire est contraint d'avoir recours à un constat d'huissier (ce qui coûte environ 160 euros).

Le locataire doit respecter ses obligations jusqu'au terme du préavis

914 Le locataire doit en principe rester dans les lieux jusqu'à la fin du préavis. Il doit donc **payer le loyer et les charges** jusqu'au terme de cette période même si, matériellement, il est parti avant.

Cette règle ne connaît qu'une seule dérogation : le locataire quitte les lieux avant la fin de son préavis mais le bailleur reloue aussitôt le logement ainsi libéré. Dans ce cas, il est libéré de son obligation de payer le loyer et les charges jusqu'à la fin.

Toutefois, si le locataire quitte les lieux en cours de préavis et propose un nouveau locataire à son bailleur, ce n'est qu'à la condition que celui-ci accepte son remplaçant et dans la mesure où le nouveau contrat de location aura une prise d'effet antérieure à la fin du préavis que le locataire sera dispensé, pour le temps restant à courir, de s'acquitter de ses obligations financières.

Un préavis qui peut être réduit à un mois

915 Il existe six cas, pas un de plus, dans lesquels le locataire peut donner congé et bénéficier d'un préavis réduit **à un mois**. La liste des cas qui figure à l'article 15 de la loi de 1989 est en effet limitative.

Si le locataire veut obtenir une réduction de son préavis à un mois, **il doit motiver son congé et prouver qu'il entre dans l'un des cas visés** ci-dessous.

La loi permet de ne pas rapporter tout de suite la preuve que l'on peut bénéficier d'un préavis réduit et d'attendre que le bailleur la sollicite. Il est tout de même préférable de joindre immédiatement cet élément afin d'éviter les conflits ultérieurs à ce sujet.

Trouver son premier emploi

916 La date à retenir afin de déterminer ce premier emploi est celle de l'affiliation au régime de Sécurité sociale, et ce, quelle que soit la forme du contrat de travail (CDD, CDI, à temps complet ou partiel, etc.) quand bien même le lieu du travail ne nécessiterait pas de déménager pour s'en rapprocher.

Être muté

917 Une « mutation », c'est tout changement du lieu de l'exercice de l'activité professionnelle imposé par l'employeur ou demandé par le salarié dès lors qu'il reste dans la même entreprise. La « mutation » ne concerne donc que les **locataires salariés**.

La jurisprudence a toujours refusé de considérer qu'un locataire exerçant une profession libérale puisse être « muté ».

Une mutation planifiée, mais qui n'aboutit pas, est tout de même prise en compte.

La mutation touche le locataire lui-même ou son conjoint (rappelons que l'article 1751 du Code civil instaure une cotitularité du droit de bail entre les personnes mariées). En revanche, la mutation d'une personne vivant avec le locataire mais n'étant ni signataire ni titulaire du bail (tel un concubin ou le partenaire du locataire pacsé) n'est pas prise en compte.

Peu importe que **la mutation ne dure qu'un court laps de temps** (dans le cadre d'une « mission »). **La distance n'est pas prise en compte** (une mutation dans un établissement situé dans la même ville permet au locataire de réduire son préavis). En revanche, il faut qu'il y ait une certaine proximité dans le temps entre la mutation et la demande de préavis raccourci.

> Par exemple, le locataire qui donne congé quatre mois après sa mutation ne peut plus bénéficier du préavis réduit à un mois (CA Paris, 16 oct. 2001, Mac Phail Delcroix c/Premoli).

Modèle de congé donné par le locataire avec préavis d'un mois pour cause de mutation

Ce modèle peut être utilisé pour tous les cas autorisant une réduction du préavis sous réserve d'adapter son 2e paragraphe

Monsieur Dupuis
152, boulevard Carnot
06420 Cannes

Claude Durand
Chemin des Roques
06120 La Roquette

Cannes, le 23 juin 2008

La lettre recommandée avec AR est obligatoire, la seule alternative est l'acte d'huissier

Lettre recommandée avec AR.

Objet : Congé avec préavis réduit à un mois.

Monsieur,

Conformément aux articles 12 et 15 de la loi n° 89-462 du 6 juillet 1989, j'ai l'honneur de vous donner congé pour l'appartement situé au 152, boulevard Carnot, à Cannes (06420) que j'occupe en vertu d'un bail que nous avons signé le 1er janvier 1999.

Précisez la raison justifiant la réduction du préavis et joignez les justificatifs

En application de l'article 15-I de la loi précitée, ce congé étant motivé par la mutation professionnelle qui m'est imposée par ma hiérarchie (voir ci-joint, le courrier émanant de mon employeur), le délai de préavis qui m'est applicable est d'un mois.

La date est à fixer en prenant en compte le délai de réception supposé par le bailleur

La présente vaut donc congé pour le 25 juillet 2008.

Dans l'attente de vos nouvelles afin que nous arrêtions une date pour dresser l'état des lieux de sortie.

Veuillez agréer, Monsieur, l'expression de mes salutations les meilleures.

Monsieur Dupuis

Perdre son emploi

918 Seul un salarié peut perdre son emploi. Il ne peut pas y avoir de perte d'emploi liée à l'exercice d'une activité de commerçant, ni à l'exercice d'une profession libérale.

Par ailleurs, une **démission** n'est pas, au sens de l'article 15, une perte d'emploi. Pas plus d'ailleurs qu'une période de **chômage** (Civ. 3e, 4 avr. 2001, n° 99-15.451), ou qu'une **promesse d'embauche non suivie d'effet** (Civ. 3e, 3 déc. 2003, n° 02-14.411).

En revanche, le locataire peut bénéficier d'un délai de préavis d'un mois, **quel que soit le motif de son licenciement** : motif économique, licenciement pour faute, pour cause réelle et sérieuse, etc.

À savoir : la jurisprudence assimile la non-reconduction d'un contrat de travail à durée déterminée (CDD) à un licenciement.

La perte d'emploi doit concerner **le locataire** ou **son conjoint** (en vertu de l'art. 1751 du Code civil qui instaure une cotitularité du droit de bail au bénéfice du conjoint). En revanche, la perte d'emploi du concubin du locataire ou de son partenaire pacsé non signataire du bail n'est pas prise en compte.

Comme en matière de mutation (v. n° 917), il faut que les deux événements (perte d'emploi et congé) soient **suffisamment proches dans le temps** pour que le locataire puisse bénéficier de la réduction de son préavis.

> Par exemple, la perte d'emploi intervenue près d'un an avant la notification du congé est trop ancienne, le délai de préavis demeure de trois mois (CA Paris, 2 oct. 1995, Bernard c/Delagrave).

Retrouver un emploi

919 La notion de « nouvel emploi consécutif à une perte d'emploi » n'est pas très récente (elle a été introduite en 1994), mais elle n'a pas donné lieu à beaucoup de décisions.

Il est paradoxal de constater que si les juges refusent de faire bénéficier le locataire au chômage du préavis d'un mois (Civ. 3e, 4 avr. 2001, n° 99-15.451), le locataire qui retrouve un emploi y aura droit.

Être âgé et en mauvaise santé

920 La personne de plus de 60 ans **et** dont l'état de santé nécessite un déménagement (les deux conditions sont cumulatives) bénéficie d'un préavis réduit à un mois.

Il lui incombe d'établir que son état de santé est incompatible avec son lieu de résidence actuel. Il peut notamment faire valoir l'exiguïté des lieux, l'absence d'ascenseur, l'environnement bruyant, etc.

Attention, toutefois, car certaines juridictions refusent de prendre en compte les certificats médicaux au motif qu'on ne peut se constituer un titre à soi-même. Il nous semble pourtant qu'un professionnel de la santé est tout à fait habilité à juger objectivement si son patient doit déménager pour des raisons médicales. En dernier recours, le locataire pourrait demander une expertise médicale mais cela a un coût bien supérieur aux deux mois de loyer en jeu !

Être bénéficiaire du RMI

921 Seuls les titulaires du revenu minimum d'insertion peuvent donner congé avec préavis d'un mois : si le locataire a des ressources équivalentes au RMI mais qu'il ne touche pas cette allocation (allocation spécifique de solidarité, allocation « adulte handicapé »...), il doit respecter le délai de préavis de trois mois.

10

Changement de locataire, d'occupant ou de bailleur

Au cours des trois ou six ans que **dure le bail** – sans compter ses renouvellements –, **bien des choses peuvent arriver :** le locataire **abandonne** brutalement le logement ou le sous-loue (v. n° 1020), le bailleur **décède** ou **revend le logement** (v. n° 1023)… Ces événements vont parfois **affecter la relation** qui s'était initialement nouée entre le bailleur et son ou ses locataires. Qu'ils soient **fortuits ou non**, ils produiront des **effets juridiques**.

1001 Au cours du bail, la personne du locataire peut changer pour trois raisons : le bail est transféré ou cédé ou deux locataires ont procédé à l'échange de leurs logements. Le changement peut aussi ne concerner que l'occupant du logement, en cas de sous-location.

Inversement, il peut arriver que ce soit le bailleur qui change.

Le locataire change en cours de bail

1002 Ce changement peut résulter de trois événements : d'un transfert du bail, de sa cession ou d'un échange de logements.

Le transfert de bail

1003 C'est un cas exceptionnel qui ne joue qu'en cas d'abandon de domicile ou de décès du locataire.

Le bail va alors se poursuivre au profit de certaines personnes. Les conditions et les effets de cette continuation du bail en cours sont prévus par l'article 14 de la loi de 1989.

Il faut prouver la réalisation de l'événement qui permet le transfert du bail

1004 Celui qui revendique le transfert du bail à son profit doit prouver que l'événement qui fonde son droit est bien intervenu.

Prouver le **décès** du locataire ne pose pas problème, puisqu'il sera établi par l'acte d'état civil. En revanche, prouver **l'abandon de domicile** est plus difficile dans la mesure où il n'existe juridiquement qu'en cas de **départ brusque et imprévisible** du locataire.

C'est au bénéficiaire qu'il incombe de prouver que le départ a été brusque et imprévisible.

D'après les tribunaux, répondent notamment à cette définition :
- le départ du locataire le jour même où il a donné congé ;
- le départ du locataire ayant fait déménager son mobilier pendant que son concubin était au travail ;
- l'hospitalisation du locataire de manière imprévisible et dont l'état de santé justifie son séjour définitif dans une unité de soins de longue durée.

En revanche, n'est pas brusque et imprévisible :
- le départ du locataire après concertation avec les personnes vivant avec lui ;
- l'émigration programmée du locataire dans un pays étranger ;
- le changement de domicile souhaité par le locataire pour convenance personnelle ;
- le départ qui suit la délivrance d'un congé et l'exécution normale du préavis ;
- l'échange d'appartements négocié avec le bailleur.

En résumé, il y a abandon lorsque ni le bailleur ni l'occupant vivant avec le locataire (voire même ni le locataire, en cas d'accident ou d'hospitalisation par exemple) ne s'y attendait.

Qui peut bénéficier du transfert du bail ?

1005 Il existe deux catégories de bénéficiaires : ceux qui en bénéficient automatiquement et ceux qui ne peuvent s'en prévaloir qu'au bout d'un certain temps de cohabitation avec le locataire.

Les bénéficiaires qui n'ont pas à justifier d'une communauté d'habitation

1006 Seuls le **conjoint marié** du locataire ou son **partenaire lié à lui par un pacte civil de solidarité** bénéficient de ce droit sans avoir à rapporter la preuve d'une vie commune d'au moins un an.

Le conjoint du locataire qui ne vivait pas avec lui dans les lieux loués lors de l'abandon de domicile ou du décès va donc pouvoir bénéficier de la continuation du bail.

En cas de vie commune, les époux sont cotitulaires du bail (en application de l'art. 1751 du Code civil). Le départ brusque et imprévisible du conjoint n'a donc pas d'incidence sur le bail.

En cas de décès, l'article 1751 du Code civil prévoit, lorsque le logement loué servait effectivement à l'habitation des époux, que « le conjoint survivant cotitulaire du bail dispose d'un droit exclusif sur celui-ci, sauf s'il y renonce expressément ».

Les bénéficiaires qui doivent prouver avoir cohabité avec le locataire

1007 Seuls les **descendants** ou les **ascendants** du locataire, son **concubin notoire** – y compris le concubin homosexuel (CA Paris, 8 juin 2006) – ou les personnes dont le locataire avait la charge, qui vivaient avec lui **depuis au moins un an** à la date de l'abandon du domicile ou du décès vont pouvoir continuer le bail.

Le **concubinage** est, pour la loi, « une union de fait, caractérisée par une vie commune présentant un caractère de stabilité et de continuité, entre deux personnes, de sexe différent ou de même sexe, qui vivent en couple. » (art. 515-8 du Code civil).

Le concubinage est **notoire** lorsqu'il est porté à la connaissance de tous par une déclaration faite en mairie, sur la foi de témoignages attestant la stabilité et la continuité de l'union.

Il faut **une vraie cohabitation**, c'est-à-dire une communauté d'habitation à la fois habituelle, effective et continue.

Ne constituent pas une communauté de vie suffisante :
- des séjours périodiques du fils du locataire, lequel a conservé son propre domicile,
- les visites de la fille du locataire qui vient régulièrement chez lui pour le soigner.

Mais que se passe-t-il...

1008 ... **si personne ne remplit ces conditions ?** Le bail est résilié de plein droit.

...**si plusieurs personnes remplissent ces conditions ?** Le juge devra trancher et il désignera le bénéficiaire « en fonction des intérêts en présence ».

Quelles sont les conséquences du transfert de bail ?

Aucune formalité n'est à accomplir

1009 Le transfert de bail est automatique. Le bénéficiaire n'a donc pas à signer un nouveau bail.

Rien n'interdit toutefois aux parties de s'entendre pour convenir d'un avenant au bail, répercutant le changement d'identité du locataire.

Modèle de demande de régularisation à adresser au bailleur

Monsieur Philippe Lebrun
31, rue de la Roquette
75011 Paris

Il n'est pas utile d'adresser ce courrier par lettre recommandée

Monsieur Benoît
21, rue du Chemin vert
75011 Paris
Paris, le 15 mai 2008

Précisez le motif et joignez les justificatifs utiles

Monsieur,

Conformément à l'article 14 de la loi du 6 juillet 1989, suite au décès de mon père, Monsieur Robert Lebrun, survenu le 12 mars 2008 (cf. photocopie de l'acte d'état civil), en ma qualité de descendant ayant vécu depuis plus d'un an à son domicile (cf. les factures ci-jointes attestant de cette antériorité), je suis, de plein droit, le nouveau titulaire du bail pour le logement cité en référence.

J'aurais souhaité, à toutes fins utiles, que cette situation soit entérinée, notamment par la signature d'un avenant au bail et par la mention de mon identité sur les quittances et avis d'échéance à venir.

Vous en remerciant à l'avance, et dans l'attente de vous rencontrer pour signer l'avenant au bail.

Je vous prie d'agréer, Monsieur, l'expression de mes salutations les meilleures.

Philippe Lebrun

Le nouveau locataire n'a pas à régler les arriérés de loyers.

1010 Sauf accord du nouveau locataire, le bailleur ne peut pas lui demander de rembourser les impayés de loyers et de charges du locataire décédé ou ayant abandonné les lieux. La loi ne prévoit, en effet, aucune reprise de l'arriéré locatif (Civ. 3e, 16 févr. 2000, n° 97-22.156).

Il ne peut bien sûr pas davantage conditionner le transfert du bail à l'apurement de l'impayé de loyer (CA Paris, 24 avr. 2001, OPHLM de La Seine-St-Denis c/Agnoly).

Le bailleur devra donc, en cas de décès, attendre que les héritiers de son locataire aient accepté la succession, pour réclamer à la succession (dont le nouveau locataire pourra d'ailleurs faire partie) le remboursement de ces loyers et charges impayés.

La cession de bail

1011 C'est l'opération aux termes de laquelle le locataire en place cède tout ou partie de ses droits à un nouveau locataire. Le locataire initial est le « cédant » et le nouveau locataire le « cessionnaire ».

La cession peut être totale (le locataire cédant perd alors sa qualité de locataire) ou partielle.

Une cession partielle peut notamment être intéressante lorsque les locaux sont à usage mixte (habitation et professionnel) et que le locataire, pour une raison ou une autre (retraite, maladie, réorientation professionnelle...), décide de ne plus se servir des locaux affectés jusqu'alors à l'exercice de sa profession.

Toute cession doit être autorisée par le bailleur

1012 Le locataire ne peut pas céder son bail, sauf avec l'accord écrit du bailleur (art. 8 de la loi de 1989).

Il faut donc un accord exprès sous la forme :

- soit d'une autorisation écrite et signée du bailleur qui, à la demande de son locataire, répond qu'il est d'accord ;
- soit d'une clause du bail qui autorisait par avance cette cession (v. n° 1011).

Même autorisée, la cession ne devra être que partielle, dès lors que le bail comportera une clause d'occupation des lieux à titre personnel.

L'accord du bailleur ne pourra pas être déduit de son seul comportement. Ce n'est pas parce qu'il n'a rien dit qu'il a accepté la cession du bail. Et il faut garder à l'esprit qu'en cas de cession non autorisée, le bailleur peut demander en justice la résiliation du bail.

Les conséquences d'une cession régulière

L'opposabilité du changement de locataire au bailleur

1013 Le bailleur va changer de locataire. Mais cette substitution de locataire ne lui est opposable qu'à partir, soit du moment où elle lui a été signifiée par acte d'huissier, soit du moment où il l'a acceptée dans un acte passé par-devant notaire (art. 1690 du Code civil).

Toutefois, le bailleur peut dispenser le locataire de respecter ces formalités.

Le bailleur peut exiger du locataire qu'il se porte garant du nouveau locataire

1014 Le bailleur peut poser une condition : j'autorise la cession à condition que vous me garantissiez la bonne exécution de ses obligations par le locataire à qui vous voulez céder le bail.

C'est parfaitement valable et il faudra bien sûr penser à le formaliser par écrit.

Exemple de clause à insérer dans le bail

« Par la présente, le bailleur autorise le locataire à céder tout ou partie des locaux et le dispense des formalités requises à l'article 1690 du Code civil. Toutefois, les parties subordonnent expressément cette autorisation à l'engagement du locataire cédant de répondre solidairement du respect des obligations du cessionnaire. »

L'échange de logements

1015 Cette technique, qui est envisagée à l'article 9 de la loi de 1989, permet à deux familles d'échanger leurs logements afin que la famille comportant le plus de membres se retrouve dans un local plus grand. Elle est en pratique peu utilisée, tant les conditions à remplir sont rigoureuses et les conséquences pas toujours bien maîtrisées, le législateur ne les ayant malheureusement pas toutes envisagées.

En théorie pourtant, l'idée est séduisante. Par exemple, elle permet à un couple dont les enfants ont quitté le domicile familial, d'occuper un logement plus en adéquation avec la composition de sa famille et de s'acquitter d'un loyer moindre, tandis qu'une famille avec de jeunes enfants gagne de l'espace.

Les conditions de l'échange

1016 Pour pouvoir échanger, il faut remplir cinq conditions (cumulatives) :
– les deux logements appartiennent au même propriétaire ;

– ils sont situés dans un même ensemble immobilier;
– aucun des deux n'est régi par la loi de 1948;
– l'une des deux familles concernées doit comporter au moins trois enfants;
– l'échange doit permettre à la famille la plus nombreuse d'obtenir un logement plus grand.

La procédure d'échange

1017 Si les cinq conditions de l'échange sont réunies, le bailleur ne peut s'y opposer.

Aucune procédure particulière n'est prévue par la loi.

Il faut, et il suffit, que les locataires concernés adressent une lettre commune (lettre recommandée avec AR, voire acte d'huissier si le bailleur ne va pas chercher sa lettre recommandée) dans laquelle ils indiquent qu'ils remplissent les conditions légales et entendent procéder à l'échange.

Modèle de lettre à adresser à leur bailleur par les locataires souhaitant procéder à un échange de logements

Monsieur Robert Cahin
7, rue de Montreuil
4e gauche
94300 Vincennes

La lettre est adressée par les 2 familles

et

Monsieur Marcel Caha
9, rue de Montreuil
1re droite
94300 Vincennes

Monsieur Le Tailleur
15, rue Sedaine
75011 Paris

Vincennes, le 14 avril 2008

Il faut une LRAR ou une signification par huissier

Lettre recommandée avec AR.

Monsieur,

Rappeler le texte de la loi

Conformément à l'article 9 de la loi du 6 juillet 1989, nous désirons vous rencontrer afin de procéder à un échange de logements vous appartenant et situés dans le même ensemble immobilier, au 7-9, rue de Montreuil à Vincennes.

Nous vous précisons que l'objectif souhaité est de permettre à M. Cahin, locataire marié et père de trois enfants de 4, 7 et 9 ans, d'emménager dans un logement de 90 mètres carrés, alors qu'il occupe actuellement un local de 60 mètres carrés, surface qui convient à M. Caha, locataire marié, dont les enfants, majeurs, ont quitté le domicile familial.

Dans l'attente d'une réponse de votre part dans les meilleurs délais.

Nous vous prions d'agréer, Monsieur, l'expression de nos salutations distinguées.

Robert Cahin et Marcel Caha

Les conséquences de l'échange

1018 Chaque locataire va exactement prendre la place de l'autre. C'est la loi qui le dit : « dans les contrats en cours, chaque locataire se substitue de plein droit à celui auquel il succède et ne peut être considéré comme un nouvel entrant » (art. 9).

Dans notre modèle, Monsieur Cahin va désormais être tenu par les obligations que supportait Monsieur Caha, et réciproquement.

Avant d'accepter l'échange, chaque locataire a donc intérêt à lire attentivement le bail de l'autre, bail dont chaque clause (obligation des parties, durée restant à courir, loyer...) lui sera opposable à l'issue de l'échange.

Comme la substitution ne va pas entraîner la signature de nouveaux baux, aucune augmentation de loyer n'est possible, pas plus que le remboursement du dépôt de garantie versé par chaque locataire ou le versement au bailleur de nouveaux dépôts. De même, aucun état des lieux (de sortie puis d'entrée) n'a à être dressé.

Mais rien n'interdit aux locataires souhaitant procéder à un échange de logements d'envisager un remboursement partiel du dépôt de garantie (au profit du locataire quittant l'appartement le plus grand et dont le loyer – et le dépôt de garantie – étaient les plus élevés), ou encore un dédommagement compte tenu de la différence de niveau d'entretien des logements (rien ne les empêche d'ailleurs de dresser entre eux un état des lieux) ou compte tenu d'une clause spécifique de l'un des baux (clause de travaux par exemple).

Et les cautions ?

1019 Il est plus que douteux que les personnes qui se sont portées caution maintiennent leur engagement alors que le locataire n'est plus le même. En effet, juridiquement, une « novation » du contrat s'est opérée et elle leur permet de se délier de leur obligation.

Dans ces conditions, si le bailleur continue à exiger un cautionnement, de nouveaux engagements devront vraisemblablement être pris et formalisés.

La question, à notre connaissance jamais posée (et donc non résolue !), est de savoir si le bailleur pourrait faire de cette question un préalable indispensable à l'échange, alors que, par ailleurs, l'article 9 nous enseigne que l'échange est de droit…

L'occupant change : la sous-location

1020 Il y a sous-location lorsque deux conditions sont réunies :

– une autre personne que le locataire occupe tout ou partie du logement loué,

– cette personne verse une **contrepartie** au locataire, qui ne perd pas cette qualité, même en cas de sous-location totale.

La contrepartie est souvent réglée en espèces, mais pas toujours : par exemple, le sous-locataire s'est engagé, en échange, à faire les courses ou le ménage du locataire.

La sous-location a donc **un objectif économique**. Typiquement, on veut partager les frais du loyer. La situation est bien différente lorsque le locataire en titre se met en ménage. Ici, il veut vivre avec quelqu'un et ce quelqu'un vient habiter chez lui.

Alors même s'ils conviennent entre eux de partager le loyer, ou encore d'une compensation avec d'autres frais (« Tu paies le loyer, je paie l'électricité et le téléphone »), il ne s'agit pas d'une sous-location.

La Cour de cassation l'a bien compris : « La clause imposant une occupation à caractère strictement personnel ne saurait avoir pour effet de priver le locataire du droit d'héberger des personnes de son choix » (Civ. 3e, 5 mai 1993, n° 91-14.650).

Juger du contraire reviendrait à accorder au bailleur un droit de regard et d'ingérence dans la vie privée du locataire, ce qui est contraire au respect de la vie privée et familiale.
La même règle joue par ailleurs pour l'hébergement d'un concubin dans **le secteur HLM**. Mais si les ressources cumulées des concubins dépassent le plafond de ressources, le bailleur social peut exiger un surloyer.

Une sous-location sans accord du bailleur est interdite

1021 Un locataire ne peut pas sous-louer le logement qu'il occupe « sauf avec l'accord écrit du bailleur, y compris sur le prix du loyer » (art. 8 de la loi de 1989).

S'il viole cette interdiction, le bailleur peut demander au juge de résilier le bail.

Il faut donc obtenir **l'accord écrit du bailleur, à la fois sur le principe d'une sous-location et sur le prix du loyer**.

Cet accord peut être formulé dans une clause du bail ou dans un document postérieur remis par le bailleur.

La loi fixe un **plafond concernant le prix de la sous-location** : le prix du loyer au mètre carré de surface habitable des locaux sous-loués ne doit pas en effet « excéder celui payé par le locataire principal ».

> Par exemple, l'appartement loué fait 100 m² et le loyer est de 1 000 euros. Le prix au m² est donc de 10 euros.
> Le locataire sous-loue une chambre et un cabinet de toilette, soit une surface totale de 20 m².
> Le prix du loyer ne peut pas dépasser 20 × 10 euros, donc 200 euros.

Exemple de formule à utiliser

« Par la présente, je soussigné, René Rousvoal, demeurant 41, rue Daumesnil 49000 Angers, propriétaire bailleur du logement loué à Monsieur Paul Bouchet, sis, 25, rue de la Grange à Bouchemaine, autorise celui-ci à sous-louer tout ou partie des locaux, sous réserve que le loyer hors charges perçu par Monsieur Bouchet ne soit pas supérieur à 600 euros, soit, le montant du loyer hors charges dont il s'acquitte lui-même. »

Attention : il a été jugé que le sous-locataire peut, tout comme le bailleur principal, intenter une action en diminution du prix du sous-bail (Civ. 3e, 19 sept. 2006, n° 05-10.013).

La situation du sous-locataire

1022 La situation du sous-locataire est plus précaire que celle du locataire puisque :
– d'une part, il n'est en relation qu'avec le locataire (et non avec le bailleur) et cette relation contractuelle échappe aux dispositions de

la loi de 1989. C'est donc leur arrangement qui détermine les conditions de la sous-location (durée, préavis, reprise, etc.), sans que le sous-locataire ne puisse bénéficier des règles protectrices de la loi ;

> Vis-à-vis du bailleur, le locataire qui sous-loue est responsable des dégradations causées par le sous-locataire.

– d'autre part, la résiliation du bail principal entraîne celle de la sous-location, sans que le sous-locataire ne puisse se prévaloir d'aucun droit à l'encontre du bailleur ni d'aucun titre d'occupation. Il devient alors un occupant sans droit ni titre, dont l'expulsion pourra être demandée par le locataire principal, voire, s'il ne le fait pas, directement par le bailleur (qui exercera une « action oblique ») ;
– enfin, en cas de renouvellement du bail principal, si les parties s'entendent toujours sur la possibilité de sous-louer les locaux, le sous-bail pourra lui-même être renouvelé, à condition d'obtenir à nouveau l'autorisation du bailleur puisque le bail renouvelé est juridiquement un nouveau bail.

Un changement de propriétaire en cours de bail

1023 Deux hypothèses méritent à cet égard d'être signalées : la vente du logement et le décès du bailleur.

En cas de vente du logement (ou, d'ailleurs, de donation) ou de décès du bailleur, les droits du locataire ne sont pas affectés : le nouveau propriétaire (selon le cas, l'acquéreur ou l'ayant cause) doit respecter les termes du contrat. Ni plus ni moins.

Le nouveau propriétaire doit se faire connaître

1024 En cas de « mutation à titre gratuit » (par donation ou par voie de succession) « ou onéreux des locaux » (vente), le nouveau bailleur doit notifier au locataire son nom (ou sa dénomination) et son domicile (ou son siège social), ainsi que, le cas échéant, ceux de son mandataire (art. 3 de la loi de 1989).

L'éventuel droit de préemption du locataire

1025 Le principe est posé par l'article 10-I de la loi du 31 décembre 1975 : avant toute vente d'un ou de plusieurs locaux à usage d'habitation ou à usage mixte d'habitation et professionnel, consécutive à la division initiale ou à la subdivision de tout ou partie de l'immeuble par lots (on vise l'hypothèse de la première vente d'un lot en copropriété), le bailleur doit, à peine de nullité de la vente, proposer, par priorité, au locataire en place d'acquérir le logement qu'il occupe.

C'est la publication de l'état descriptif de division qui opère division initiale de l'immeuble (Civ. 3e, 8 juin 2005, n° 04-12.999).

Attention : la vente de l'immeuble dans son ensemble n'ouvre pas de droit de préemption (Civ. 3e, 5 mars 1986, n° 84-16.525).

Cette proposition doit être faite par lettre recommandée avec AR et doit indiquer le prix et les conditions de la vente.

Le droit de préemption court alors pendant deux mois, de la même manière qu'en cas de congé avec offre de vente (v. n° 821). Le locataire dispose de deux mois à compter de son acceptation pour réaliser la vente (délai porté à quatre mois lorsqu'il a recours à un prêt) et si le bailleur propose la vente à un autre acquéreur à un prix ou à des conditions plus avantageuses, un second droit de préemption s'ouvre au profit du locataire aux nouvelles conditions.

Le sort de la caution

1026 La vente du bien loué ne libère pas la caution, à moins qu'une clause du bail en décide autrement. Ainsi en a décidé l'Assemblée plénière de la Cour de cassation, fin 2004 (Cass., ass. plén., 6 déc. 2004, n° 03-10.713).

La même solution semble devoir s'appliquer en cas de décès du bailleur puisque l'héritier est réputé continuer la personne décédée.

Et la restitution, en fin de bail, du dépôt de garantie

1027 En cas de vente du bien loué en cours de bail, la jurisprudence considère que le locataire ne peut demander la restitution du dépôt de garantie qu'au seul bailleur initial. D'ailleurs, même si une clause de l'acte de vente du logement loué prévoit la transmission à l'acquéreur du dépôt de garantie perçu par le bailleur, elle n'est pas opposable au preneur, non partie à l'acte de vente (Civ. 3e, 30 janv. 1979, n° 77-12.349).

Avertissement : à l'heure où ces lignes sont rédigées, afin de couper court à toute difficulté d'application, le Sénat a, dans le cadre du projet de loi de mobilisation pour le logement et la lutte contre l'exclusion, modifié l'article 22 de la loi de 1989. Ce texte prévoit qu'en cas de mutation à titre gratuit ou onéreux des locaux loués, la restitution du dépôt de garantie incombe au nouveau bailleur, toute convention contraire n'ayant d'effet qu'entre le vendeur et l'acheteur. N'hésitez pas à vous tenir au courant de l'évolution de ce texte sur www.editions-delmas.com ou sur **www.logement.gouv.fr**.

En cas de décès, le locataire ne peut en réclamer le remboursement qu'au seul héritier universel ou à titre universel, c'est-à-dire à l'héritier de toute la succession ou d'une quote-part, et non au légataire particulier, c'est-à-dire à la personne héritière du seul local loué (Civ. 3e, 25 févr. 2004, n° 02-16.589). Cette solution découle de la combinaison des articles 1012 et 1024 du Code civil.

11 La restitution des lieux

Voilà arrivée la **fin du bail** avec **un locataire** qui s'apprête à **quitter le logement**. En réalité, c'est plutôt le début de la fin puisque la **restitution des lieux** (v. n° 1102) va déclencher différents événements qui lui sont concomitants ou postérieurs : réalisation de **l'état des lieux de sortie** (v. n° 1104) avec, au besoin, l'**indemnisation** des **dégradations** (v. n° 1109) et **restitution** du **dépôt de garantie** (v. n° 1112).

1101 L'événement marquant de la restitution tient à l'établissement de l'état des lieux de sortie puisqu'il va fixer l'état du logement loué et permettre de savoir si le locataire s'est rendu coupable de dégradations anormales dont le coût de remise en état va s'imputer sur le montant du dépôt de garantie versé lors de l'établissement du bail.

Quand y a-t-il restitution des lieux ?

1102 La détermination du moment exact auquel la restitution des lieux intervient est très importante puisqu'elle va décharger le locataire de toutes ses obligations, notamment, celle de la garde de la chose louée et celle de payer la contrepartie financière à l'occupation des lieux (soit, le loyer pendant le bail ou une indemnité d'occupation si le locataire, devenu occupant sans droit ni titre à l'expiration du délai de préavis, se maintient dans les lieux).

Attention : lorsque le locataire reste dans les lieux loués après l'échéance du bail sans avoir donné congé ou reçu de congé de la part du bailleur, il ne devient pas occupant sans titre : il reste locataire, son bail ayant été tacitement reconduit (v. n° 701).

1103 Pour qu'il y ait restitution des lieux au sens juridique du terme, **trois conditions doivent être cumulativement réunies** :

- le locataire doit **quitter matériellement les lieux** ; la restitution implique le départ du locataire en titre, mais aussi des personnes qui vivent avec lui, des éventuels sous-locataires, voire, le cas échéant, du cessionnaire partiel du bail (v. n° 1011) ;
- les lieux doivent être **libres de toute occupation** : les lieux sont inhabités et parfaitement vides (plus d'occupant, plus de mobilier) ;

Le locataire n'oubliera pas de faire suivre son courrier, afin qu'il n'arrive plus à son ancienne adresse, circonstance dont le bailleur pourrait s'emparer pour faire valoir que les locaux ne sont pas matériellement libres... et pour réclamer le versement d'une indemnité d'occupation !

– et, enfin, le locataire doit **restituer toutes les clés** au bailleur ou à une personne habilitée à les recevoir (gardien, concierge, mandataire, voisin...).

Si cette personne n'est pas un agent immobilier, avant de lui remettre les clés, le locataire s'assurera qu'elle est bien en possession d'un document l'autorisant à les réceptionner.

Ainsi, par exemple, la remise des clés dans la boîte aux lettres est inefficace, tout comme la remise des clés à un huissier de justice hors la présence du bailleur et sans son acceptation.

L'état des lieux de sortie

Tout comme lors de l'entrée dans les lieux (v. n° 302), à la sortie, un état des lieux est dressé.

Qui dresse l'état des lieux ?

1104 Il est en principe rédigé **par le bailleur** (ou son représentant) **et le locataire**. On parle alors d'état de lieux dressé contradictoirement.

Il peut aussi exceptionnellement être rédigé **par un huissier**. Quand ? Par exemple, lorsque les parties ne sont pas d'accord sur les termes à employer pour qualifier l'état du logement ou de ses équipements, lorsque le locataire ne s'est pas rendu au rendez-vous fixé, voire, a déménagé « à la cloche de bois »...

Dans ce cas, il faut faire réaliser un état des lieux le plus vite possible après le départ du locataire. Un constat dressé trop longtemps après n'aura en effet que peu de valeur car le logement a pu être dégradé pour d'autres raisons que l'occupation du locataire.
Mais cela n'a d'intérêt que si le bailleur a une chance de retrouver son locataire. Sans cela, il devra supporter l'intégralité de la dépense !

L'huissier est contacté « à l'initiative de la partie la plus diligente » (le bailleur, la plupart du temps) et les **frais** de son intervention seront **partagés par moitié** entre le locataire et le bailleur.

Seul un état des lieux dressé par huissier entraîne un partage des frais; si le bailleur sollicite son agent immobilier, il sera seul à le payer.

Mais ce n'est qu'en cas de conflit avéré que l'une des parties peut solliciter l'intervention d'un huissier. En l'absence de désaccord tangible, l'intégralité des frais d'huissier reste à la charge de celui qui l'a contacté et en plus, le constat dressé n'est pas opposable à l'autre partie.

C'est pourquoi nous vous recommandons de porter la mention manuscrite « accord impossible entre les parties » sur le formulaire d'état des lieux, suivie de la signature des intéressés et de le communiquer à l'huissier de justice.

1105 La **procédure** à mettre en œuvre est la suivante : au moins sept jours avant d'intervenir, l'huissier adresse aux parties un courrier par lettre recommandée avec AR aux termes duquel il leur indique le jour et l'heure auxquels il procédera à l'état des lieux de sortie, leur permettant ainsi d'être présentes à ses côtés.

En cas de déménagement du locataire « à la cloche de bois », l'huissier adressera le courrier à sa nouvelle adresse (dans l'hypothèse où, malgré tout, le bailleur aura réussi à le localiser) ou, à défaut, à son dernier domicile connu, c'est-à-dire à l'adresse des lieux loués (peut-être fait-il suivre son courrier…).

Quand et comment dresser l'état des lieux ?

1106 La rédaction de l'état des lieux de sortie doit **coïncider avec la restitution des clés** par le locataire.

Afin d'éviter de mauvaises surprises, nous vous recommandons, quelques jours avant la date à laquelle l'état des lieux de sortie doit officiellement être établi, de vous rencontrer et de réaliser un **pré-état des lieux**. Cette pratique, assez courante dans le secteur social, mais malheureusement moins répandue dans le secteur privé, permet au locataire de prendre la mesure des éventuelles dégradations dont il pourrait être responsable et de remédier à certaines d'entre elles (rebouchage des trous de chevilles, raccords de peinture, shampouinage de la moquette, etc.), allégeant d'autant la « facture » qui lui sera réclamée.

1107 L'état des lieux de sortie est établi en **autant d'exemplaires qu'il y a de locataires, plus un pour le bailleur**.

En effet, même si la Cour de cassation a admis qu'un état des lieux contradictoire établi en un seul exemplaire est valable (v. n° 303), plusieurs exemplaires sont préférables.

Chaque partie remplit et signe un exemplaire en employant rigoureusement les mêmes termes, et détient en sa possession l'exemplaire rempli par l'autre.

L'état des lieux de sortie doit être **rempli avec le plus de minutie possible**. Il ne s'agit pas d'une formalité sans conséquence, puisque c'est à partir de la comparaison entre l'état des lieux d'entrée et celui de sortie que le préjudice du bailleur va être évalué.

Pour un modèle d'état des lieux, reportez-vous au n° 305.

À noter qu'en cas de conflit, avant d'envisager une action en justice, les parties peuvent tenter (c'est une possibilité, pas une obligation) de crever l'abcès devant la Commission départementale de conciliation (v. n° 716).

Les conditions d'indemnisation du bailleur

1108 Si le locataire ne rend pas le logement en bon état (sur ce point, v. n° 612), se pose la question de l'indemnisation du bailleur. Celui-ci peut se faire rembourser le prix des travaux incombant au locataire et demander des indemnités pour la période durant laquelle, par la négligence du locataire, son logement ne peut pas être remis sur le marché locatif.

De simples devis suffisent

1109 L'indemnisation du bailleur n'est pas subordonnée à la preuve de l'exécution des travaux dont il demande la réparation (Civ. 3e, 3 avr. 2001, n° 99-13.668; Civ. 3e, 25 janv. 2006, n° 04-20.726; Civ. 3e, 2 oct. 2007, n° 06-18.142).

Le bailleur peut donc obtenir le remboursement des travaux de remise en état sur la base d'un simple devis, et pas nécessairement sur présentation de la facture des travaux effectivement réalisés.

En réalité, tout dépend de la nature des dégradations constatées et de la volonté du bailleur de relouer les lieux :

– si les dégradations sont telles qu'elles empêchent le logement de répondre aux normes de décence posées par le décret du 30 janvier 2002 (réseau électrique ne répondant pas aux normes de sécurité par exemple, v. n° 306) et/ou qu'elles ne permettent pas au bailleur de satisfaire à son obligation de délivrance, le propriétaire qui veut relouer le logement devra impérativement réaliser les travaux de remise aux normes;
– mais le propriétaire est libre de relouer le logement en l'état (détérioré mais toujours décent), à charge pour lui de mentionner (et au locataire entrant d'exiger !) dans l'état des lieux d'entrée du nouveau locataire les dégradations constatées (par exemple : « baignoire ébréchée », « papier peint taché », « parquet présentant des traces de brûlures de cigarettes », « sept carreaux du carrelage de la salle de bains descellés »...).

Pas d'indemnisation sans préjudice

1110 Le bailleur ne peut être indemnisé que s'il rapporte la preuve d'un préjudice né et actuel (Civ. 3e, 3 déc. 2003, n° 02-18.033).

Par exemple, s'il décide, après le départ de son locataire de restructurer complètement son logement en abattant des cloisons (celles-là même qui avaient été abîmées par le locataire), en changeant les revêtements de sol (dégradés par le locataire), etc., dans la perspective de relouer les lieux (plus cher) ou de vendre son bien, il ne peut se faire indemniser, faute de subir un préjudice.

La restitution du dépôt de garantie

1111 À l'issue du bail, le bailleur doit restituer le montant du dépôt de garantie, après en avoir déduit, le cas échéant, les sommes qui lui restent dues et les dépenses qu'il peut avoir à engager, à la place du locataire, « sous réserve qu'elles soient dûment justifiées » (sur ce point, v. n° 1110).

Sont donc visés les reliquats de loyers ou charges impayés et, bien entendu, les frais de remise en état du logement en raison des dégradations du locataire sortant.

Sur l'illégalité de la pratique consistant, pour le locataire, à ne pas régler les deux derniers mois de loyer, estimant que le bailleur se paiera en ne lui remboursant pas le dépôt de garantie, nous vous invitons à vous reporter au n° 241.

Et pour savoir ce qui se passe en cas de **changement de bailleur** en cours de bail (v. n° 1027), ou en cas de **décès**, reportez-vous au n° 1023.

Une restitution dans les deux mois

1112 En théorie, le bailleur ne dispose que de **deux mois à compter de la remise des clés** pour restituer le dépôt de garantie. C'est la loi qui le dit : le dépôt de garantie « est restitué dans un délai maximal de deux mois à compter de la restitution des clés par le locataire » (art. 22 de la loi de 1989).

Ce délai de deux mois est d'ordre public. Pour renoncer à la protection que lui accorde la loi, le locataire doit le faire par écrit, sans équivoque, après avoir signé le bail.

Toutefois, en pratique, le bailleur va disposer d'un **délai supplémentaire**, ce délai de deux mois s'avérant parfois insuffisant.

Le problème se pose surtout à l'égard des charges. En effet, la remise des clés ne coïncide pas toujours avec la période d'arrêté des comptes de la société bailleresse ou avec l'envoi du décompte des charges par le syndic de copropriété au bailleur.

Aussi, l'administration et la Cour de cassation admettent-elles que la règle puisse souffrir quelques aménagements.

L'administration recommande :

- de procéder à un arrêté de comptes provisionnel et de dispenser le bailleur de payer des intérêts de retard sur un éventuel solde débiteur à sa charge (Rép. min. n° 40363, JOAN Q, 20 mars 2000) ;
- de ne restituer dans le délai au locataire que 75 % ou 80 % du dépôt de garantie et, le cas échéant, de rembourser le solde, sans intérêt, après régularisation (Rép. min. n° 4514, JOAN Q, 18 nov. 2002).

Quant à la Cour de cassation, elle fixe le point de départ des intérêts de retard, non à la date de remise des clés, mais à celle de l'envoi au propriétaire, par le syndic, du décompte de charges (Civ. 3e, 18 mars 1992, n° 90-11.763).

Passé ce délai, les intérêts courent

1113 Au-delà des deux mois, « le solde du dépôt de garantie restant dû au locataire, après arrêté des comptes, produit intérêt au taux légal au profit du locataire ».

Le taux d'intérêt légal pour 2008 a été fixé à 3,99 % par an. Pour connaître le dernier taux paru, vous pouvez notamment consulter le site Internet des éditions Dalloz (www.dalloz.fr).

De son côté, le locataire peut demander la restitution du dépôt pendant les trente ans qui suivent.

Si le bailleur tarde à restituer le dépôt de garantie, avant d'envisager l'action en justice, il faut lui adresser un courrier valant **mise en demeure**. Puis, en cas d'inaction ou de refus pur et simple de sa part, le locataire pourra saisir la Commission départementale de conciliation (v. n° 715). Mais ici, la saisine de cette commission n'est pas obligatoire ; le locataire peut donc saisir directement le juge.

En l'occurrence, il s'agit :

- du **juge de proximité** lorsque la demande porte sur la restitution inférieure ou égale à 4 000 euros (art. R. 231-4 du Code de l'organisation judiciaire). Rendue en dernier ressort, sa sentence ne sera pas susceptible d'appel (seul un pourvoi en cassation serait envisageable) ;
- du **juge d'instance** au-delà de 4 000 euros, à charge d'appel (art. R. 221-37 du COJ).

Il ressort en effet d'un avis rendu par la Cour de cassation en 2005 que l'article R. 221-38 du COJ, qui prévoit, au profit du tribunal d'instance, une compétence d'attribution concernant les actions dont un contrat de louage d'immeubles ou un contrat portant sur l'occupation d'un logement est l'objet, la cause ou l'occasion, confère audit tribunal une compétence exclusive en matière de baux d'habitation, à l'exception des actions relatives à l'application de l'article 22 de la loi de 1989 dont la connaissance, jusqu'à la valeur de 4 000 euros, relève de la juridiction de proximité (Cass. avis, 10 oct. 2005, avis n° 0500023).

Modèle de lettre de réclamation en restitution de dépôt de garantie

Monsieur Anatole Bertrand
14, rue Delambre
75014 Paris

Monsieur Fulbert Loiret
2, avenue du Gal de Gaulle
95100 Argenteuil

Paris, le 21 mars 2008

Adressez votre courrier par lettre recommandée avec AR

Lettre recommandée avec AR.

Monsieur,

Soyez très précis

Il y a plus de deux mois (très exactement, le 22 janvier 2008), je vous ai restitué les clés de l'appartement que vous me louiez 8, rue du Verger à Argenteuil.

Citez le texte

Or, à ce jour, et malgré l'envoi par votre syndic du décompte des charges de l'année 2007, vous ne m'avez toujours pas restitué la somme me revenant au titre de mon dépôt de garantie. Ce, en contravention avec les termes de l'article 22 de la loi n° 89-462 du 6 juillet 1989.

Employer l'expression « mettre en demeure »

Je suis donc contraint, par la présente, de vous mettre en demeure de me verser, par retour, ce qui me revient.

À défaut, je me verrai dans l'obligation d'entamer un contentieux.

Étant persuadé que nous ne serons pas obligés d'arriver à pareille extrémité.

Je vous prie d'agréer, Monsieur, l'expression de mes salutations les meilleures.

Anatole Bertrand

12

Résiliation, sanction et expulsion

Les **choses vont mal** et très souvent le motif est le même : le locataire **ne paye pas ce qu'il doit** (v. n° 1206). Les retards et les impayés s'accumulent. Mais **ce n'est pas le seul cas** (v. n° 1232). Il est temps d'adopter une **solution radicale : mettre fin au bail** et demander, au besoin, l'**expulsion** du locataire (v. n° 1235). La **procédure** à suivre **dépend du bail** lui-même : contient-il une **clause résolutoire ?** (v. n° 1205). Mais dans tous les cas, **le juge** est un point de **passage obligé** (v. n° 1204) et il a le pouvoir d'**accorder** au locataire des **délais** (v. n°s 1218 et 1234).

1201 Tout le monde connaît l'expression, « mieux vaut un bon arrangement qu'un mauvais procès ». C'est pourquoi, si un gros problème survient au cours du bail, la première des choses est d'essayer de trouver une solution amiable en prenant rapidement contact avec son locataire pour essayer de savoir ce qui se passe : pourquoi cet impayé de loyer ? pourquoi ce bruit qui gêne les voisins ? pourquoi n'a-t-il pas adressé le justificatif d'assurance demandé ?...

La démarche est graduée : un coup de fil, un courrier simple, puis une lettre recommandée... et si la situation ne s'arrange pas, on envisage une solution judiciaire pour mettre un terme au bail ou, sous cette menace, pour obtenir que le locataire règle la situation.

Il faut alors **distinguer deux cas de figure** :

– le bail comporte une clause de résiliation de plein droit qui vise le manquement reproché au locataire : le bailleur peut l'invoquer (v. n° 1205),
– le bail n'en contient pas, ou la clause de résiliation ne vise pas le manquement du locataire : le bailleur doit demander la résiliation judiciaire du bail (v. n° 1218).

Mais dans les deux cas, il y a un passage obligé devant le juge, avec, en cas de défaut de paiement, un vrai risque qu'il accorde des délais de grâce.

Une fois cette première étape franchie et la résiliation du bail prononcée ou constatée, le bailleur devra encore obtenir l'expulsion du locataire.

Comme on va vite pouvoir s'en rendre compte, il n'est ni simple ni rapide, pour un bailleur, de faire valoir ses droits.

Les préalables

Qui doit agir ?

1202 La demande émane du bailleur.

Cette demande est un acte d'administration. Partant :

- lorsque le bien loué est en usufruit, seul l'usufruitier peut s'en charger;
- lorsqu'il est en indivision, l'unanimité des indivisaires est nécessaire, ou l'un des indivisaires doit être spécialement mandaté par les autres pour agir;
- lorsque la gestion du bien est confiée à un professionnel, ce dernier est habilité à le faire si son mandat de gestion l'a prévu (v. n° 107);
- si le bailleur est une personne morale, son représentant engage la procédure.

Contre qui diriger l'action ?

1203 L'action est dirigée contre le locataire.

Comme en matière de congé (v. n° 804), il faut distinguer plusieurs cas :

- le locataire est **célibataire** : l'action doit être dirigée contre lui seul, même si le logement est occupé par plusieurs personnes;
- le locataire est **marié** : même si le bail n'a été signé qu'avec un seul des époux, tous deux sont cotitulaires du droit au bail et le bailleur doit intenter l'action à l'égard de chacun d'entre eux, sauf en cas de mariage au cours du bail, dès lors que le bailleur n'en a pas été régulièrement informé (v. n° 806);
- le locataire vit en **concubinage** ou est **pacsé** : l'action est intentée contre le seul locataire en titre;
- **plusieurs personnes ont signé le bail** : l'action est dirigée contre chaque signataire du bail, même en cas d'engagement solidaire (c'est plus prudent).

En résumé

Situation	Contre qui diriger l'action ?
Époux locataires (existence du conjoint connue du bailleur)	Les deux

Situation	Contre qui diriger l'action ?
Époux locataires (existence du conjoint ignorée du bailleur)	Le locataire
Copreneurs non solidaires	Les deux
Copreneurs solidaires	Les deux
Locataire vivant avec un partenaire (Pacs) non signataire du bail	Le seul locataire
Locataire vivant avec un concubin non signataire du bail	Le seul locataire

Devant quel tribunal ?

1204 En application des articles R. 221-38 et R. 221-48 du Code de l'organisation judiciaire, le juge compétent est le **juge d'instance du lieu de situation de l'immeuble**.

Le **juge de proximité** n'est pas compétent pour prononcer (ou constater) la résiliation du bail.

Précisons que devant le tribunal d'instance, le recours à un avocat n'est pas nécessaire. Toutefois, sauf à être familier des procédures, il est hautement recommandé de se faire assister par un homme de loi.

Le tribunal d'instance est compétent en dernier ressort (c'est-à-dire que la décision rendue ne sera pas susceptible d'appel : seul un pourvoi en cassation – long et onéreux – serait possible) si le litige porte sur une somme inférieure ou égale à 4 000 euros.

L'appel est possible si la somme en jeu est supérieure ou indéterminée.

Comment mettre en œuvre la clause résolutoire du bail ?

1205 En signant le contrat de bail dans lequel est stipulée la clause résolutoire (aussi appelée « clause de résiliation de plein droit »), le locataire accepte, par avance, que la méconnaissance de l'une au moins des obligations visées par la clause entraînera la résiliation pure et simple du bail.

Le bailleur devra tout de même saisir le juge (il est impossible de se faire justice à soi-même) qui vérifiera que le locataire a réellement violé l'engagement qu'il avait pris. Si c'est le cas, et même pour un manquement minime, le juge ne disposera – en théorie – d'aucune liberté : il devra constater la résiliation du bail.

> Mais en pratique, les choses sont moins simples puisque le juge peut, même d'office, accorder au locataire en situation d'impayé, des délais de paiement pour une durée pouvant aller jusqu'à deux ans (v. n° 1215).

Cette sanction quasi automatique est donc très efficace. Elle comporte **quatre garde-fous** :

– d'une part, la clause doit être prévue dans le contrat de bail ;

> En pratique, tous les contrats en comportent, y compris le modèle que nous vous proposons (v. n° 235).

– d'autre part, sa portée est limitée à ce qui est expressément prévu et elle est d'interprétation stricte ;

> Par exemple, la clause résolutoire qui ne vise que l'impayé de loyer ne peut pas servir en cas de non-paiement des charges ou pour un défaut d'assurance.

– ensuite, comme nous l'avons dit, en cas d'impayés, le juge peut accorder un délai de grâce (v. n° 1215) ;

– enfin, la loi a limité aux manquements les plus sérieux du locataire les hypothèses dans lesquelles elle va pouvoir jouer.

1206 En effet, il n'existe **que trois hypothèses** que le contrat de location peut viser.

La première concerne le **manquement du locataire à ses obligations financières**, visées à l'article 24 de la loi, c'est-à-dire, le défaut de paiement du loyer ou des charges aux termes convenus et le non-versement du dépôt de garantie.

Dans les faits, la clause résolutoire pour défaut de versement du dépôt de garantie ne va pas avoir l'occasion de jouer, puisque ce versement sera toujours un préalable à l'entrée du locataire dans les lieux.
Concernant les charges, la clause va pouvoir jouer en cas de non-paiement du montant réclamé au titre de la régularisation, mais aussi, semble-t-il (bien qu'il n'y ait pas de décision de justice sur la question et que la justification des charges n'intervienne qu'*a posteriori*), en cas de non-paiement de la provision sur charges.

La deuxième vise le **défaut d'assurance** mentionné à l'article 7 *g*, c'est-à-dire une assurance couvrant les risques de dégât des eaux, de l'explosion et de l'incendie (v. n° 609).

La troisième, enfin, vise le **non-respect, par le locataire, de son obligation d'user paisiblement des locaux loués** (v. n°s 229 et 608).

Toute clause du bail qui prévoit la mise en œuvre d'une clause résolutoire de plein droit pour un autre motif est nulle (art. 4 *g* de la loi de 1989).

Une clause résolutoire visant un manquement du locataire à ses obligations financières

1207 La procédure se déroule en cinq étapes avec, chronologiquement :
– le commandement de payer,
– les suites du commandement,
– l'assignation,

– le jugement,
– la signification du jugement.

1re étape : le commandement de payer

1208 Toute mise en œuvre d'une clause de résiliation de plein droit débute par un commandement de payer délivré par **un huissier de justice**.

Pour l'établir, l'huissier aura besoin d'une photocopie du bail et des documents justifiant la réalité de la dette.

Son contenu

1209 Par souci d'information du locataire, la loi prévoit (art. 24) que le commandement de payer doit reproduire « à peine de nullité » :

Il est indispensable de reproduire ces textes dans le commandement lui-même. En faire une photocopie et l'annexer au commandement ne suffit pas : le commandement serait nul.

– les dispositions des cinq premiers alinéas de l'article 24 ;
– le premier alinéa de l'article 6 de la loi « Besson » du 31 mai 1990 sur le droit au logement (art. 24 de la loi) ;
– l'indication selon laquelle le locataire a la faculté de saisir le Fonds de solidarité pour le logement (FSL), ainsi que l'adresse du FSL dont il dépend.

L'adresse du FSL du département dans lequel est situé l'immeuble est disponible sur le site du ministère du Logement (www.logement.equipement.gouv.fr, rubrique « Infos pratiques », puis « Adresses utiles »).

Le locataire est ainsi informé de tous ses droits : droit de demander des délais de paiement, possibilité d'obtenir une aide du FSL, existence d'un délai incompressible de deux mois entre le commandement et l'assignation (délai mentionné à l'art. 24, al. 2, de la loi de 1989, v. n° 1212, notre modèle de commandement), etc.

L'absence d'une mention obligatoire n'entraîne toutefois pas automatiquement **la nullité du commandement**. Pour l'obtenir, le locataire doit démontrer que les irrégularités du commandement lui ont porté **préjudice**.

> Exemples de préjudices subis par le locataire en cas d'irrégularité du commandement :
> – ne pas avoir indiqué la possibilité de saisir le FSL lui a fermé cette porte, alors qu'il pouvait prétendre à une aide de ce fonds ;
> – l'indication d'un délai de trois mois pour apurer sa dette (au lieu des deux prévus par la loi) a fait qu'il a régularisé sa situation hors délai.

L'indication de l'origine, du montant et du détail de la dette

1210 Il est capital de mentionner très clairement quelles sont les sommes dues, à quel titre et pour quel montant.

> Par exemple : les sommes dues portent sur le loyer et la provision sur charges des mois de décembre 2005, janvier 2006 et février 2006, soit 1 950 euros, dont 1 500 euros de loyer (3 × 500 euros) et 450 euros de charges (3 × 150 euros).

Si le commandement mentionne une somme supérieure à la somme réellement due, il n'est pas nul pour autant. Simplement, il ne joue que pour la dette effective.

Quels destinataires ?

1211 L'huissier délivre le commandement de payer au(x) locataire(s) concerné(s) (v. n° 1203), ainsi qu'à la caution éventuelle.

Concernant la caution, le commandement de payer lui est signifié dans les quinze jours qui suivent la signification du commandement au locataire (art. 24). À défaut, le bailleur ne pourra pas lui réclamer le paiement des pénalités ou intérêts de retard.

Un délai de deux mois sépare l'envoi du commandement de l'assignation en justice

1212 Afin de laisser au locataire une chance de régulariser la situation avant que le juge ne soit saisi, la loi prévoit que « toute clause prévoyant la résiliation de plein droit du contrat de location pour défaut de paiement du loyer ou des charges aux termes convenus ou pour non-versement du dépôt de garantie ne produit effet que deux mois après un commandement de payer demeuré infructueux ».

Le délai court à partir de la date de la signification.

2ᵉ étape : les suites du commandement

Le locataire paie ce qui lui est réclamé

1213 Si le locataire paie, les choses en restent là et le bail continue à produire ses effets jusqu'à son terme.

Le locataire demande des délais

1214 La demande peut être faite directement au bailleur, qui n'est toutefois pas tenu de l'examiner et, encore moins, d'y faire droit.

Le locataire peut aussi saisir le juge (tribunal d'instance du lieu de situation de l'immeuble) afin qu'il lui accorde un délai, au maximum de deux ans (v. n° 1215).

Le locataire fait opposition au commandement

1215 Le locataire qui conteste la réalité de la dette (le loyer qu'on lui réclame a été payé, les charges ne sont pas justifiées, etc.) peut faire opposition au commandement devant le tribunal d'instance.

Si l'opposition est justifiée, la procédure s'arrête. Dans le cas contraire, elle se poursuit.

Le locataire ne fait rien

1216 Dans ce cas, le bailleur doit saisir le juge pour qu'il constate l'acquisition de la clause résolutoire.

3e étape : l'assignation

1217 Le bailleur doit faire délivrer l'assignation, par huissier, à la fois au locataire et **au préfet**.

La notification au préfet est requise même lorsque la procédure de résiliation judiciaire du bail est motivée à la fois par une dette de loyers et par un défaut de jouissance paisible (Civ. 3e, 16 avr. 2008, n° 07-12.264).

Contrairement à l'envoi au locataire, cette notification au préfet est effectuée par lettre recommandée avec AR. Elle doit intervenir « au moins deux mois avant l'audience ».

En vertu de l'article 669 du Code de procédure civile, ce délai court dès l'instant où le préfet reçoit la lettre recommandée avec AR, c'est-à-dire dès l'instant où il signe l'accusé de réception.

Cette notification est prévue « à peine d'irrecevabilité de la demande ». L'action en justice qui n'a pas été précédée d'une notification dans le délai requis est nulle. Le bailleur ou, plus vraisemblablement, son avocat, veillera donc à ce que le greffe du tribunal d'instance ne convoque les parties que plus de deux mois après la notification faite au préfet.

Depuis la loi du 18 janvier 2005 de cohésion sociale, la notification au préfet est également requise lorsque, dans le cadre d'une action intentée par le locataire (par ex., pour manquement du propriétaire à son obligation d'entretien), le bailleur, par une demande reconventionnelle, tente de faire jouer la clause résolutoire en raison d'une dette de loyer de son cocontractant.

Durant ces deux mois, le préfet va pouvoir mener une véritable enquête administrative sur la situation du locataire et mobiliser les services sociaux susceptibles de lui venir en aide pour trouver une solution (il peut saisir « en tant que de besoin, les organismes dont relèvent les aides au logement, le Fonds de solidarité pour le logement ou les services sociaux compétents »).

C'est le préfet qui, le cas échéant, va saisir les services sociaux. Il n'incombe pas au bailleur de leur notifier l'assignation qu'il a délivrée au locataire (Civ. 3e, 6 avr. 2004, no 03-10.043).

Cette enquête est ensuite communiquée au juge et aux parties, qui pourront en débattre à l'audience.

4e étape : le jugement

1218 Le juge compétent est en principe le juge d'instance du lieu de situation de l'immeuble.

Toutefois, pour gagner du temps, une clause du bail peut valablement attribuer la compétence au juge des référés, c'est-à-dire, au président du tribunal d'instance du lieu de situation de l'immeuble, pour constater l'acquisition de la clause résolutoire.

Le juge vérifie que la procédure est régulière

1219 Il s'assure que le bailleur a agi de bonne foi et que toutes les étapes de la procédure ont été respectées (vérification, notamment, du contenu du commandement de payer et que la notification de l'assignation au préfet a eu lieu dans les délais).

Il vérifie aussi que les sommes réclamées sont bel et bien dues.

À partir de là, deux cas de figure : soit il décide d'accorder des délais de paiement au locataire, soit il constate l'acquisition de la clause résolutoire et ordonne l'expulsion du locataire.

Le juge peut accorder des délais de paiement au locataire

1220 Le locataire peut demander des délais à tous les stades de la procédure et le juge doit examiner toute demande de délai formulée par le locataire.

Cette demande peut intervenir à tout moment :
– avant l'assignation (en réponse au commandement reçu, v. no 1213);

– une fois l'assignation reçue ;
– lors de l'audience ;
– mais aussi après le jugement ;
– au stade de l'appel ;
– voire, une fois la procédure achevée, tant qu'il n'a pas été matériellement procédé à l'expulsion.

Mais le juge peut aussi octroyer d'office des délais au locataire, c'est-à-dire, sans que celui-ci l'ait demandé. Cela ressort de l'article 24 de la loi de 1989.

Sur quels critères ?

1221 Il faut que le locataire soit « en situation de régler sa dette locative », c'est-à-dire que ses revenus lui permettent d'apurer sa dette dans un délai que le juge fixe mais qui ne peut pas dépasser deux ans. Si c'est le cas, le juge doit se conformer aux règles des articles 1244-1 (premier alinéa) et 1244-2 du Code civil.

Ainsi, le juge doit tenir compte de la situation du débiteur (situation de famille, possibilité ou non de se reloger, etc.) et prendre en considération les besoins du créancier (quelle est sa situation financière ? a-t-il d'autres revenus ? rembourse-t-il un crédit sur le logement loué ? est-il salarié ou retraité ? etc.).

L'article 1244-2 précise que la décision du juge « suspend les procédures d'exécution qui auraient été engagées par le créancier. Les majorations d'intérêts ou les pénalités encourues à raison du retard cessent d'être dues pendant le délai fixé par le juge ».

Que se passe-t-il pendant la durée du délai accordé ?

1222 Le juge peut **reporter** ou **échelonner** la dette (art. 1244-1 du Code civil).

Si la dette est reportée, le locataire n'a, dans l'immédiat, qu'à payer son loyer et ses charges tous les mois.

Si elle est échelonnée, tous les mois, le locataire devra payer son loyer et ses charges du mois, plus une fraction de l'arriéré.

La loi précise en effet que « pendant le cours des délais ainsi accordés, les effets de la clause de résiliation de plein droit sont suspendus ; ces délais et les modalités de paiement accordés ne peuvent affecter l'exécution du contrat de location et notamment suspendre le paiement du loyer et des charges » (L. 89, art. 24).

CODE

« Si le locataire se libère dans le délai et selon les modalités fixés par le juge, la clause de résiliation de plein droit est réputée ne pas avoir joué ; dans le cas contraire, elle reprend son plein effet » (L. 89, art. 24).

L'incident sera donc clos et le bail se poursuivra normalement si le locataire se conforme à la décision du juge et paie ce qu'il doit à la date indiquée.

En revanche, dès le premier impayé, les délais tombent et le bailleur peut retourner devant le juge pour faire constater la carence du locataire et, par voie de conséquence, l'acquisition de la clause résolutoire.

Le juge constate l'acquisition de la clause résolutoire et ordonne l'expulsion

1223 La procédure est régulière, les dettes établies et le locataire ne remplit pas les conditions qu'il faut pour prétendre à un délai de grâce.

Dans ce cas, le juge constate que la clause de résiliation de plein droit est acquise et il ordonne l'expulsion du locataire.

5e étape : la signification du jugement

1224 Cette signification du jugement a nécessairement lieu par **acte d'huissier**.

Une clause résolutoire visant le défaut d'assurance

1225 La mise en œuvre de cette clause est infiniment plus simple, puisque le locataire ne peut pas demander de délais, le préfet n'a pas à être saisi et la caution n'a pas à être alertée (art. 7 *g* de la loi).

Les étapes à respecter sont donc les suivantes.

1re étape : délivrer un commandement

Le contenu du commandement

1226 Ce commandement, qui sera notifié au locataire par **huissier**, doit reproduire les termes du second alinéa de l'article 7 *g* de la loi, c'est-à-dire du texte qui oblige le locataire à s'assurer (v. n° 609).

Pour la parfaite information du locataire, nous vous recommandons de reproduire intégralement l'article 7 *g*.

> « Le locataire est obligé [...] g) de s'assurer contre les risques dont il doit répondre en sa qualité de locataire et d'en justifier lors de la remise des clés puis, chaque année, à la demande du bailleur. La justification de cette assurance résulte de la remise au bailleur d'une attestation de l'assureur ou de son représentant.
> Toute clause prévoyant la résiliation de plein droit du contrat de location pour défaut d'assurance du locataire ne produit effet qu'un mois après un commandement demeuré infructueux. Ce commandement reproduit, à peine de nullité, les dispositions du présent paragraphe. » (*Art. 7 g de la loi no 89-462 du 6 juillet 1989*).

Que peut-il se passer ?

1227 Soit le locataire s'assure pendant le mois qui suit le commandement et l'incident est clos ; le bail se poursuit normalement.

Même si le texte ne vise que le défaut d'assurance et qu'en bonne logique, la seule chose qu'on demande au locataire dans le mois est de s'assurer, en pratique, le locataire ne doit pas oublier d'adresser au bailleur l'attestation d'assurance. À défaut, il pourrait être tenu pour responsable d'une action en justice inutile et, à ce titre, être condamné à payer les frais de l'instance.

Soit il ne le fait pas dans le délai d'un mois, et le bailleur passe à l'étape suivante : l'assignation.

2e étape : assigner le locataire

1228 Le bailleur doit faire délivrer l'assignation au locataire par **voie d'huissier** (v. n° 1214).

3e étape : le juge se prononce

1229 Le tribunal d'instance du lieu de situation de l'immeuble examine les éléments soumis à son appréciation.

Le juge n'a pas le pouvoir d'octroyer des délais au locataire pour qu'il exécute son obligation (CA Bordeaux 15 juin 2004, Jebli c/ Bonnin).

Si le locataire ne s'est pas assuré dans le délai d'un mois, le juge constate que la clause de résiliation de plein droit est acquise et il ordonne l'expulsion du locataire (v. n° 1222).

L'assurance souscrite hors délai est inopérante, même si l'attestation d'assurance est stipulée avoir un effet rétroactif (Civ. 3e, 21 nov. 1995, n° 92-21.425).

4e étape : le jugement est signifié au locataire

1230 Cette signification du jugement a nécessairement lieu par **acte d'huissier**.

Une clause résolutoire visant le non-respect, par le locataire, de son obligation d'user paisiblement des locaux loués

1230-1 Depuis la loi « prévention de la délinquance » du 5 mars 2007, il est possible d'insérer dans le bail une clause résolutoire pour défaut de jouissance paisible (L. 6 juill. 1989, art. 4 ; v. n°s 229 et 608).

Attention toutefois : la mise en oeuvre de la clause résolutoire pour ce motif ne va valoir que lorsque le locataire aura troublé le voisinage et que ces troubles auront été constatés par « une décision de justice passée en force de chose jugée », c'est-à-dire que le procès est terminé.

Les étapes à respecter sont alors les suivantes :

1re étape : délivrer un commandement

Le contenu de ce commandement

Toujours délivré par huissier, ce commandement devra se référer à la décision de justice ayant constaté les troubles de jouissance dont le locataire s'est rendu coupable.

2e étape : assigner le locataire

Cette étape incombe à l'huissier.

3e étape : le juge se prononce

Le juge ne pourra que faire droit à la demande du bailleur, dans la mesure où les faits sont incontestables, puisque consignés dans une décision de justice passée en force de chose jugée.

4e étape : le jugement est signifié au locataire

Il appartiendra alors à l'huissier de procéder à cette signification.

Demander la résiliation judiciaire du bail

1231 Lorsque le bailleur s'adresse au juge, non pas pour qu'il constate l'acquisition de la clause de résiliation de plein droit, mais pour qu'il prononce la résiliation judiciaire du bail aux torts du preneur, il le fait en vertu de l'article 1184 du Code civil.

Le juge retrouve alors sa liberté d'apprécier la gravité de la faute.

Il peut choisir de résilier le bail, ou envisager une autre sentence (par exemple, condamner le locataire, sous astreinte, à régulariser sa situation).

Pour quel motif peut-on la demander ?

1232 Tout manquement du locataire peut donner lieu à une action en résiliation judiciaire, y compris ceux visés dans le bail par une clause résolutoire.

Les décisions de justice fournissent **de très nombreux exemples** :
- le non-paiement du loyer ;
- le paiement du loyer systématiquement en retard ;
- la transformation des locaux loués à usage d'habitation en locaux commerciaux ;
- l'installation d'un cabinet médical ou d'un cabinet d'architecte dans des lieux à usage d'habitation exclusive ;
- l'extension non autorisée de la partie professionnelle de la location (bail mixte) ;
- la cession du local sans accord écrit du bailleur ;
- la sous-location non autorisée ;
- le branchement clandestin du locataire sur le réseau d'alimentation d'eau de l'immeuble ;
- l'occupation d'une partie commune de l'immeuble ;
- le refus de laisser exécuter des travaux ;
- l'exercice dans les lieux loués, ou devant eux, d'une activité régulière de prostitution ;
- le tapage nocturne répété.

Compte tenu de la complexité de la procédure en matière de clause de résiliation de plein droit (v. n° 1215), le bailleur a parfois intérêt à ne pas l'invoquer lorsque le manquement de son locataire est évident, et à demander la résiliation judiciaire du bail. L'action est moins formaliste et l'issue parfois plus rapide.
Le risque : le juge, qui a un vrai pouvoir d'appréciation, ne prononcera pas forcément la résiliation demandée.

La procédure à suivre

1233 Il n'est pas indispensable d'adresser un commandement d'huissier (v. n° 1207).

Le plus efficace est encore de **procéder en deux temps** :

- avant d'engager l'action en justice, adresser une mise en demeure au locataire (par LRAR, voire par lettre simple) pour essayer d'éviter le procès et bien montrer au tribunal que l'on a essayé de trouver une solution à l'amiable ;
- ensuite, et même si le bailleur n'adresse pas de commandement au locataire, il aura tout de même intérêt, dès ce stade, à alerter la caution de la situation (si le manquement reproché au locataire a des incidences financières, du moins), même par lettre simple.

Si cela ne donne rien, le bailleur doit assigner (par huissier) le locataire devant le tribunal d'instance du lieu de situation de l'immeuble.

Modèle de mise en demeure à adresser avant d'assigner le locataire en résiliation judiciaire de son bail

Monsieur Fulbert Loiret
2, avenue du Gal de Gaulle
95100 Argenteuil

Monsieur Anatole Bertrand
8, rue du Verger
95100 Argenteuil
Argenteuil, le 22 mars 2008

Adressez votre courrier en recommandé avec AR [Lettre recommandée avec AR.

Monsieur,

Indiquez précisément le manquement [Locataire de l'appartement que je vous loue 8, rue du Verger à Argenteuil depuis le 3 septembre 2006, vous ne m'avez payé les mois de décembre 2006 et de janvier 2007 à octobre 2007 que, dans le meilleur des cas, le 20 de chaque mois (alors que la clause 10.2 de notre contrat de location stipule que le paiement doit intervenir entre le 1er et le 5 de chaque mois). De plus, vous restez me devoir l'intégralité des mois de février et mars 2006.

Il faut clairement parler de mise en demeure [Par la présente, je vous mets donc en demeure de régulariser la situation sous huitaine.

À défaut, je me verrai contraint de faire valoir ma créance en justice.

Étant persuadé que je ne serai pas obligé d'arriver à pareille extrémité.

Je vous prie d'agréer, Monsieur, l'expression de mes salutations les meilleures.

Fulbert Loiret

Le juge peut accorder des délais de paiement

1234 Si la cause du litige concerne une « dette locative » (c'est-à-dire une dette de loyer et/ou de charges), l'huissier doit alors, comme dans l'hypothèse de la clause de résiliation de plein droit, également notifier l'assignation au préfet (ce, même dans le cadre d'une demande reconventionnelle ; v. n° 1214).

En cas de dette locative, le locataire peut obtenir **des délais de paiement** sur le fondement de l'intégralité du texte des articles 1244-1 à 1244-3 du Code civil, et non pas seulement sur la base du premier alinéa de l'article 1244-1 et de l'article 1244-2 de ce code, comme en présence d'une clause résolutoire (v. n° 1215).

Le juge peut donc, en plus de ce qui est possible en cas de clause résolutoire :

- retenir par décision spéciale et motivée, que la dette reportée porte intérêt à un taux réduit (qui ne peut toutefois pas être inférieur au taux légal) ou que les paiements s'imputeront d'abord sur le capital ;
- subordonner l'octroi des délais à l'accomplissement, par le locataire, d'actes propres à faciliter ou à garantir le paiement de la dette (par exemple, exiger du locataire qu'il verse l'intégralité de ses allocations-logement).

L'expulsion du locataire

1235 L'expulsion est l'étape extrême : le juge s'est prononcé et l'a décidée dans le jugement ; ce jugement a été signifié au locataire. La procédure d'expulsion peut commencer.

L'expulsion est une mesure brutale qui, depuis 1991, fait l'objet d'une réglementation spécifique. Le 31 juillet 1998, le législateur est à nouveau intervenu avec la loi relative à la lutte contre les exclusions, pour essayer de prévenir davantage les expulsions. Mais le sujet reste délicat puisqu'il repose sur une difficile conciliation entre deux droits forts : d'un côté, le droit de propriété qui impose qu'un propriétaire puisse disposer librement de son bien ; de l'autre, le droit au logement reconnu à tous.

Cette difficile conciliation de deux droits légitimes se retrouve dans la procédure d'expulsion, procédure complexe, qui suppose, pour être menée à bien, une stratégie d'attaque et beaucoup de pratique.

C'est pourquoi nous recommandons aux lecteurs (bailleurs et locataires) qui voudraient en savoir plus de lire le livre ***Expulsion et Droit au logement*** de Jean-Louis Radigon et Sylvie Horvath publié chez Delmas.

Le cas particulier des squatters

La loi « droit au logement opposable » du 5 mars 2007 a réservé un sort particulier aux squatters. En effet, le texte nouveau (art. 38) prévoit qu'en cas d'introduction et de maintien dans le domicile d'autrui à l'aide de manœuvres, menaces, voies de fait ou de contrainte, le propriétaire ou le locataire du logement occupé peut demander au préfet de mettre en demeure l'occupant de quitter les lieux. Cette demande doit toutefois être précédée d'un dépôt de plainte. Le demandeur à l'action doit par ailleurs prouver que le logement constitue son domicile et avoir fait constater l'occupation illicite par un officier de police judiciaire.

La mise en demeure, qui est notifiée aux occupants et publiée sous forme d'affichage en mairie et sur les lieux, ne peut produire ses effets au moins avant 24 heures.

En cas de maintien dans les lieux après expiration du délai fixé, sauf opposition du propriétaire ou du locataire, le préfet doit procéder à l'évacuation forcée du logement dans le délai fixé pour l'exécution de la mise en demeure.

Concernant les squatters, v. aussi n° 1240.

Un commandement de quitter les lieux est signifié au locataire

1236 Une fois acquise la décision de justice prononçant ou constatant la résiliation du bail et ordonnant l'expulsion du locataire, la procédure d'expulsion à proprement parler commence par la signification d'un commandement d'avoir à libérer les locaux (art. 61 de la loi du 9 juill. 1991).

Entre le prononcé de la décision ordonnant l'expulsion et la délivrance du commandement, le locataire peut d'ailleurs saisir le juge d'une demande de délais (v. n° 1215).

Le commandement est **signifié par huissier** (art. 194 du décret du 31 juillet 1992). Le préfet en reçoit une copie par lettre recommandée avec AR, accompagnée de « tous renseignements relatifs à l'occupant dont l'expulsion est poursuivie ainsi qu'aux personnes vivant habituellement avec lui » (art. 62 de la loi de 1991 et 197 du décret de 1992).

Cette transmission est très importante puisque, à défaut, l'expulsion ne pourra pas avoir lieu, le délai de deux mois devant séparer le commandement et l'expulsion étant suspendu.

Le préfet pourra alors envisager les mesures de relogement possibles pour le locataire qui en fait la demande.

Le contenu du commandement

1237 Le commandement doit, à peine de nullité, comporter les six éléments suivants :

- l'indication du titre exécutoire en vertu duquel l'expulsion est poursuivie ;
- la désignation de la juridiction devant laquelle peuvent être portées les demandes de délais et toutes contestations relatives à l'exécution des opérations d'expulsion ;
- l'indication de la date à partir de laquelle les locaux devront être libérés ;
- l'avertissement qu'à compter de cette date il pourra être procédé à l'expulsion forcée du débiteur ainsi qu'à celle de tout occupant de son chef ;
- la reproduction de l'article 62 de la loi du 9 juillet 1991 ;
- la reproduction des articles L. 613-1 à L. 613-5 du Code de la construction et de l'habitation, relatifs au sursis à l'exécution de décisions de justice.

Les délais qui doivent séparer le commandement de l'expulsion

1238 Il existe deux sortes de délais :

- les délais incompressibles, qui existent en toutes hypothèses ;

– et les délais qui peuvent être demandés en justice, voire octroyés d'office par le juge.

Les délais incompressibles

Le délai légal de deux mois

1239 L'article 62 de la loi de 1991 indique qu'un délai de deux mois doit séparer la réception du commandement des opérations d'expulsion.

Cependant, ce principe connaît un certain nombre d'exceptions qui vont permettre au juge, tantôt d'allonger le délai, tantôt de le raccourcir.

Le **délai de deux mois pourra être réduit**, voire purement et simplement supprimé, lorsque les personnes dans les locaux ne seront pas des locataires, mais des squatters.

Le **délai pourra être supérieur à deux mois** lorsque l'expulsion du locataire « aurait pour la personne concernée des conséquences d'une exceptionnelle dureté, notamment du fait de la période de l'année considérée ou des circonstances atmosphériques ». Dans ce cas, le juge peut prolonger le délai « pour une durée n'excédant pas trois mois ».

La trêve hivernale

1240 En vertu de l'article L. 613-3 du Code de la construction et de l'habitation (CCH), **aucune expulsion** ne peut matériellement avoir lieu **entre le 1er novembre et le 15 mars**.

Cette règle ne vaut toutefois pas à l'égard :

– des squatters (concernant les squatters, v. aussi n° 1235) ;

– des locataires dont le relogement est assuré dans des conditions respectant l'unité et les besoins de la famille ;

– des locataires occupant un immeuble frappé d'arrêté de péril.

Les délais octroyés par le juge

1241 Aux termes des articles L. 613-1 et L. 613-2 du CCH, le juge peut, soit d'office, soit à la demande de l'intéressé, accorder des délais renouvelables compris entre trois mois et trois ans « chaque fois que le relogement des intéressés ne pourra avoir lieu dans des conditions normales » (le texte précise que cette possibilité est offerte à l'occupant sans que celui-ci ait « à justifier d'un titre à l'origine de l'occupation », formule visant les squatters).

Le juge devra **fixer ces délais en tenant compte** :

- de la bonne ou mauvaise volonté du locataire dans l'exécution de ses obligations ;
- des situations respectives du propriétaire et du locataire (on prend en compte notamment leur âge, leur état de santé, leur situation de famille ou leur « fortune ») ;
- des circonstances atmosphériques ;
- des démarches entreprises par le locataire pour tenter de se reloger.

Lorsque la demande du locataire intervient entre la décision ordonnant l'expulsion et la signification du commandement, l'article L. 613-2-1 du CCH prévoit que le juge peut décider, à la demande du locataire ou même d'office, de transmettre la décision d'expulsion au préfet afin que celui-ci examine la possibilité de trouver un logement à l'expulsé.

L'expulsion du locataire ne saurait être remise en cause par un rééchelonnement de la dette du locataire par la Commission de surendettement (Civ. 1re, 30 mai 1995, n° 93-04.189 ; Civ. 2e, 13 juill. 2005, n° 03-18.293).

Quel juge pour quel délai ?

1242 Lorsque le locataire demande des délais avant la signification du commandement, il doit saisir le juge des référés (le président du tribunal d'instance).

En revanche, si sa demande est postérieure à cette signification, c'est le juge de l'exécution (le président du tribunal de grande instance ou le ou les magistrats de cette juridiction à qui il a délégué cette fonction) qui doit être sollicité (art. 198 du décret de 1992).

L'opération matérielle d'expulsion

1243 Seul l'huissier de justice est habilité à procéder à l'expulsion du locataire (art. 18 de la loi de 1991). Sauf autorisation du juge, le bailleur ne peut donc pas y assister (art. 4 du décret de 1992).

L'huissier ne peut intervenir qu'entre six heures du matin et vingt et une heures. L'article 28 de la loi de 1991 précise que ce principe ne souffre aucune dérogation pour les lieux servant à l'habitation. Et sauf autorisation du juge, l'expulsion ne peut pas avoir lieu un jour férié ou un dimanche.

Le déroulement des opérations va alors dépendre de l'attitude du locataire

1244 Si le locataire est présent et qu'il accepte de quitter les lieux, l'expulsion se déroule sans difficulté. L'huissier rédige un procès-verbal d'expulsion et le signifie au locataire.

Mais le locataire peut aussi s'opposer à l'expulsion : soit il est présent mais refuse d'ouvrir à l'huissier, soit il est absent.

L'huissier ne peut pénétrer dans les lieux que s'il est accompagné :
- soit du maire ;
- soit d'un conseiller municipal ou d'un fonctionnaire municipal mandaté par le maire ;
- soit d'un policier ou d'un gendarme requis pour assister au déroulement des opérations ;
- soit, à défaut, de deux témoins majeurs qui ne sont au service ni du créancier ni de l'huissier.

Et les meubles ?

1245 Si le jour de l'expulsion le local n'est pas débarrassé des meubles le garnissant, l'huissier les fait remettre au locataire – à ses frais – dans un lieu que le locataire lui a indiqué.

À défaut, les meubles sont soit laissés sur place, soit entreposés dans un lieu désigné par l'huissier, à charge pour le locataire de les récupérer dans le mois de la signification du procès-verbal d'expulsion.

Si à l'expiration de ce délai d'un mois, le locataire n'a pas récupéré ses meubles, le juge peut ordonner qu'ils soient vendus aux enchères publiques. Le montant de la vente reviendra au locataire, déduction faite « des frais et de la créance du bailleur » (art. 66 du décret de 1992).

Et si la force publique refuse de prêter main-forte à l'huissier ?

1246 En cas de difficulté majeure, l'huissier alerte le préfet en lui demandant le concours de la force publique.

L'article 16 de la loi de 1991 indique en effet que « l'État est tenu de prêter son concours à l'exécution des jugements et des autres titres exécutoires ».

La demande de concours de la force publique peut intervenir même pendant la trêve hivernale dont il est question au n° 1240 (CE, 27 avr. 2007, n° 291410, *Min. de l'intérieur*).

L'article 50 du décret du 31 juillet 1992 précise qu'en cas de refus, le préfet doit motiver sa décision. Le défaut de réponse du préfet pendant deux mois équivaut à un refus.

En cas de refus ou d'absence de réponse, l'huissier demandera à nouveau le concours de la force publique. Sa demande de réquisition sera, cette fois, accompagnée d'une sommation avertissant le préfet, en cas de nouveau refus – exprès ou tacite –, de la mise en cause de la responsabilité de l'État.

Pour quelles raisons le préfet peut-il refuser le concours de la force publique ?

1247 Les plus courantes sont celles du respect de l'ordre public (l'expulsion envisagée risque de déboucher sur une situation explosive dans le quartier concerné) ou de l'octroi par l'administration d'un ultime délai de grâce.

L'indemnisation du propriétaire

1248 « Le refus de l'État de prêter son concours ouvre droit à réparation » (art. 16 de la loi de 1991).

Cette indemnisation s'effectue sur la base :
- des loyers et des charges impayés,
- de l'indemnité d'occupation due par le locataire maintenu dans les lieux après la résiliation du bail,
- du montant des travaux de remise en état du logement,
- des intérêts de retard.

En revanche, les **frais de procédure** ne sont pas pris en compte, pas plus d'ailleurs que le **manque à gagner du bailleur** qui n'a pas pu relouer son bien immédiatement après le départ de l'occupant, du fait des travaux de remise en état à réaliser.

Le montant est soit arrêté à l'amiable entre le bailleur et le préfet, soit décidé par le juge administratif.

Même si, devant le tribunal administratif, le ministère d'avocat n'est pas nécessaire, il est fortement conseillé, compte tenu du formalisme de la procédure (qui se déroule exclusivement par écrit).

13

La location d'un logement meublé

13

Cette solution représente l'avantage pour le locataire de disposer d'un logement « prêt à l'emploi » et pour le bailleur, de supporter des contraintes moins lourdes que celles d'un bail « loi de 1989 » (v. n°s 1301 et s.) : il peut s'agir en outre d'une résidence principale ou secondaire ou d'un logement étudiant (v. n°s 1302 et s.).

Mais attention, si les parties restent libres contractuellement sur certains éléments (v. n°s 1308), un véritable statut pour les locations meublées a été instauré avec un encadrement de plus en plus rigoureux, ne permettant plus de s'affranchir du cadre légal (v. n°s 1306 et s.) : des règles communes plus strictes (v. n°s 1303 et s.) s'appliquent auxquelles s'ajoutent des règles spécifiques à certains meublés (v. n° 1306), notamment sur la durée du bail et la faculté de reconduction tacite du contrat (v. n° 1309).

Intérêt pour les parties de conclure un contrat de location meublée

1301 Pour le locataire, l'atout majeur de cette solution est qu'elle le dispense de s'équiper en meubles et en électroménager, le logement étant loué « prêt à l'emploi ». Cela lui permettra aussi d'économiser le coût d'un déménagement...

Côté bailleur, la formule est également attrayante, puisque les contraintes qui pèsent sur lui sont moins lourdes que lorsque le contrat est un bail « loi de 1989 ».

On assiste toutefois, depuis plusieurs années, à l'émergence d'un véritable statut pour les locations meublées, avec un encadrement de plus en plus rigoureux (en matière d'obligation de délivrance, de durée, de révision du loyer, de congé, etc. ; v. nos 1303 et s.). Et pas question de s'affranchir du cadre légal (du moins en cas de location à titre de résidence principale ou par un étudiant ; pour les meublés « résidences secondaires », v. n° 1306), lequel est d'ordre public (Civ. 3e, 6 avr. 2005, n° 04-11.374 ; Civ. 3e, 15 oct. 2008, n° 07-13.294).

Le bailleur peut aussi trouver un avantage fiscal à la location meublée, puisque, aux termes de l'article 35 *bis* du Code général des impôts :

– les personnes qui louent ou sous-louent en meublé une ou plusieurs pièces de leur habitation principale sont exonérées de l'impôt sur le revenu pour les produits de cette location, sous réserve que les pièces louées constituent pour le locataire ou le sous-locataire en meublé sa résidence principale et que le prix de location demeure fixé dans des limites raisonnables ;

Selon une instruction fiscale du 14 mai 2008 (instruction 4 F-1-08), pour l'année 2008, le montant du loyer annuel par m² de surface habitable, charges non comprises, à ne pas dépasser est de 167 euros en Île-de-France et de 121 euros dans les autres régions.

– depuis le 1er janvier 2001, les personnes qui mettent de façon habituelle à la disposition du public une ou plusieurs pièces de leur habitation principale sont exonérées de l'impôt sur le revenu sur le produit de ces locations lorsque celui-ci n'excède pas 760 euros par an ;
– les personnes qui concluent un contrat de location en meublé d'un logement décent, avec un organisme sans but lucratif qui met ce logement à la disposition de personnes défavorisées mentionnées à l'article 1er de la loi « Besson » n° 90-449 du 31 mai 1990 modifiée visant à la mise en œuvre du droit au logement et qui est agréé à cet effet par le représentant de l'État dans le département sont exonérées, pendant les trois premières années de location, de l'impôt sur le revenu pour les produits de cette location, sous réserve que le prix de celle-ci soit inférieur à un plafond fixé par décret.

Ces dispositions sont également applicables aux loueurs non professionnels qui concluent un contrat de location ou de sous-location avec des bénéficiaires du revenu minimum d'insertion ou des étudiants bénéficiant d'une bourse à caractère social (CGI, art. 35 *bis*).

Les trois types de meublés

1302 En matière de locations meublées, trois situations sont à distinguer.

En effet, à côté du meublé loué par un locataire au titre de sa résidence principale, il faut envisager le meublé loué par un étudiant et le logement meublé loué à titre de résidence secondaire.

Après avoir étudié les règles qui s'appliquent quel que soit le type de meublé (v. nos 1303 et s.), il sera envisagé les règles spécifiques à chaque catégorie (v. n° 1306).

Les règles communes à toute location meublée

Le bailleur doit mettre à la disposition du locataire un véritable meublé

1303 Curieusement, les articles L. 632-1 à L. 632-3 du Code de la construction et de l'habitation, textes d'ordre public qui régissent la matière, ne définissent pas ce qu'il faut entendre par « meublé ».

Sur ce thème, l'article L. 632-1 du CCH se borne à préciser que la location peut, ou non, s'accompagner de « prestations secondaires ».

Dès lors, c'est la jurisprudence qui s'est chargée de combler cette lacune.

Le raisonnement du juge, qui ne s'arrêtera pas à la mention « meublé » sur le contrat (Civ. 3e, 18 juill. 2000, n° 98-21.452 ; CA Versailles, 5 févr. 1991), est très pragmatique : pour qu'il y ait location meublée, il faut que le bailleur mette à la disposition du locataire tous les éléments d'équipement essentiels lui permettant d'avoir une « jouissance normale des locaux ». Le locataire ne doit donc rien avoir à acheter pour vivre dans les lieux.

Si le juge estime que le logement n'est pas meublé, il va requalifier la location en bail non meublé, faisant tomber le contrat sous le coup de la loi de 1989.

Par conséquent, par « meuble », on entend les meubles meublants (armoire, chaise, table, lit, etc.), mais aussi les éléments d'équipements indispensables. Entrent notamment dans cette catégorie un réfrigérateur et un système permettant de faire la cuisine, une gazinière ou plaques chauffantes (Civ. 3e, 9 févr. 2005 n° 03-15.128).

Et quand les meubles se limitent à des chaises, une table et un matelas, il n'y a pas de meublé au sens de la loi (Civ. 3e, 9 févr. 2005, n° 03-15.128). Il en va de même lorsque le mobilier n'est constitué que d'une table et d'une armoire (CA Paris, 25 mai 1992), ou uniquement d'un placard, d'un lavabo, d'un chauffage électrique et d'une prise de téléphone et de télévision (CA Paris, 9 déc. 2004) ou encore, lorsque le locataire n'a l'usage exclusif ni des appareils électroménagers, ni la disposition discrétionnaire des toilettes et de la salle de bains (CA Colmar, 17 mai 2004).

De la même manière, le bailleur doit fournir toute la vaisselle nécessaire au locataire (Bordeaux, 13 mai 2000).

Les parties au contrat prendront donc soin de dresser un inventaire minutieux de tous les meubles qui garnissent le logement (v. modèle n° 1311).

Cet inventaire doit être établi en même temps que le contrat de bail (CA Paris, 20 mars 2008, arrêt n° 06/17937).

Le local loué doit être décent

1304 Conformément à l'article 2, alinéa 2, de la loi du 6 juillet 1989, le bailleur qui souhaite louer un meublé doit mettre à la disposition du locataire un logement décent au sens du décret du 30 janvier 2002 (sur les caractéristiques d'un logement décent, v. nos 306 et s. ; sur les recours du locataire en cas de logement indécent, v. nos 311 et s.).

Le bailleur doit fournir un dossier de diagnostic technique à son locataire

1305 En application de l'article 2, alinéa 2, de la loi du 6 juillet 1989, comme en matière de loi de 1989, le propriétaire doit fournir à son cocontractant un dossier de diagnostic technique, qui va prendre la forme d'une annexe comportant :

- le diagnostic de performance énergétique ;
- le constat de risque d'exposition au plomb ;
- (le cas échéant) l'état des risques naturels et technologiques.

> Pour plus de précisions, v. n° 220-1.

Les règles spécifiques à certains meublés

1306 Évacuons immédiatement le cas du **meublé loué en tant que résidence secondaire** du locataire, pour lequel les parties ont toute latitude. En effet, pour ce type de bail, c'est le contrat et, à défaut, le Code civil et les usages locaux (lorsqu'ils existent) qui vont régir les relations contractuelles entre bailleur et locataire. Tout est donc envisageable, que ce soit en matière de durée du bail, d'obligations des parties, de délai de préavis, etc.

Un tel contrat peut même être conclu verbalement.

On va le voir plus loin, même pour les deux autres types de meublés, il reste de la place pour la liberté contractuelle, le statut n'étant pas complètement « verrouillé ».

Les règles communes au meublé « résidence principale » et au « meublé étudiant »

1306-1 Que le bail soit un meublé « résidence principale » ou un « meublé étudiant », au-delà des quelques règles qui s'imposent aux parties, celles-ci conservent des plages de liberté.

Il incombe au locataire de prouver qu'il occupe le logement au titre de sa résidence principale (Civ. 3e, 20 sept. 2006, n° 05-16.363). Sur la notion de « résidence principale », v. n° 111.

1307 Les **règles impératives** sont celles des articles L. 632-1 à L. 632-3 du CCH (Civ. 3e, 6 avr. 2005, n° 04-11.374 ; Civ. 3e, 15 oct. 2008, n° 07-13.294). Elles ont trait à la forme du contrat, à la révision du loyer, à la procédure de renouvellement ou de refus de renouvellement, à la résiliation du bail à l'initiative du locataire, à la forme des notifications et à la durée du contrat lorsque le bailleur est titulaire d'un bail commercial.

- *Forme du contrat* : dans les deux cas, le bail devra faire l'objet d'un **bail écrit** (CCH, art. L. 632-1, al. 1er).
- *Contenu du contrat et annexes* : le contrat devra respecter le cadre fixé par les articles L. 632-1 et suivants du CCH (v. modèle n° 1310).

Il ne devra toutefois pas se contenter de ce cadre (v. n° 1308).

Quant aux annexes, il s'agit, au moins, de l'état des lieux (v. modèle n° 305), d'un inventaire (v. modèle n° 1311) et du dossier de diagnostic technique (v. n° 1305) et, le cas échéant, du règlement de copropriété, de l'engagement de la caution et de la copie de certains textes officiels (v. modèle n° 1310).

Il est très important de remplir un **état des lieux** en début et en fin de relation contractuelle. En effet, en l'absence d'état des lieux d'entrée, le preneur est réputé avoir reçu les locaux en bon état (C. civ., art. 1731). Quant à l'état des lieux de sortie, il va servir à déterminer les éventuelles dégradations imputables au locataire (concernant l'état des lieux d'entrée, v. n°s 302 et s. ; sur l'état des lieux de sortie, v. n°s 1104 et s.).

- *Révision du loyer* : lorsque le contrat prévoit une révision du prix, celle-ci va intervenir chaque année à la date convenue par contrat ou, si celui-ci est muet sur ce point, au terme de chaque année du contrat. Quel que soit l'indice choisi, l'augmentation de loyer ne pourra pas dépasser la variation de l'indice de référence des loyers (**IRL**) en vigueur en matière de loi de 1989 (v. n°s 516 et s.).
- *Renouvellement du contrat* : lorsque le bailleur souhaite modifier les conditions du bail, il doit en faire la proposition au locataire avec un **préavis de trois mois**. Et le renouvellement ne sera acté qu'après acceptation du locataire (v. n° 1310, le point 7.2 du modèle de bail).
- *Refus de renouvellement* : si le bailleur ne souhaite pas renouveler le bail, il doit, là encore, respecter un **préavis de trois mois**, et doit **motiver sa décision**, soit par sa décision de reprendre ou de vendre le logement, soit par un motif légitime et sérieux, notamment l'inexécution par le locataire de l'une des obligations lui incombant.

On remarquera que le texte ressemble beaucoup à celui de l'article 15 de la loi de 1989. Toutefois, la transposition n'est pas totale et, par exemple, en cas de congé-reprise, les coordonnées du bénéficiaire n'ont pas à être indiquées. Par ailleurs, en cas de congé-vente, le locataire ne bénéficie pas d'un droit de préemption.

Cas particulier de la cessation d'activité du bailleur

Lorsque le bailleur, propriétaire ou gérant du fonds doit, pour quelque motif que ce soit, cesser son activité, il en informe le locataire trois mois au moins avant la date à laquelle la cessation d'activité est prévue. Sauf cas de force majeure ou de mise en œuvre des procédures de sauvegarde ou de redressement judiciaire, la cessation d'activité ne peut avoir lieu avant l'expiration des contrats en cours de validité ou avant le relogement des locataires titulaires desdits contrats.

Si, en dépit de la cessation d'activité du bailleur, les locaux gardent leur destination première, le contrat de bail est tacitement reconduit. Si, en revanche, la cessation d'activité est due à une opération d'urbanisme ou d'aménagement, les occupants doivent être relogés aux frais de l'opérateur dans les conditions prévues aux articles L. 314-1 et L. 314-2 du Code de l'urbanisme (CCH, art. L. 632-2).

– *Résiliation du contrat par le locataire* : celui-ci n'a pas à motiver son départ et n'a **qu'un mois de préavis** à respecter.

Cette résiliation peut intervenir même au cours de la première année de location (Civ. 3e, 6 avr. 2005, n° 04-11.374). Par ailleurs, il a été jugé que le délai de préavis d'un mois vaut même lorsque le bail meublé est verbal (Civ. 3e, 15 oct. 2008, n° 07-13.294).

– *Forme des notifications* : même si le texte ne le dit pas, pour une question de preuve, il convient de recourir à un envoi par **lettre recommandée avec AR**, voire à un **acte d'huissier**.

– *Durée du contrat, lorsque le bailleur est titulaire d'un bail commercial* : lorsque le bailleur est titulaire d'un bail commercial venant à expiration ou lorsque la cessation d'activité est prévue, le contrat peut être d'une durée inférieure à un an et doit mentionner les raisons et événements justificatifs. Toutefois, si le bail commercial est renouvelé ou si l'activité est poursuivie, la durée du contrat est portée à un an (CCH, art. L. 632-1, avant-dernier alinéa).

Les autres règles relatives à la durée du bail font partie des règles spécifiques à chaque type de meublé (v. ci-dessous)

1308 La **liberté contractuelle** laissée aux parties concerne tout ce qui n'est pas énuméré ci-dessus.

Ainsi, l'étendue des **obligations générales des parties** (principalement, pour le bailleur, obligation de délivrer les lieux, de les entretenir, d'en assurer la jouissance paisible et de garantir son cocontractant contre les vices cachés et, pour le locataire, obligation de payer les sommes dues aux termes convenus, d'user des lieux en bon père de famille, de les entretenir et de s'assurer contre les risques locatifs) sera fixée par le contrat.

La **destination des lieux** peut être convenue à usage exclusif d'habitation ou à usage mixte (d'habitation et professionnel).

De plus, le **loyer** va être librement déterminé, y compris celui de renouvellement, sans avoir à fournir de références (sauf, bien sûr, si le contrat le prévoit, mais il s'agit d'une hypothèse d'école !).

Par ailleurs, les **charges locatives** peuvent être déterminées en s'affranchissant totalement ou partiellement du décret de 1987. Elles pourront, par exemple, être comprises dans le loyer ou être établies forfaitairement.

Quant au **dépôt de garantie**, son montant ne correspondra pas nécessairement à un mois de loyer.

Enfin, les parties peuvent définir les cas dans lesquels une **clause résolutoire** va pouvoir jouer comme bon leur semble.

Toutefois, il s'agit d'une liberté relative, car, si le contrat présente des lacunes, ce sont les règles du Code civil qui vont s'appliquer.

> Par exemple, si le bail ne parle pas de l'obligation d'entretien du bailleur, on se réfèrera à l'article 1719 du Code civil et à la jurisprudence rendue sous son visa.

La rédaction du bail meublée doit donc être minutieuse.

Les règles spécifiques à chaque meublé

1309 Ces règles concernent uniquement la **durée du bail** et la faculté de **reconduction tacite du contrat**.

– **En présence d'un meublé « résidence principale »**, le contrat doit être conclu pour *un an*, et, sauf volonté contraire (hypothèse du refus de renouvellement, v. n° 1307), il va être *tacitement reconduit pour la même durée.*

– **Lorsque le contrat est un « meublé étudiant »**, *la durée peut être réduite à neuf mois.*

> Quand les parties auront opté pour un bail à durée réduite, la clause de reconduction tacite sera logiquement écartée. Alors, le bail cessera de produire ses effets une fois le terme atteint.
> **Attention :** le bailleur est en droit d'exiger un justificatif attestant que le locataire a bien le statut d'étudiant (v. n° 1310, le point 5 du modèle de contrat).

Modèle de contrat de location meublée

1310 Il s'agit d'un contrat de location meublée initiale « résidence principale » ou « étudiant », conclu en application des articles L. 632-1 et suivants du CCH.

Si le bailleur est une personne morale, indiquez le nom de la société et son siège social. Ajoutez la mention suivante si vous êtes représenté par un mandataire [*représenté le cas échéant par … (nom et adresse du mandataire)*]

1. Désignation des parties

Le présent bail est conclu entre :

Bailleur : M. Lunquist Denizot, dont le domicile est situé au 21, rue de la monnaie, 14300 Mirifleur

Locataire(s) : M. Philibert Fabre, 55, rue de la victoire, 32600 Barfleur.

2. Détermination des locaux

2.1. Adresse

Cochez la (les) case(s) correspondante(s) et remplissez les blancs

Les locaux sont situés..............

2.2. Consistance et désignation des lieux

Appartement ❐ Maison individuelle ❐

Si l'appartement est situé dans une copropriété, indiquez également le numéro du lot et ce qu'il représente en millièmes

[Si l'appartement est situé dans une copropriété : Lot n° 23, représentant 125 millièmes.

Les locaux loués sont composés de 2 pièces principales.

- éléments d'équipement collectifs :
  - chauffage collectif ❐
  - eau chaude collective ❐
  - gardiennage ❐
  - interphone ❐
  - digicode ❐
  - ascenseur ❐
  - antenne TV collective ❐
  - câble ❐
  - autre ....

Le détail des éléments d'équipement individuels et des meubles meublants est précisé dans l'inventaire annexé au présent contrat.

2.3. Destination des lieux

Les locaux sont loués :

- à usage exclusif d'habitation ❐
- à usage mixte (d'habitation et professionnel) ❐

2.4. État des lieux loués

Précisez le nombre d'exemplaires

[En sus de l'inventaire mentionné au point 2.2, l'état des lieux loués fait l'objet d'un document dressé en autant d'exemplaires qu'il y a de parties au contrat, soit 2 exemplaires et joint à ce dernier.

3. Obligations des parties

3.1. Obligations du bailleur

Inscrivez les obligations du bailleur

[**Le bailleur s'oblige :**

– à remettre au locataire un logement décent ne laissant pas apparaître de risques manifestes pouvant porter atteinte à la sécurité physique ou à la santé et doté des éléments le rendant conforme à l'usage d'habitation et dont les caractéristiques correspondent à celles définies par le décret n° 2002-120 du 30 janvier 2002 (annexé au contrat);

– à délivrer au locataire un logement en bon état d'usage et de réparation ainsi que les équipements mentionnés dans l'inventaire en bon état de fonctionnement ;
– à assurer au locataire la jouissance paisible des lieux loués et, sans préjudice des dispositions de l'article 1721 du Code civil [en vertu duquel le bailleur doit garantie (et indemnité éventuelle) au preneur pour tous les vices ou défauts de la chose louée qui en empêchent l'usage, même si le bailleur les ignorait lors de la signature du bail], de le garantir des vices ou défauts de nature à y faire obstacle ;
– à entretenir les locaux en état de servir à l'usage prévu par le contrat et à y faire toutes les réparations, autres que locatives, nécessaires au maintien en état et à l'entretien normal des locaux loués (voir rubrique 2.3.) ;
– en cas de paiement total des sommes dues, à remettre gratuitement une quittance au locataire qui en fera la demande ou, en cas de paiement partiel, à lui délivrer un reçu.

3.2. Obligations du locataire

Mentionnez les obligations du locataire [

Le locataire s'oblige :

– à payer le loyer et les charges récupérables aux termes convenus ;
– à user paisiblement des locaux loués suivant leur destination contractuelle ;
– à ne pas céder ni sous-louer les locaux loués ;
– à répondre des dégradations et des pertes qui surviennent pendant la durée du bail dans les locaux dont il a la jouissance exclusive, sauf cas de force majeure, faute du bailleur ou fait d'un tiers qu'il n'a pas introduit dans le logement ;
– à prendre à sa charge l'entretien courant du logement, des équipements mentionnés dans l'inventaire et les menues réparations ainsi que l'ensemble des réparations locatives définies au décret n° 87-712 du 26 août 1987, sauf si elles sont occasionnées par vétusté, malfaçon, vice de construction, cas fortuit ou force majeure ;
– à laisser exécuter dans les lieux loués les travaux d'amélioration des parties communes ou des parties privatives du même immeuble, ainsi que les travaux nécessaires au maintien en

état et à l'entretien normal des locaux loués, étant remarqué que les deuxième et troisième alinéas de l'article 1724 du Code civil sont applicables à ces travaux [alinéas en vertu desquels si les réparations durent plus de 40 jours, le prix du bail sera diminué à proportion du temps et de la partie de la chose louée dont il aura été privé (al. 2) et, si les réparations sont de telle nature qu'elles rendent inhabitable ce qui est nécessaire au logement du preneur et de sa famille, celui-ci pourra faire résilier le bail] ;

– à ne pas transformer les locaux et équipements loués ;
– à respecter le règlement intérieur de l'immeuble et/ou le règlement de copropriété ;
– à s'assurer contre les risques locatifs et à en justifier lors de la remise des clés puis, chaque année, à la demande du bailleur (étant entendu que la justification de cette assurance résulte de la remise au bailleur d'une attestation de l'assureur ou de son représentant) ;
– à laisser le bailleur, son mandataire ou le syndic de l'immeuble, entrer dans les lieux aussi souvent que nécessaire ;
– à ne pas changer de fournisseur d'énergie, pendant toute la durée du présent bail et de ses éventuels renouvellements.

4. Conditions financières du contrat

4.1. Loyer

Écrivez le montant du loyer et ses conditions de révision [

Le loyer mensuel est fixé à 300 euros.

Il est payable, au domicile du bailleur ou de son représentant, à terme à échoir entre le 1er et le 5 de chaque mois.

4.2. Révision du loyer

Le loyer ci-dessus mentionné sera révisé automatiquement tous les ans en fonction de la variation de l'indice de référence des loyers (IRL) publié par l'INSEE.

Indiquez l'indice de référence qui sert de base pour la révision annuelle du loyer [

L'indice de référence est celui du 2e trimestre de l'année 2008, d'une valeur de 116,07.

Cochez la case correspondante [

4.3. Charges récupérables dont le locataire doit paiement

❒ Les charges récupérables sont comprises dans le loyer

❒ Les charges récupérables sont forfaitairement fixées à 30 euros par mois.

❒ Les charges récupérables sont définies par l'annexe du décret n° 87-713 du 26 août 1987, annexé au présent bail.

Fixez le montant de la provision sur charges et ses conditions de régularisation [

Elles donnent lieu au versement d'une provision mensuelle de .... euros.

La provision sur charges fera l'objet d'une régularisation annuelle et sera justifiée par la communication des résultats antérieurs et, si l'immeuble est soumis au régime de la copropriété ou si le bailleur est une personne morale, par le budget prévisionnel.

Un mois avant cette régularisation, le bailleur en communique au locataire le décompte par nature de charges ainsi que, dans les immeubles collectifs, le mode de répartition entre les locataires. (Voir la liste des pièces annexées au présent contrat.)

Durant un mois à compter de l'envoi de ce décompte, les pièces justificatives sont tenues à la disposition des locataires.

Cochez la case correspondante [

4.4. Récapitulation des sommes dues mensuellement

❒ Loyer charges comprises : ...... euros

❒ Loyer + forfait de charges : 300 + 30 euros : 330 euros

❒ Loyer + provision de charges : ...... + ... = ... euros

4.5. Dépôt de garantie

Lors de la remise des clés, le locataire verse au bailleur un dépôt de garantie d'un montant de 150 euros.

Cochez la case correspondante et remplissez les blancs [

5. Durée du contrat

❒ Le présent bail est conclu pour une durée d'un an

La durée de neuf mois est réservée aux seuls locataires étudiants [

❒ Le présent bail est conclu pour une durée de neuf mois, le locataire ayant le statut d'étudiant, ainsi qu'en atteste sa carte, n° .... délivrée le .... par ....

6. Date de prise d'effet du contrat

Le présent contrat prendra effet le 1er octobre 2008.

7. Tacite reconduction, renouvellement et congé

7.1. Tacite reconduction (**uniquement lorsque le bail n'est pas un « meublé étudiant »**)

À l'expiration du présent bail, à défaut de manifestation de volonté de l'une des parties, le bail est reconduit tacitement pour une durée d'un an.

7.2. Renouvellement du bail avec modification des conditions

Le bailleur qui souhaite, à l'expiration du contrat, en modifier les conditions doit informer le locataire avec un préavis de trois mois par lettre recommandée avec AR ou par acte extrajudiciaire.

Si le locataire accepte les nouvelles conditions (par lettre recommandée avec AR ou par acte extrajudiciaire) dans le délai de 30 jours, le contrat est renouvelé pour un an.

En cas de refus du locataire ou à défaut de réponse dans le délai ci-dessus indiqué, le bail est réputé avoir expiré à sa date d'échéance. Il n'est ni renouvelé ni tacitement reconduit.

7.3. Congé (article 15 de la loi du 6 juillet 1989)

Indiquez les formes de l'envoi

- **Congé émanant du bailleur** : Le bailleur qui ne souhaite pas renouveler le contrat doit, par lettre recommandée avec AR ou par acte extrajudiciaire, informer le locataire en respectant un préavis de trois mois et motiver son refus de renouvellement du bail soit par sa décision de reprendre ou de vendre le logement, soit par un motif légitime et sérieux, notamment l'inexécution par le locataire de l'une des obligations lui incombant.
- **Congé émanant du locataire** : Le locataire peut résilier le contrat à tout moment sous réserve du respect d'un préavis d'un mois.

8. Clauses résolutoires

8.1. Défaut de paiement du loyer ou des charges récupérables, défaut de versement du dépôt de garantie

À défaut de paiement du loyer ou des charges (qu'il s'agisse des provisions ou de la régularisation annuelle) aux termes convenus ou à défaut de versement du dépôt de garantie, il est prévu que le bail sera résilié de plein droit.

La présente clause résolutoire ne produira cependant effet que **deux mois** après un commandement de payer demeuré infructueux.

8.2. Défaut d'assurance

À défaut d'assurance des risques locatifs par le locataire, il est prévu que le bail sera résilié de plein droit.

La présente clause résolutoire ne produira cependant effet qu'**un mois** après un commandement de produire un justificatif demeuré infructueux.

Inscrivez le nom et l'adresse de la caution [L'exécution du présent bail est garantie par M. Jacques Fabre, demeurant 3 *ter*, rue de la Vigne, 06100 Nice en qualité de caution.

Précisez la date de fin de l'engagement de caution

Il s'agit d'un cautionnement solidaire par lequel la caution renonce au bénéfice de discussion et de division pour les obligations que le locataire a contracté en signant le présent bail.

Son engagement est à durée déterminée et prendra fin à la date d'expiration dudit bail.

Un exemplaire de l'engagement de la caution est annexé au présent bail (voir rubrique 14).

Introduisez la clause de solidarité [

9. Solidarité et indivisibilité

En cas de pluralité de locataires, ceux-ci reconnaissent être solidaires et indivis pour l'exécution de leurs obligations.

10. Rémunération des intermédiaires

La rémunération des personnes qui se livrent ou prêtent leur concours à l'établissement de l'acte de location est à la charge du locataire.

11. Élection de domiciles

Pour l'exécution du présent bail, le bailleur et, le cas échéant, la caution, élisent domicile à leur propre domicile, tandis que le preneur déclare élire domicile dans les lieux loués.

12. Nombre d'exemplaires

Précisez le nombre d'exemplaires [Le présent bail est établi en 4 exemplaires, soit un exemplaire par partie au contrat et un exemplaire pour la caution.

13. Pièces annexées au présent contrat

Cochez les cases correspondantes [

- Les extraits du règlement de copropriété concernant la destination de l'immeuble, la jouissance et l'usage des parties privatives et communes, et la quote-part afférente au lot loué dans chacune des catégories de charges [*lorsque l'immeuble est soumis au statut de la copropriété*] ❐

Cochez les cases correspondantes [

- Décret nº 87-713 du 26 août 1987 relatif aux charges récupérables ❐
- Décret nº 87-712 du 26 août 1987 relatif aux réparations locatives ❐

Citez les textes [

- Décret nº 2002-120 du 30 janvier 2002 relatif aux caractéristiques d'un logement décent ❐
- État des lieux d'entrée ❐

Pour plus de précisions, reportez-vous aux nºs 220-1 et s. [

- Inventaire des meubles ❐
- Engagement de la caution ❐
- Dossier de diagnostic technique ❐

Les signatures viennent en complément du paraphe apposé aux pages précédentes [

Signatures

Le locataire

Fait à Barfleur, le 15 septembre 2008

Signature(s)

Le bailleur (ou son représentant)

Fait à Barfleur, le 15 septembre 2008

Signature(s) précédée(s) de *« Bon pour accord, lu et approuvé »* [

Signature

La caution

Fait à Barfleur, 15 septembre 2008

Signature

Modèle d'inventaire des meubles

1311 Il s'agit d'un inventaire des « meubles » au sens large, c'est-à-dire des meubles meublants et des éléments d'équipement quels qu'ils soient.

Le présent inventaire est une annexe au contrat de location meublée conclu le 15 septembre 2008 entre :

Bailleur : M. Dupont, dont le domicile est situé au 21, rue de la monnaie, 14300 Mirifleur

Locataire(s) : M. Durrance, 55, rue de la victoire, 32600 Barfleur et Mlle Tarn, 55, rue de la victoire, 32600 Barfleur, en qualité de locataires solidaires et indivis.

Si l'appartement est situé dans une copropriété, indiquez également le numéro du lot et ce qu'il représente en millièmes

2. Détermination des locaux

2.1. Adresse

Les locaux sont situés..............

2.2. Consistance et désignation des lieux

Appartement ❐ Maison individuelle ❐

Si l'appartement est situé dans une copropriété : Lot n° 23, représentant 125 millièmes.

Les locaux loués sont composés de 3 pièces et des dépendances suivantes :

- cave ❐ Lot n° 28, représentant 23 millièmes
- grenier ❐
- parking ❐

À préciser

- autre ....

Cochez la case correspondante et remplissez les blancs

1. Cuisine

– Appareil de (gazinière ou plaque électrique) munie de ...... brûleurs, de la marque ......, modèle ...... ❐
– Four à micro-ondes de la marque ......, modèle .... ❐
– Réfrigérateur d'une contenance de ...... litres de la marque ......, modèle ...... ❐
– Lave-vaisselle de la marque ......, modèle ...... ❐
– * Four de la marque ......, modèle...... ❐
– Placard ...... portes ...... comprenant :
  - ... assiettes plates ❐
  - ... assiettes creuses ❐
  - ... bols ❐
  - ... casseroles ❐
  - ... poêles ❐
  - ... couteaux ❐
  - ... grandes cuillers ❐
  - ... petites cuillers ❐
  - ... fourchettes ❐
  - ... verres à eau ❐
  - ... verres à vin ❐
– Table ❐
– ...chaises ❐
– Plan de travail ❐

– Cafetière électrique de la marque ......, modèle ...... ❒
– Poubelle ❒
– Autres (à préciser)
- .... ❒
- .... ❒
- .... ❒
- .... ❒
- .... ❒

2. Séjour

– ... fauteuils de style... ❒
– ... canapé de style... ❒
– ... table de style... ❒
– ... table basse... ❒
– Télévision de la marque ......, modèle ...... ❒
– Magnétoscope de la marque ..., modèle ...... ❒
– Tapis de style ...... ❒
– Buffet portes de style ...... ❒
– ... rideaux ❒
– ... lampadaire(s) ❒
À préciser [– Autres
- .... ❒
- .... ❒
- .... ❒
- .... ❒
- .... ❒

3. Chambre

– Sommier 140 de la marque, modèle ❒
– Matelas 140 de la marque, modèle ❒
– ... draps ❒
– ... couvertures ❒
– ... taies d'oreiller. ❒
– ... couette ❒
– Édredon ❒
– ... table(s) de nuit ❒
– Armoire... portes ❒
– ... miroir(s) ❒

À préciser [– Autres

- .... ❐
- .... ❐
- .... ❐
- .... ❐
- .... ❐

4. Sanitaires

– Salle d'eau comportant :
- Placard(s) ❐
- Rideau de douche ❐
- Flexible de douche ❐
- Lave-linge de la marque, modèle ❐
- Étendoir à linge ❐

– WC comportant :
- Placard(s) ❐

À préciser [– Autres

- .... ❐
- .... ❐
- .... ❐
- .... ❐
- .... ❐

5. Divers

– Aspirateur de la marque, modèle ❐

– Fer à repasser de la marque, modèle ❐

– Planche à repasser ❐

À préciser [– Autres

- .... ❐
- .... ❐
- .... ❐
- .... ❐
- .... ❐

Le locataire

Fait à Barfleur, le 15 septembre 2008

Signature(s)

Signature(s) précédée(s) de *« Bon pour accord, lu et approuvé »* [

Le bailleur (ou son représentant)

Fait à Barfleur, le 15 septembre 2008

Signature

14

La location saisonnière

Il est avant tout important de définir la « location saisonnière » afin d'éviter toute requalification par le juge du contrat de bail (v. n° 1401).

En outre, des règles particulières s'appliquent concernant la forme du bail (v. n° 1402), la nécessité d'un état descriptif des lieux (v. nos 1402 et 1403), les modalités de réservation et de paiement (v. n° 1402), le délai de rétractation (v. n° 1402) et le dossier de diagnostics (v. n° 1403). Attention, cependant, aux clauses abusives (v. n° 1404).

Qu'est-ce qu'une location saisonnière ?

1401 Il n'existe pas de définition unique de la notion de « location saisonnière ».

On relèvera notamment que, pour l'application de la loi Hoguet du 2 janvier 1970 relative aux professionnels de l'immobilier, est considérée comme une location saisonnière la location d'un immeuble conclue pour une durée maximale et non renouvelable de quatre-vingt-dix jours consécutifs. L'arrêté du 16 mai 1967 relatif aux locations saisonnières en meublé indique (art. 2), quant à lui, que, « par location saisonnière au sens du présent arrêté, il convient d'entendre les locations en meublé consenties à l'occasion des vacances, quelle que soit la durée de la location ou le mode de location intervenu ».

Il s'agit, en toute hypothèse, d'une location de courte durée, le local, le plus souvent meublé, ne pouvant, en aucune manière, constituer la résidence principale du locataire.

Selon la jurisprudence, un bail saisonnier concerne une période d'activité déterminée pendant une partie de l'année. Par conséquent, selon l'activité en cause, la saison peut être fort brève ou assez longue (spécialement sur la côte d'Azur : Civ. 3e, 22 juill. 1987, n° 86-12.858).

Attention : le juge ne s'arrêtera pas à l'intitulé du bail. Il pourra, notamment lorsque le locataire aura installé sa résidence principale dans les lieux, et/ou lorsque l'occupation des lieux sera longue, requalifier le contrat en « bail loi de 1989 », dont le régime est très protecteur des droits du locataire (pour un exemple de requalification, le contrat ayant été conclu pour 7 mois, v. CA Aix-en-Provence, 4 janv. 1999, n° 97/6712).

La réservation du logement

1402 Préalablement à la conclusion du contrat, le loueur (qu'il soit professionnel ou simple particulier) doit remettre, au preneur éventuel, un état établi selon le modèle annexé à l'arrêté du 16 mai 1967 relatif aux locations saisonnières en meublé (BOSP du 18 mai 1967) précisant la description des lieux loués, leur situation dans la localité et les conditions de leur location.

Par ailleurs, il ressort de l'article L. 324-2 du Code du tourisme que toute offre ou contrat de location saisonnière doit revêtir la **forme écrite** et contenir **l'indication du prix demandé** ainsi qu'un **état descriptif** des lieux.

Concernant le **montant qui peut être réclamé au locataire lors de la réservation**, on notera qu'il n'est pas réglementé lorsque le bailleur est un particulier. À l'inverse, si la location est conclue par l'intermédiaire d'un professionnel, en application de l'article 68 du décret n° 72-678 du 20 juillet 1972, les versements ne peuvent intervenir plus de six mois avant la remise des clés ni excéder 25 % du montant total du loyer. Quant au solde, il ne peut être exigé qu'un mois, au plus tôt, avant l'entrée dans les lieux. Le texte précise enfin qu'un avis de ces versements est donné au propriétaire ou au bailleur dans les conditions stipulées au mandat.

> Lorsque la réservation se fera à distance, *via* un échange de courriers, conformément à l'article L. 121-20 du Code de la consommation, le locataire aura sept jours pour exercer son droit de rétractation sans avoir à justifier de motifs ni à payer de pénalités, à l'exception, le cas échéant, des frais de retour. Ce délai court à compter de l'acceptation de l'offre de contrat.

Le contrat de location

1403 Que les locaux soient des meublés de tourisme (dont il est question aux art. L. 324-1 et s. du Code de tourisme) ou non, les parties ont presque toute latitude pour arrêter les termes de leur contrat (obligation de délivrance du bailleur, montant du loyer et des charges, durée du bail, etc.).

Le contrat devra cependant être précis, notamment sur les droits et obligations des parties (v. n° 1405 pour un modèle de contrat).

À défaut, ce sont les dispositions du Code civil qui vont s'appliquer.

En annexe au bail, comme en matière de location meublée, on trouvera un **état des lieux** (v. modèle n° 305) et **un inventaire des meubles** (v. modèle n° 1311).

Par ailleurs, en application de l'article 2, alinéa 2, de la loi du 6 juillet 1989, le bailleur est dans l'obligation de fournir un **dossier de diagnostic technique** à son locataire. Ce document va prendre la forme d'une *annexe* au contrat.

Il comporte :

– le diagnostic de performance énergétique : dans le cas d'une location à caractère saisonnier, le propriétaire peut ne remettre au locataire avec le contrat de location qu'une partie des informations mentionnées à l'article R. 134-2, définie par arrêté des ministres en charge de la construction et de l'énergie. Le propriétaire tient le diagnostic de performance énergétique à disposition du locataire (CCH, art. R. 134-4-3) ;
– le constat de risque d'exposition au plomb ;
– le cas échéant, l'état des risques naturels et technologiques.

Pour plus de précisions, v. n° 220-1.

Contrats de location saisonnière et clauses abusives

1404 Avant d'en venir à notre modèle de bail, précisons que, consciente des abus rencontrés dans ce secteur, la Commission des clauses abusives a émis, en 1994, une recommandation en matière de rédaction d'un contrat de location saisonnière. Elle a recommandé que soient éliminées des contrats les clauses ayant pour objet ou pour effet :

– d'opérer une discrimination permettant au professionnel de résoudre le contrat pour des motifs fondés sur l'âge des occupants ;

– de permettre au professionnel de modifier unilatéralement les conditions initiales du contrat;
– de permettre au professionnel de ne pas exécuter le contrat en remboursant au consommateur les sommes versées par celui-ci en excluant toute forme d'indemnité;
– de prévoir qu'en cas de dédit du consommateur, celui-ci sera débiteur de la totalité du loyer prévu par le contrat, alors que le professionnel ne serait pas tenu à une obligation équivalente;
– d'imposer au consommateur un délai inférieur à trois jours pour effectuer, lors de son entrée dans les lieux, toute réclamation relative à l'état de ceux-ci;
– d'exonérer le professionnel de toute responsabilité en cas de manquement à son obligation de délivrance des lieux et des équipements conformes à l'état descriptif et en bon état d'entretien et de fonctionnement;
– de permettre au professionnel de faire effectuer pendant la durée de la location des travaux non dictés par l'urgence manifeste;
– d'exclure, en cas de travaux dictés par l'urgence, tout droit pour le consommateur d'obtenir réparation des troubles de jouissance qu'il aurait subis de ce fait;
– de réserver au professionnel le droit d'effectuer les formalités de sortie de manière unilatérale et après le départ du consommateur, sans offrir à celui-ci la possibilité d'exiger l'établissement d'un état des lieux contradictoire;
– de fixer des délais trop brefs pour les réclamations que peut être amené à faire le consommateur après l'expiration de la location;
– de prévoir une attribution de compétence territoriale à des juridictions commerciales ou encore d'imposer au consommateur des clauses compromissoires.

Modèle de contrat de location saisonnière

1405 Un contrat de location saisonnière est plus succinct qu'un bail meublé, qui court sur une période plus longue. Il doit toutefois être rempli avec précision, être accompagné d'un inventaire des meubles et donner lieu à un état des lieux en début et en fin d'occupation du logement.

Il est très important de remplir un **état des lieux** en début et en fin de relation contractuelle. En effet, en l'absence d'état des lieux d'entrée, le preneur est réputé avoir reçu les locaux en bon état (C. civ., art. 1731). Quant à l'état des lieux de sortie, il va servir à déterminer les éventuelles dégradations imputables au locataire (concernant l'état des lieux d'entrée, v. n°s 302 et s. ; sur l'état des lieux de sortie, v. n°s 1104 et s.).

Si le bailleur est une personne morale, indiquez le nom de la société et son siège social. Ajoutez la mention suivante si vous êtes représenté par un mandataire [représenté le cas échéant par ...... (*nom et adresse du mandataire*)].

Désignation des parties

Le présent bail est conclu entre :

Bailleur : M. Lunquist Denizot, dont le domicile est situé au 21, rue de la monnaie, 14300 Mirifleur

Locataire(s) : M. Philibert Fabre, 55, rue de la victoire, 32600 Barfleur.

2. Détermination des locaux

2.1. Adresse

Les locaux sont situés...............

Cochez la (les) case(s) correspondante(s) et remplissez les blancs

2.2. Consistance et désignation des lieux

Appartement ❒ Maison individuelle ❒

Les locaux loués sont composés de 2 pièces principales.

Et des dépendances suivantes :

- éléments d'équipement collectifs :
  - chauffage collectif ❒
  - eau chaude collective ❒
  - gardiennage ❒
  - interphone ❒
  - digicode ❒
  - ascenseur ❒
  - antenne TV collective ❒
  - câble ❒
  - autre ....

Voir notre modèle n° 1311

Le détail des éléments d'équipement individuels et des meubles meublants est précisé dans l'inventaire annexé au présent contrat.

2.3. Destination des lieux

Les locaux sont loués à usage exclusif d'habitation.

Ils ne constituent pas la résidence principale du locataire.

2.4. État des lieux loués

Précisez le nombre d'exemplaires

En sus de l'inventaire mentionné au point 2.2, l'état des lieux loués fait l'objet d'un document dressé en autant d'exemplaires qu'il y a de parties au contrat, soit 2 exemplaires et joint à ce dernier.

3. Obligations des parties

3.1. Obligations du bailleur

Inscrivez les obligations du bailleur

Le bailleur s'oblige :

– à délivrer au locataire un logement en bon état d'usage et de réparation ainsi que les équipements mentionnés dans l'inventaire en bon état de fonctionnement ;

– à assurer au locataire la jouissance paisible des lieux loués et, sans préjudice des dispositions de l'article 1721 du Code civil [en vertu duquel le bailleur doit garantie (et indemnité éventuelle) au preneur pour tous les vices ou défauts de la chose louée qui en empêchent l'usage, même si le bailleur les ignorait lors de la signature du bail], de le garantir des vices ou défauts de nature à y faire obstacle ;

– à entretenir les locaux en état de servir à l'usage prévu par le contrat et à y faire toutes les réparations, autres que locatives, nécessaires au maintien en état et à l'entretien normal des locaux loués (voir rubrique 2.3.);

3.2. Obligations du locataire

Mentionnez les obligations du locataire

Le locataire s'oblige :

– à payer le loyer et les charges aux termes convenus;
– à user paisiblement des locaux loués suivant leur destination contractuelle;
– à ne pas céder ni sous-louer les locaux loués;
– à répondre des dégradations et des pertes qui surviennent pendant la durée du bail dans les locaux dont il a la jouissance exclusive, sauf cas de force majeure, faute du bailleur ou fait d'un tiers qu'il n'a pas introduit dans le logement;
– à ne pas transformer les locaux et équipements loués;
– à respecter le règlement intérieur de l'immeuble et/ou le règlement de copropriété;
– à s'assurer contre les risques locatifs et à en justifier lors de la remise des clés (étant entendu que la justification de cette assurance résulte de la remise au bailleur d'une attestation de l'assureur ou de son représentant);
– à laisser le bailleur, son mandataire ou le syndic de l'immeuble entrer dans les lieux aussi souvent que nécessaire.

4. Conditions financières du contrat

4.1. Loyer

Le loyer, est fixé à 300 euros.

4.2. Charges locatives

Celles-ci, constituées des dépenses d'électricité et de gaz, donneront lieu à la perception d'un forfait de 60 euros.

4.3. Dépôt de garantie

Lors de la remise des clés, le locataire verse au bailleur un dépôt de garantie d'un montant de 100 euros.

La restitution de tout ou partie du dépôt de garantie aura lieu dans les huit jours suivant l'établissement de l'état des lieux de sorite et de la remise des clés en fin de séjour, et sera fonction de l'état du logement.

4.4. Paiement

Le locataire ayant versé 70 euros lors de la réservation de la location, le 1er juin, le solde (230 euros + 60 euros + 100 euros, soit 390 euros) ayant été réglé ce jour, à l'occasion de la remise des clés.

5. Durée du contrat

Le présent bail est conclu pour une durée de .... jours, soit, du .... à heures au .... à heures.

Au-delà de ce terme, le locataire est, sauf accord exprès du bailleur, déchu de tout titre d'occupation.

6. Clauses résolutoire et clause pénale

6.1 Clause résolutoire

À défaut de paiement d'un loyer ou des charges aux termes convenus, il est prévu que le bail sera résilié de plein droit.

6.2. Clause pénale

Sans préjudice de la mise en œuvre éventuelle de la clause résolutoire et de la demande d'allocation de dommages et intérêts, en vertu de l'article 1226 du Code civil relatif aux clauses pénales, les parties conviennent qu'un défaut de paiement du loyer ou des charges entraînera une majoration de 15 % des sommes dues.

Cette clause pénale produira ses effets en cas d'inaction du preneur au-delà de sept jours à compter de l'envoi, par le bailleur, d'une mise en demeure par lettre recommandée avec demande d'avis de réception

7. Élection de domiciles

Pour l'exécution du présent bail, le bailleur élisent domicile à leur propre domicile, tandis que le preneur déclare élire domicile dans les lieux loués.

8. Nombre d'exemplaires

Précisez le nombre d'exemplaires

Le présent bail est établi en 4 exemplaires, soit un exemplaire par partie au contrat et un exemplaire pour la caution.

Citez les textes [

9. Pièces annexées au présent contrat

- État des lieux d'entrée ❐

Pour plus de précisions, reportez-vous au n° 1403 [

Inventaire des meubles ❐

- Dossier de diagnostic technique ❐

Le locataire

Les ignatures [viennent en complément du paragraphe apposé aux pages précédentes

Signatures

Fait à Barfleur, le 1er août 2008

Signature(s)

Le bailleur (ou son représentant)

Fait à Barfleur, le 1er août 2008

Signature(s) [précédée(s) de *« Bon pour accord, lu et approuvé »*

Signature

Mini code de la location

Loi du 6 juillet 1989 tendant à améliorer les rapports locatifs et portant modification de la loi n° 86-1290 du 23 décembre 1986 (extrait) 325

Décret du 30 janvier 2002, relatif aux caractéristiques du logement décent pris pour l'application de l'article 187 de la loi n° 2000-1208 du 13 décembre 2000 relative à la solidarité et au renouvellement urbains aux caractéristiques du logement décent 345

Loi du n° 89-462 du 6 juillet 1989 tendant à améliorer les rapports locatifs et portant modification de la loi n° 86-1290 du 23 décembre 1986 (extrait)

Titre I
Des rapports entre bailleurs et locataires

Chapitre I
Dispositions générales

Art. 1er Le droit au logement est un droit fondamental; il s'exerce dans le cadre des lois qui le régissent.

L'exercice de ce droit implique la liberté de choix pour toute personne de son mode d'habitation grâce au maintien et au développement d'un secteur locatif et d'un secteur d'accession à la propriété ouverts à toutes les catégories sociales.

Aucune personne ne peut se voir refuser la location d'un logement en raison de son origine, son patronyme, son apparence physique, son sexe, sa situation de famille, son état de santé, son handicap, ses mœurs, son orientation sexuelle, ses opinions politiques, ses activités syndicales ou son appartenance ou sa non-appartenance vraie ou supposée à une ethnie, une nation, une race ou une religion déterminée.

En cas de litige relatif à l'application de l'alinéa précédent, la personne s'étant vu refuser la location d'un logement présente des éléments de fait laissant supposer l'existence d'une discrimination directe ou indirecte. Au vu de ces éléments, il incombe à la partie défenderesse de prouver que sa décision est justifiée. Le juge forme sa conviction après avoir ordonné, en cas de besoin, toutes les mesures d'instruction qu'il estime utiles.

Les droits et obligations réciproques des bailleurs et des locataires doivent être équilibrés dans leurs relations individuelles comme dans leurs relations collectives.

Art. 2 Les dispositions du présent titre sont d'ordre public. Elles s'appliquent aux locations de locaux à usage d'habitation principale ou à usage mixte professionnel et d'habitation principale ainsi qu'aux garages, places de stationnement, jardins et autres locaux, loués accessoirement au local principal par le même bailleur.

Toutefois, elles ne s'appliquent ni aux locations à caractère saisonnier, à l'exception de l'article 3-1, ni aux logements foyers, à l'exception des deux premiers alinéas de l'article 6 et de l'article 20-1. Elles ne s'appliquent pas non plus, à l'exception de l'article 3-1, des deux premiers alinéas de l'article 6 et de l'article 20-1, aux locaux meublés, aux logements attribués ou loués en raison de l'exercice d'une fonction ou de l'occupation d'un emploi, aux locations consenties aux travailleurs saisonniers.

Art. 3 ▸ Le contrat de location est établi par écrit. Il doit préciser :

– le nom ou la dénomination du bailleur et son domicile ou son siège social, ainsi que, le cas échéant, ceux de son mandataire ;

– la date de prise d'effet et la durée ;

– la consistance et la destination de la chose louée ;

– la désignation des locaux et équipements d'usage privatif dont le locataire a la jouissance exclusive et, le cas échéant, l'énumération des parties, équipements et accessoires de l'immeuble qui font l'objet d'un usage commun ;

– le montant du loyer, ses modalités de paiement ainsi que ses règles de révision éventuelle ;

– le montant du dépôt de garantie, si celui-ci est prévu.

Un état des lieux, établi contradictoirement par les parties lors de la remise et de la restitution des clés ou, à défaut, par huissier de justice, à l'initiative de la partie la plus diligente et à frais partagés par moitié, est joint au contrat. Lorsque l'état des lieux doit être établi par huissier de justice, les parties en sont avisées par lui au moins sept jours à l'avance par lettre recommandée avec demande d'avis de réception. À défaut d'état des lieux, la présomption établie par l'article 1731 du Code civil ne peut être invoquée par celle des parties qui a fait obstacle à l'établissement de l'état des lieux.

Pendant le premier mois de la période de chauffe, le locataire peut demander que l'état des lieux soit complété par l'état des éléments de chauffage.

Lorsque la détermination du montant du loyer est subordonnée à la présentation par le bailleur de références aux loyers habituellement pratiqués dans le voisinage pour des logements comparables dans les conditions prévues à l'article 19, ces références sont jointes au contrat ainsi que les termes dudit article.

Lorsque l'immeuble est soumis au statut de la copropriété, le copropriétaire bailleur est tenu de communiquer au locataire les extraits du règlement de copropriété concernant la destination de l'immeuble, la jouissance et l'usage des parties privatives et communes et précisant la quote-part afférente au lot loué dans chacune des catégories de charges.

Le bailleur ne peut pas se prévaloir de la violation des dispositions du présent article.

Chaque partie peut exiger, à tout moment, de l'autre partie, l'établissement d'un contrat conforme aux dispositions du présent article. En cas de mutation à titre gratuit ou onéreux des locaux, le nouveau bailleur est tenu de notifier au locataire son nom ou sa dénomination et son domicile ou son siège social, ainsi que, le cas échéant, ceux de son mandataire.

Art. 3-1 ▸ Un dossier de diagnostic technique, fourni par le bailleur, est annexé au contrat de location lors de sa signature ou de son renouvellement et comprend :

a) À compter du 1er juillet 2007, le diagnostic de performance énergétique prévu à l'article L. 134-1 du Code de la construction et de l'habitation.

b) À compter du 12 août 2008, le constat de risque d'exposition au plomb prévu à l'article L. 1334-5 et L. 1334-7 du Code de la santé publique.

Dans les zones mentionnées au I de l'article L. 125-5 du Code de l'environnement et à compter de la date fixée par le décret prévu au VI du même article, le dossier de diagnostic technique est complété à chaque changement de locataire par l'état des risques naturels et technologiques.

Le locataire ne peut se prévaloir à l'encontre du bailleur des informations contenues dans le diagnostic de performance énergétique qui n'a qu'une valeur informative.

À compter du 1er juillet 2007, le propriétaire bailleur tient le diagnostic de performance énergétique à la disposition de tout candidat locataire.

Art. 3-2 ▸ Une information sur les modalités de réception des services de télévision dans l'immeuble est fournie par le bailleur et annexée au contrat de location lors de sa signature ou de son renouvellement. Elle comprend :

a) Une information sur la possibilité ou non de recevoir les services de télévision par voie hertzienne.

b) Lorsqu'un réseau de communications électroniques interne à l'immeuble distribue des services de télévision, une information qui précise si l'installation permet ou non l'accès aux services nationaux en clair de télévision par voie hertzienne terrestre en mode numérique ou s'il faut s'adresser au distributeur de services pour bénéficier du « service antenne » numérique, tel que prévu au deuxième alinéa de l'article 34-1 de la loi n° 86-1067 du 30 septembre 1986 relative à la liberté de communication.

c) Dans le dernier cas prévu par le *b*, une information qui précise les coordonnées du distributeur de services auquel le locataire doit s'adresser pour bénéficier du « service antenne » numérique, tel que prévu au deuxième alinéa de l'article 34-1 de la loi n° 86-1067 du 30 septembre 1986 précitée.

Le locataire ne peut se prévaloir à l'encontre du bailleur de ces informations qui n'ont qu'une valeur informative.

Art. 4 ▸ Est réputée non écrite toute clause :

a) Qui oblige le locataire, en vue de la vente ou de la location du local loué, à laisser visiter celui-ci les jours fériés ou plus de deux heures les jours ouvrables ;

b) Par laquelle le locataire est obligé de souscrire une assurance auprès d'une compagnie choisie par le bailleur;

c) Qui impose comme mode de paiement du loyer l'ordre de prélèvement automatique sur le compte courant du locataire ou la signature par avance de traites ou de billets à ordre;

d) Par laquelle le locataire autorise le bailleur à prélever ou à faire prélever les loyers directement sur son salaire dans la limite cessible;

e) Qui prévoit la responsabilité collective des locataires en cas de dégradation d'un élément commun de la chose louée;

f) Par laquelle le locataire s'engage par avance à des remboursements sur la base d'une estimation faite unilatéralement par le bailleur au titre des réparations locatives;

g) Qui prévoit la résiliation de plein droit du contrat en cas d'inexécution des obligations du locataire pour un motif autre que le non-paiement du loyer, des charges, du dépôt de garantie, la non-souscription d'une assurance des risques locatifs ou le non-respect de l'obligation d'user paisiblement des locaux loués, résultant de troubles de voisinage constatés par une décision de justice passée en force de chose jugée;

h) Qui autorise le bailleur à diminuer ou à supprimer, sans contrepartie équivalente, des prestations stipulées au contrat;

i) Qui autorise le bailleur à percevoir des amendes en cas d'infraction aux clauses d'un contrat de location ou d'un règlement intérieur à l'immeuble;

j) Qui interdit au locataire l'exercice d'une activité politique, syndicale, associative ou confessionnelle;

k) Qui impose au locataire la facturation de l'état des lieux dès lors que celui-ci n'est pas établi par un huissier de justice dans le cas prévu par l'article 3;

l) Qui prévoit le renouvellement du bail par tacite reconduction pour une durée inférieure à celle prévue à l'article 10;

m) Qui interdit au locataire de rechercher la responsabilité du bailleur ou qui exonère le bailleur de toute responsabilité;

n) Qui interdit au locataire d'héberger des personnes ne vivant pas habituellement avec lui;

o) Qui impose au locataire le versement, lors de l'entrée dans les lieux, de sommes d'argent en plus de celles prévues aux articles 5 et 22;

p) Qui fait supporter au locataire des frais de relance ou d'expédition de la quittance ainsi que les frais de procédure en plus des sommes versées au titre des dépens et de l'article 700 du Code de procédure civile;

q) Qui prévoit que le locataire est automatiquement responsable des dégradations constatées dans le logement;

r) Qui interdit au locataire de demander une indemnité au bailleur lorsque ce dernier réalise des travaux d'une durée supérieure à quarante jours;

s) Qui permet au bailleur d'obtenir la résiliation de plein droit du bail au moyen d'une simple ordonnance de référé insusceptible d'appel.

Art. 5 La rémunération des personnes qui se livrent ou prêtent leur concours à l'établissement d'un acte de location d'un immeuble appartenant à autrui tel que défini à l'article 2 est partagée par moitié entre le bailleur et le locataire.

Art. 6 Le bailleur est tenu de remettre au locataire un logement décent ne laissant pas apparaître de risques manifestes pouvant porter atteinte à la sécurité physique ou à la santé et doté des éléments le rendant conforme à l'usage d'habitation.

Les caractéristiques correspondantes sont définies par décret en Conseil d'État pour les locaux à usage d'habitation principale ou à usage mixte mentionnés au premier alinéa de l'article 2 et les locaux visés au deuxième alinéa du même article, à l'exception des logements-foyers et des logements destinés aux travailleurs agricoles qui sont soumis à des règlements spécifiques.

Le bailleur est obligé :

a) De délivrer au locataire le logement en bon état d'usage et de réparation ainsi que les équipements mentionnés au contrat de location en bon état de fonctionnement; toutefois, les parties peuvent convenir par une clause expresse des travaux que le locataire exécutera ou fera exécuter et des modalités de leur imputation sur le loyer; cette clause prévoit la durée de cette imputation et, en cas de départ anticipé du locataire, les modalités de son dédommagement sur justification des dépenses effectuées; une telle clause ne peut concerner que des logements répondant aux caractéristiques définies en application des premier et deuxième alinéas.

b) D'assurer au locataire la jouissance paisible du logement et, sans préjudice des dispositions de l'article 1721 du Code civil, de le garantir des vices ou défauts de nature à y faire obstacle hormis ceux qui, consignés dans l'état des lieux, auraient fait l'objet de la clause expresse mentionnée au *a* ci-dessus.

c) D'entretenir les locaux en état de servir à l'usage prévu par le contrat et d'y faire toutes les réparations, autres que locatives, nécessaires au maintien en état et à l'entretien normal des locaux loués.

d) De ne pas s'opposer aux aménagements réalisés par le locataire, dès lors que ceux-ci ne constituent pas une transformation de la chose louée.

Art. 6-1 Après mise en demeure dûment motivée, les propriétaires des locaux à usage d'habitation doivent, sauf motif légitime, utiliser les droits dont ils disposent en propre afin de faire cesser les troubles de voisinage causés à des tiers par les personnes qui occupent ces locaux.

Art. 7 ▸ Le locataire est obligé :

a) De payer le loyer et les charges récupérables aux termes convenus ; le paiement mensuel est de droit lorsque le locataire en fait la demande ;

b) D'user paisiblement des locaux loués suivant la destination qui leur a été donnée par le contrat de location ;

c) De répondre des dégradations et pertes qui surviennent pendant la durée du contrat dans les locaux dont il a la jouissance exclusive, à moins qu'il ne prouve qu'elles ont eu lieu par cas de force majeure, par la faute du bailleur ou par le fait d'un tiers qu'il n'a pas introduit dans le logement ;

d) De prendre à sa charge l'entretien courant du logement, des équipements mentionnés au contrat et les menues réparations ainsi que l'ensemble des réparations locatives définies par décret en Conseil d'État, sauf si elles sont occasionnées par vétusté, malfaçon, vice de construction, cas fortuit ou force majeure ;

e) De laisser exécuter dans les lieux loués les travaux d'amélioration des parties communes ou des parties privatives du même immeuble, ainsi que les travaux nécessaires au maintien en état et à l'entretien normal des locaux loués ; les dispositions des deuxième et troisième alinéas de l'article 1724 du Code civil sont applicables à ces travaux ;

f) De ne pas transformer les locaux et équipements loués sans l'accord écrit du propriétaire ; à défaut de cet accord, ce dernier peut exiger du locataire, à son départ des lieux, leur remise en l'état ou conserver à son bénéfice les transformations effectuées sans que le locataire puisse réclamer une indemnisation des frais engagés ; le bailleur a toutefois la faculté d'exiger aux frais du locataire la remise immédiate des lieux en l'état lorsque les transformations mettent en péril le bon fonctionnement des équipements ou la sécurité du local ;

g) De s'assurer contre les risques dont il doit répondre en sa qualité de locataire et d'en justifier lors de la remise des clés puis, chaque année, à la demande du bailleur. La justification de cette assurance résulte de la remise au bailleur d'une attestation de l'assureur ou de son représentant.

Toute clause prévoyant la résiliation de plein droit du contrat de location pour défaut d'assurance du locataire ne produit effet qu'un mois après un commandement demeuré infructueux. Ce commandement reproduit, à peine de nullité, les dispositions du présent paragraphe.

Art. 8 ▸ Le locataire ne peut ni céder le contrat de location, ni sous-louer le logement sauf avec l'accord écrit du bailleur, y compris sur le prix du loyer. Le prix du loyer au mètre carré de surface habitable des locaux sous-loués ne peut excéder celui payé par le locataire principal.

En cas de cessation du contrat principal, le sous-locataire ne peut se prévaloir d'aucun droit à l'encontre du bailleur ni d'aucun titre d'occupation.

Les autres dispositions de la présente loi ne sont pas applicables au contrat de sous-location.

Art. 9 Lorsque deux locataires occupant deux logements appartenant au même propriétaire et situés dans un même ensemble immobilier demandent à procéder à un échange de logements entre eux, cet échange est de droit dès lors que l'une des deux familles concernées comporte au moins trois enfants et que l'échange a pour conséquence d'accroître la surface du logement occupé par la famille la plus nombreuse.

Dans les contrats en cours, chaque locataire se substitue de plein droit à celui auquel il succède et ne peut être considéré comme un nouvel entrant.

Ces dispositions ne sont pas applicables lorsque l'un des deux ou les deux logements sont soumis aux dispositions du chapitre III du titre Ier de la loi n° 48-1360 du 1er septembre 1948 portant modification et codification de la législation relative aux rapports des bailleurs et locataires ou occupants des locaux à usage d'habitation ou à usage professionnel et instituant des allocations de logement.

Art. 9-1 Nonobstant les dispositions des articles 515-4 et 1751 du Code civil, les notifications ou significations faites en application du présent titre par le bailleur sont de plein droit opposables au partenaire lié par un pacte civil de solidarité au locataire ou au conjoint du locataire si l'existence de ce partenaire ou de ce conjoint n'a pas été préalablement portée à la connaissance du bailleur.

Chapitre II
De la durée du contrat de location

Art. 10 Le contrat de location est conclu pour une durée au moins égale à trois ans pour les bailleurs personnes physiques ainsi que pour les bailleurs définis à l'article 13 et à six ans pour les bailleurs personnes morales.

Si le bailleur ne donne pas congé dans les conditions de forme et de délai prévues à l'article 15, le contrat de location parvenu à son terme est soit reconduit tacitement, soit renouvelé.

En cas de reconduction tacite, la durée du contrat reconduit est de trois ans pour les bailleurs personnes physiques ainsi que pour les bailleurs définis à l'article 13, et de six ans pour les bailleurs personnes morales.

En cas de renouvellement, la durée du contrat renouvelé est au moins égale à celles définies au premier alinéa du présent article. L'offre de renouvellement est présentée dans les conditions de forme et de délai prévues pour le congé, à l'article 15. Le loyer du contrat renouvelé est défini selon les modalités prévues au c de l'article 17.

Art. 11 ▸ Quand un événement précis justifie que le bailleur personne physique ait à reprendre le local pour des raisons professionnelles ou familiales, les parties peuvent conclure un contrat d'une durée inférieure à trois ans mais d'au moins un an. Le contrat doit mentionner les raisons et l'événement invoqués.

Par dérogation aux conditions de délai prévues à l'article 15, le bailleur confirme, deux mois au moins avant le terme du contrat, la réalisation de l'événement.

Dans le même délai, le bailleur peut proposer le report du terme du contrat si la réalisation de l'événement est différée. Il ne peut user de cette faculté qu'une seule fois.

Lorsque l'événement s'est produit et est confirmé, le locataire est déchu de plein droit de tout titre d'occupation du local au terme prévu dans le contrat.

Lorsque l'événement ne s'est pas produit ou n'est pas confirmé, le contrat de location est réputé être de trois ans.

Si le contrat prévu au présent article fait suite à un contrat de location conclu avec le même locataire pour le même local, le montant du nouveau loyer ne peut être supérieur à celui de l'ancien éventuellement révisé conformément au deuxième alinéa du *d* de l'article 17.

Art. 11-1 ▸ Quand un congé pour vente conforme aux dispositions de l'article 15 est délivré par un bailleur relevant de secteurs locatifs définis aux quatrième et cinquième alinéas de l'article 41 *ter* de la loi n° 86-1290 du 23 décembre 1986 précitée, dans le cadre d'une vente par lots de plus de dix logements dans le même immeuble, le bail peut être expressément reconduit pour une durée inférieure à celle prévue par l'article 10. Quand ce congé pour vente intervient moins de deux ans avant le terme du bail, la reconduction du bail est de droit, à la demande du locataire, afin de lui permettre, dans tous les cas, de disposer du logement qu'il occupe pendant une durée de deux ans à compter de la notification du congé pour vente.

La reconduction du bail est établie par écrit entre les parties au plus tard quatre mois avant l'expiration du bail en cours. À l'expiration de la durée fixée par les parties pour le bail reconduit, celui-ci est résilié de plein droit.

Art. 12 ▸ Le locataire peut résilier le contrat de location à tout moment, dans les conditions de forme et de délai prévues au deuxième alinéa du paragraphe I de l'article 15.

Art. 13 ▸ Les dispositions de l'article 11 et de l'article 15 peuvent être invoquées :

a) Lorsque le bailleur est une société civile constituée exclusivement entre parents et alliés jusqu'au quatrième degré inclus, par la société au profit de l'un des associés ;

b) Lorsque le logement est en indivision, par tout membre de l'indivision.

Art. 14 ▸ En cas d'abandon du domicile par le locataire, le contrat de location continue :

– au profit du conjoint sans préjudice de l'article 1751 du Code civil ;

– au profit des descendants qui vivaient avec lui depuis au moins un an à la date de l'abandon du domicile ;

– au profit du partenaire lié au locataire par un pacte civil de solidarité ;

– au profit des ascendants, du concubin notoire ou des personnes à charge, qui vivaient avec lui depuis au moins un an à la date de l'abandon du domicile.

Lors du décès du locataire, le contrat de location est transféré :

– au conjoint survivant qui ne peut se prévaloir des dispositions de l'article 1751 du Code civil ;

– aux descendants qui vivaient avec lui depuis au moins un an à la date du décès ;

– au partenaire lié au locataire par un pacte civil de solidarité ;

– aux ascendants, au concubin notoire ou aux personnes à charge, qui vivaient avec lui depuis au moins un an à la date du décès.

En cas de demandes multiples, le juge se prononce en fonction des intérêts en présence.

À défaut de personnes remplissant les conditions prévues au présent article, le contrat de location est résilié de plein droit par le décès du locataire ou par l'abandon du domicile par ce dernier.

Art. 15 ▸ I – Lorsque le bailleur donne congé à son locataire, ce congé doit être justifié soit par sa décision de reprendre ou de vendre le logement, soit par un motif légitime et sérieux, notamment l'inexécution par le locataire de l'une des obligations lui incombant. À peine de nullité, le congé donné par le bailleur doit indiquer le motif allégué et, en cas de reprise, les nom et adresse du bénéficiaire de la reprise qui ne peut être que le bailleur, son conjoint, le partenaire auquel il est lié par un pacte civil de solidarité enregistré à la date du congé, son concubin notoire depuis au moins un an à la date du congé, ses ascendants, ses descendants ou ceux de son conjoint, de son partenaire ou de son concubin notoire.

Le délai de préavis applicable au congé est de trois mois lorsqu'il émane du locataire et de six mois lorsqu'il émane du bailleur. Toutefois, en cas d'obtention d'un premier emploi, de mutation, de perte d'emploi ou de nouvel emploi consécutif à une perte d'emploi, le locataire peut donner congé au bailleur avec un délai de préavis d'un mois. Le délai est également réduit à un mois en faveur des locataires âgés de plus de soixante ans dont l'état de santé justifie un changement de domicile ainsi que des bénéficiaires du revenu minimum d'insertion. Le congé doit être notifié par lettre recommandée avec demande d'avis de réception ou signifié par acte d'huissier. Ce délai court à compter du jour de la réception de la lettre recommandée ou de la signification de l'acte d'huissier.

Pendant le délai de préavis, le locataire n'est redevable du loyer et des charges que pour le temps où il a occupé réellement les lieux si le congé a été notifié par le bailleur. Il est redevable du loyer et des charges concernant tout le délai de préavis si c'est lui qui a notifié le congé, sauf si le logement se trouve occupé avant la fin du préavis par un autre locataire en accord avec le bailleur.

À l'expiration du délai de préavis, le locataire est déchu de tout titre d'occupation des locaux loués.

II – Lorsqu'il est fondé sur la décision de vendre le logement, le congé doit, à peine de nullité, indiquer le prix et les conditions de la vente projetée. Le congé vaut offre de vente au profit du locataire : l'offre est valable pendant les deux premiers mois du délai de préavis. Les dispositions de l'article 46 de la loi n° 65-557 du 10 juillet 1965 fixant le statut de la copropriété des immeubles bâtis ne sont pas applicables au congé fondé sur la décision de vendre le logement.

À l'expiration du délai de préavis, le locataire qui n'a pas accepté l'offre de vente est déchu de plein droit de tout titre d'occupation sur le local.

Le locataire qui accepte l'offre dispose, à compter de la date d'envoi de sa réponse au bailleur, d'un délai de deux mois pour la réalisation de l'acte de vente. Si, dans sa réponse, il notifie son intention de recourir à un prêt, l'acceptation par le locataire de l'offre de vente est subordonnée à l'obtention du prêt et le délai de réalisation de la vente est porté à quatre mois. Le contrat de location est prorogé jusqu'à l'expiration du délai de réalisation de la vente. Si, à l'expiration de ce délai, la vente n'a pas été réalisée, l'acceptation de l'offre de vente est nulle de plein droit et le locataire est déchu de plein droit de tout titre d'occupation.

Dans le cas où le propriétaire décide de vendre à des conditions ou à un prix plus avantageux pour l'acquéreur, le notaire doit, lorsque le bailleur n'y a pas préalablement procédé, notifier au locataire ces conditions et prix à peine de nullité de la vente. Cette notification est effectuée à l'adresse indiquée à cet effet par le locataire au bailleur; si le locataire n'a pas fait connaître cette adresse au bailleur, la notification est effectuée à l'adresse des locaux dont la location avait été consentie. Elle vaut offre de vente au profit du locataire. Cette offre est valable pendant une durée d'un mois à compter de sa réception. L'offre qui n'a pas été acceptée dans le délai d'un mois est caduque.

Le locataire qui accepte l'offre ainsi notifiée dispose, à compter de la date d'envoi de sa réponse au bailleur ou au notaire, d'un délai de deux mois pour la réalisation de l'acte de vente. Si, dans sa réponse, il notifie son intention de recourir à un prêt, l'acceptation par le locataire de l'offre de vente est subordonnée à l'obtention du prêt et le délai de réalisation de la vente est porté à quatre mois. Si, à l'expiration de ce délai, la vente n'a pas été réalisée, l'acceptation de l'offre de vente est nulle de plein droit.

Les termes des cinq alinéas précédents sont reproduits à peine de nullité dans chaque notification.

Ces dispositions ne sont pas applicables aux actes intervenant entre parents jusqu'au quatrième degré inclus, sous la condition que l'acquéreur occupe le logement pendant une durée qui ne peut être inférieure à deux ans à compter de l'expiration du délai de préavis, ni aux actes portant sur les immeubles mentionnés au deuxième alinéa de l'article L. 111-6-1 du Code de la construction et de l'habitation.

Dans les cas de congés pour vente prévus à l'article 11-1, l'offre de vente au profit du locataire est dissociée du congé. En outre, le non-respect de l'une des obligations relatives au congé pour vente d'un accord conclu en application de l'article 41 *ter* de la loi n° 86-1290 du 23 décembre 1986 tendant à favoriser l'investissement locatif, l'accession à la propriété de logements sociaux et le développement de l'offre foncière, et rendu obligatoire par décret, donne lieu à l'annulation du congé.

Est nul de plein droit le congé pour vente délivré au locataire en violation de l'engagement de prorogation des contrats de bail en cours, mentionné au premier alinéa du A du I de l'article 10-1 de la loi n° 75-1351 du 31 décembre 1975 relative à la protection des occupants de locaux à usage d'habitation.

III – Le bailleur ne peut s'opposer au renouvellement du contrat en donnant congé dans les conditions définies au paragraphe I ci-dessus à l'égard de tout locataire âgé de plus de soixante-dix ans et dont les ressources annuelles sont inférieures à une fois et demie le montant annuel du salaire minimum de croissance, sans qu'un logement correspondant à ses besoins et à ses possibilités lui soit offert dans les limites géographiques prévues à l'article 13 *bis* de la loi n° 48-1360 du 1er septembre 1948 précitée.

Toutefois, les dispositions de l'alinéa précédent ne sont pas applicables lorsque le bailleur est une personne physique âgée de plus de soixante ans ou si ses ressources annuelles sont inférieures à une fois et demie le montant annuel du salaire minimum de croissance.

L'âge du locataire et celui du bailleur sont appréciés à la date d'échéance du contrat ; le montant de leurs ressources est apprécié à la date de notification du congé.

Chapitre III
Du loyer, des charges et du règlement des litiges

Art. 16 Les données statistiques nécessaires à la détermination des références mentionnées aux articles 17 et 19 peuvent être recueillies et diffusées, pour chaque département, par des observatoires des loyers agréés à cette fin par le ministre chargé du logement. Cet agrément peut également être accordé à des observatoires des loyers exerçant leur activité pour l'ensemble d'une agglomération.

L'agrément mentionné à l'alinéa précédent n'est accordé, dans des conditions fixées par décret, qu'aux observatoires dont les statuts assurent la représentation équitable des bailleurs, des locataires, des gestionnaires au sein de leurs organes dirigeants.

Les observatoires des loyers fournissent aux commissions départementales de conciliation et aux juges qui en font la demande les éléments d'information en leur possession permettant à ceux-ci de favoriser la conciliation des parties ou de trancher un litige.

Le Gouvernement dépose tous les deux ans, sur le bureau des assemblées, au cours du deuxième trimestre, un rapport sur l'évolution des loyers.

Art. 17 a) Le loyer :

– des logements neufs ;

– des logements vacants ayant fait l'objet de travaux de mise ou de remise en conformité avec les caractéristiques définies en application des premier et deuxième alinéas de l'article 6 ;

– des logements conformes aux normes définies par ledit décret, faisant l'objet d'une première location ou, s'ils sont vacants, ayant fait l'objet depuis moins de six mois de travaux d'amélioration portant sur les parties privatives ou communes, d'un montant au moins égal à une année du loyer antérieur, est fixé librement entre les parties.

b) Le loyer des logements vacants ou faisant l'objet d'une première location qui ne sont pas visés au *a* ci-dessus est fixé par référence aux loyers habituellement constatés dans le voisinage pour des logements comparables dans les conditions définies à l'article 19, s'il est supérieur au dernier loyer exigé du précédent locataire.

Les dispositions de l'alinéa précédent sont applicables jusqu'au 31 juillet 1997. Avant cette date, le Gouvernement présentera au Parlement un rapport d'exécution permettant d'établir la comparaison entre l'évolution des loyers des logements vacants selon qu'ils relèvent du a ou du b du présent article.

Toutefois, le Gouvernement présentera au Parlement, dans un délai d'un an à compter de la promulgation de la loi n° 92-722 du 29 juillet 1992 portant adaptation de la loi n° 88-1088 du 1er décembre 1988 relative au minimum d'insertion et relative à la lutte contre la pauvreté et l'exclusion sociale et professionnelle, un rapport d'information sur les logements vacants dans les agglomérations de plus de 200 000 habitants au sens du recensement général de la population, spécifiant, entre autres, les motifs et la durée de la vacance.

En cas de non-respect par le bailleur des dispositions de l'article 19, le locataire dispose, sans qu'il soit porté atteinte à la validité du contrat en cours, d'un délai de deux mois pour contester le montant du loyer auprès de la commission de conciliation.

À défaut d'accord constaté par la commission, le juge, saisi par l'une ou l'autre des parties, fixe le loyer.

c) Lors du renouvellement du contrat, le loyer ne donne lieu à réévaluation que s'il est manifestement sous-évalué.

Dans ce cas, le bailleur peut proposer au locataire, au moins six mois avant le terme du contrat et dans les conditions de forme prévues à l'article 15, un nouveau loyer fixé par référence aux loyers habituellement constatés dans le voisinage pour des logements comparables dans les conditions définies à l'article 19.

Lorsque le bailleur fait application des dispositions du présent c, il ne peut donner congé au locataire pour la même échéance du contrat.

La notification reproduit intégralement, à peine de nullité, les dispositions des alinéas du présent c et mentionne le montant du loyer ainsi que la liste des références ayant servi à le déterminer.

En cas de désaccord ou à défaut de réponse du locataire quatre mois avant le terme du contrat, l'une ou l'autre des parties saisit la commission de conciliation.

À défaut d'accord constaté par la commission, le juge est saisi avant le terme du contrat. À défaut de saisine, le contrat est reconduit de plein droit aux conditions antérieures du loyer éventuellement révisé. Le contrat dont le loyer est fixé judiciairement est réputé renouvelé pour la durée définie à l'article 10, à compter de la date d'expiration du contrat. La décision du juge est exécutoire par provision.

La hausse convenue entre les parties ou fixée judiciairement s'applique par tiers ou par sixième selon la durée du contrat.

Toutefois, cette hausse s'applique par sixième annuel au contrat renouvelé, puis lors du renouvellement ultérieur, dès lors qu'elle est supérieure à 10 p. 100 si le premier renouvellement avait une durée inférieure à six ans.

La révision éventuelle résultant du d ci-dessous s'applique à chaque valeur ainsi définie.

d) Lorsque le contrat de location prévoit la révision du loyer, celle-ci intervient chaque année à la date convenue entre les parties ou, à défaut, au terme de chaque année du contrat.

L'augmentation du loyer qui en résulte ne peut excéder la variation d'un indice de référence des loyers publié par l'Institut national de la statistique et des études économiques chaque trimestre et qui correspond à la moyenne, sur les douze derniers mois, de l'évolution des prix à la consommation hors tabac et hors loyers. À défaut de clause contractuelle fixant la date de référence, cette date est celle du dernier indice publié à la date de signature du contrat de location.

e) Lorsque les parties sont convenues, par une clause expresse, de travaux d'amélioration du logement que le bailleur fera exécuter, le contrat de location ou un avenant à ce contrat fixe la majoration du loyer consécutive à la réalisation de ces travaux.

Art. 18 ▸ Dans la zone géographique où le niveau et l'évolution des loyers comparés à ceux constatés sur l'ensemble du territoire révèlent une situation anormale du marché locatif, un décret en Conseil d'État, pris après avis de la Commission nationale de concertation, peut fixer le montant maximum d'évolution des loyers des logements vacants définis au *b* de l'article 17 et des contrats renouvelés définis au *c* du même article.

Ce décret précise sa durée de validité qui ne peut excéder un an et peut prévoir des adaptations particulières, notamment en cas de travaux réalisés par les bailleurs ou de loyers manifestement sous-évalués.

Art. 19 ▸ Pour l'application de l'article 17, les loyers servant de références doivent être représentatifs de l'ensemble des loyers habituellement constatés dans le voisinage pour des logements comparables, situés soit dans le même groupe d'immeubles, soit dans tout autre groupe d'immeubles comportant des caractéristiques similaires et situé dans la même zone géographique. Un décret en Conseil d'État définit les éléments constitutifs de ces références.

Le nombre minimal des références à fournir par le bailleur est de trois. Toutefois, il est de six dans les communes, dont la liste est fixée par décret, faisant partie d'une agglomération de plus d'un million d'habitants.

Les références notifiées par le bailleur doivent comporter, au moins pour deux tiers, des références de locations pour lesquelles il n'y a pas eu de changement de locataire depuis trois ans.

Art. 20 ▸ Il est créé auprès du représentant de l'État dans chaque département une commission départementale de conciliation composée de représentants d'organisations de bailleurs et d'organisations de locataires en nombre égal, dont la compétence porte sur les litiges résultant de l'application des dispositions de l'article 17 de la présente loi et des articles 30 et 31 de la loi n° 86-1290 du 23 décembre 1986 précitée. La commission rend un avis dans le délai de deux mois à compter de sa saisine et s'efforce de concilier les parties.

En outre, sa compétence est étendue à l'examen :

– des litiges portant sur les caractéristiques du logement mentionnées aux premier et deuxième alinéas de l'article 6 ;

– des litiges relatifs à l'état des lieux, au dépôt de garantie, aux charges locatives et aux réparations ;

– des difficultés résultant de l'application des accords collectifs nationaux ou locaux prévus aux articles 41 *ter* et 42 de la loi n° 86-1290 du 23 décembre 1986 précitée, de l'application du plan de concertation locative prévu à l'article 44 *bis* de la même loi et des modalités de fonctionnement de l'immeuble ou du groupe d'immeubles.

Pour le règlement de ces litiges, la commission départementale de conciliation peut être saisie par le bailleur ou le locataire. Pour le règlement de ces difficultés, elle peut être saisie par le bailleur, plusieurs locataires ou une association représentative de locataires. À défaut de conciliation entre les parties, elle rend un avis qui peut être transmis au juge saisi par l'une ou l'autre des parties.

La composition de la commission départementale de conciliation, le mode de désignation de ses membres, son organisation et ses règles de fonctionnement sont fixés par décret.

Art. 20-1 ▸ Si le logement loué ne satisfait pas aux dispositions des premier et deuxième alinéas de l'article 6, le locataire peut demander au propriétaire leur mise en conformité sans qu'il soit porté atteinte à la validité du contrat en cours. À défaut d'accord entre les parties ou à défaut de réponse du propriétaire dans un délai de deux mois, la commission départementale de conciliation peut être saisie et rendre un avis dans les conditions fixées à l'article 20. La saisine de la commission ou la remise de son avis ne constitue pas un préalable à la saisine du juge par l'une ou l'autre des parties.

Le juge saisi par l'une ou l'autre des parties détermine, le cas échéant, la nature des travaux à réaliser et le délai de leur exécution. Il peut réduire le montant du loyer ou suspendre, avec ou sans consignation, son paiement et la durée du bail jusqu'à l'exécution de ces travaux. Le juge peut transmettre au représentant de l'État dans le département l'ordonnance ou le jugement constatant que le logement loué ne satisfait pas aux dispositions des premier et deuxième alinéas de l'article 6.

Art. 21 ▸ Le bailleur est tenu de remettre gratuitement une quittance au locataire qui en fait la demande. La quittance porte le détail des sommes versées par le locataire en distinguant le loyer, le droit de bail et les charges.

Si le locataire effectue un paiement partiel, le bailleur est tenu de délivrer un reçu.

Art. 22 ▸ Lorsqu'un dépôt de garantie est prévu par le contrat de location pour garantir l'exécution de ses obligations locatives par le locataire, il ne peut être supérieur à un mois de loyer en principal. Au moment de la signature du bail, le dépôt de garantie est versé au bailleur directement par le locataire ou par l'intermédiaire d'un tiers.

Un dépôt de garantie ne peut être prévu lorsque le loyer est payable d'avance pour une période supérieure à deux mois ; toutefois, si le locataire demande le bénéfice du paiement mensuel du loyer, par application de l'article 7, le bailleur peut exiger un dépôt de garantie.

Il est restitué dans un délai maximal de deux mois à compter de la restitution des clés par le locataire, déduction faite, le cas échéant, des sommes restant dues au bailleur et des sommes dont celui-ci pourrait être tenu, aux lieu et place du locataire, sous réserve qu'elles soient dûment justifiées.

Le montant de ce dépôt de garantie ne porte pas intérêt au bénéfice du locataire. Il ne doit faire l'objet d'aucune révision durant l'exécution du contrat de location, éventuellement renouvelé.

À défaut de restitution dans le délai prévu, le solde du dépôt de garantie restant dû au locataire, après arrêté des comptes, produit intérêt au taux légal au profit du locataire.

Art. 22-1 ▸ Lorsqu'un cautionnement pour les sommes dont le locataire serait débiteur dans le cadre d'un contrat de location conclu en application du présent titre est exigé par le bailleur, celui-ci ne peut refuser la caution présentée au motif qu'elle ne possède pas la nationalité française ou qu'elle ne réside pas sur le territoire métropolitain.

Lorsque le cautionnement d'obligations résultant d'un contrat de location conclu en application du présent titre ne comporte aucune indication de durée ou lorsque la durée du cautionnement est stipulée indéterminée, la caution peut le résilier unilatéralement. La résiliation prend effet au terme du contrat de location, qu'il s'agisse du contrat initial ou d'un contrat reconduit ou renouvelé, au cours duquel le bailleur reçoit notification de la résiliation.

La personne qui se porte caution fait précéder sa signature de la reproduction manuscrite du montant du loyer et des conditions de sa révision tels qu'ils figurent au contrat de location, de la mention manuscrite exprimant de façon explicite et non équivoque la connaissance qu'elle a de la nature et de l'étendue de l'obligation qu'elle contracte et de la reproduction manuscrite de l'alinéa précédent. Le bailleur remet à la caution un exemplaire du contrat de location. Ces formalités sont prescrites à peine de nullité du cautionnement.

Art. 22-1-1 ▸ La garantie autonome prévue à l'article 2321 du Code civil ne peut être souscrite qu'en lieu et place du dépôt de garantie prévu à l'article 22 et que dans la limite du montant résultant des dispositions du premier alinéa de cet article.

Art. 22-2 En préalable à l'établissement du contrat de location, le bailleur ne peut demander au candidat à la location de produire les documents suivants :

– photographie d'identité, hormis celle de la pièce justificative d'identité ;

– carte d'assuré social ;

– copie de relevé de compte bancaire ou postal ;

– attestation de bonne tenue de compte bancaire ou postal ;

– attestation d'absence de crédit en cours ;

– autorisation de prélèvement automatique ;

– jugement de divorce, à l'exception du paragraphe commençant par l'énoncé : « Par ces motifs » ;

– attestation du précédent bailleur indiquant que le locataire est à jour de ses loyers et charges, dès lors que le locataire peut présenter d'autres justificatifs ;

– attestation de l'employeur dès lors qu'il peut être fourni le contrat de travail et les derniers bulletins de salaire ;

– contrat de mariage ;

– certificat de concubinage ;

– chèque de réservation de logement ;

– dossier médical personnel ;

– extrait de casier judiciaire ;

– remise sur un compte bloqué de biens, d'effets, de valeurs ou d'une somme d'argent correspondant à plus de deux mois de loyer en principal en l'absence du dépôt de garantie ou de la souscription de la garantie autonome prévue à l'article 2321 du Code civil ;

– production de plus de deux bilans pour les travailleurs indépendants.

Art. 23 Les charges récupérables, sommes accessoires au loyer principal, sont exigibles sur justification en contrepartie :

1° des services rendus liés à l'usage des différents éléments de la chose louée ;

2° des dépenses d'entretien courant et des menues réparations sur les éléments d'usage commun de la chose louée. Sont notamment récupérables à ce titre les dépenses engagées par le bailleur dans le cadre d'un contrat d'entretien relatif aux ascenseurs et répondant aux conditions de l'article L. 125-2-2 du Code de la construction et de l'habitation, qui concernent les opérations et les vérifications périodiques minimales et la réparation et le remplacement de petites pièces présentant des signes d'usure excessive ainsi que les interventions pour dégager les personnes bloquées en cabine et le dépannage et la remise en fonctionnement normal des appareils.

3° Des impositions qui correspondent à des services dont le locataire profite directement.

La liste de ces charges est fixée par décret en Conseil d'État. Il peut y être dérogé par accords collectifs locaux portant sur l'amélioration de la sécurité ou la prise en compte du développement durable, conclus conformément à l'article 42 de la loi n° 86-1290 du 23 décembre 1986 précitée.

Les charges locatives peuvent donner lieu au versement de provisions et doivent, en ce cas, faire l'objet d'une régularisation au moins annuelle. Les demandes de provisions sont justifiées par la communication de résultats antérieurs arrêtés lors de la précédente régularisation et, lorsque l'immeuble est soumis au statut de la copropriété ou lorsque le bailleur est une personne morale, par le budget prévisionnel.

Un mois avant cette régularisation, le bailleur en communique au locataire le décompte par nature de charges ainsi que, dans les immeubles collectifs, le mode de répartition entre les locataires. Durant un mois à compter de l'envoi de ce décompte, les pièces justificatives sont tenues à la disposition des locataires.

Pour l'application du présent article, le coût des services assurés dans le cadre d'un contrat d'entreprise correspond à la dépense, toutes taxes comprises, acquittée par le bailleur.

Art. 24 Toute clause prévoyant la résiliation de plein droit du contrat de location pour défaut de paiement du loyer ou des charges aux termes convenus ou pour non-versement du dépôt de garantie ne produit effet que deux mois après un commandement de payer demeuré infructueux.

À peine d'irrecevabilité de la demande, l'assignation aux fins de constat de la résiliation est notifiée à la diligence de l'huissier de justice au représentant de l'État dans le département, par lettre recommandée avec demande d'avis de réception, au moins deux mois avant l'audience, afin qu'il saisisse, en tant que de besoin, les organismes dont relèvent les aides au logement, le Fonds de solidarité pour le logement ou les services sociaux compétents.

Le juge peut, même d'office, accorder des délais de paiement, dans les conditions prévues aux articles 1244-1 (premier alinéa) et 1244-2 du Code civil, au locataire en situation de régler sa dette locative.

Pendant le cours des délais ainsi accordés, les effets de la clause de résiliation de plein droit sont suspendus; ces délais et les modalités de paiement accordés ne peuvent affecter l'exécution du contrat de location et notamment suspendre le paiement du loyer et des charges.

Si le locataire se libère dans le délai et selon les modalités fixés par le juge, la clause de résiliation de plein droit est réputée ne pas avoir joué; dans le cas contraire, elle reprend son plein effet.

Le commandement de payer reproduit, à peine de nullité, les dispositions des alinéas précédents ainsi que du premier alinéa de l'article 6 de la loi n° 90-449 du 31 mai 1990 visant la mise en œuvre du droit au logement, en mentionnant la faculté pour le locataire de saisir le fonds de solidarité pour le logement dont l'adresse est précisée.

Lorsque les obligations résultant d'un contrat de location conclu en application du présent titre sont garanties par un cautionnement, le commandement de payer est signifié à la caution dans un délai de quinze jours à compter de la signification du commandement au locataire. À défaut, la caution ne peut être tenue au paiement des pénalités ou intérêts de retard.

Les dispositions du deuxième alinéa sont applicables aux assignations tendant au prononcé de la résiliation du bail lorsqu'elle est motivée par l'existence d'une dette locative du preneur. Elles sont également applicables aux demandes reconventionnelles aux fins de constat ou de prononcé de la résiliation motivées par l'existence d'une dette locative, la notification au représentant de l'État incombant au bailleur.

Art. 24-1 ▸ Lorsqu'un locataire a avec son bailleur un litige locatif ou lorsque plusieurs locataires ont avec un même bailleur un litige locatif ayant une origine commune, ils peuvent donner par écrit mandat d'agir en justice en leur nom et pour leur compte à une association siégeant à la Commission nationale de concertation et agréée à cette fin ; si le litige porte sur les caractéristiques du logement mentionnées aux premier et deuxième alinéas de l'article 6, ce mandat peut être donné en outre à une association dont l'un des objets est l'insertion ou le logement des personnes défavorisées ou à une association de défense des personnes en situation d'exclusion par le logement mentionnées à l'article 3 de la loi n° 90-449 du 31 mai 1990 visant à la mise en œuvre du droit au logement, et agréée par le représentant de l'État dans le département. Une association agréée dans les conditions prévues au présent alinéa peut assister ou représenter, selon les modalités définies à l'article 828 du Code de procédure civile, un locataire en cas de litige portant sur le respect des caractéristiques de décence de son logement.

Les dispositions de l'alinéa précédent sont applicables aux locataires des locaux mentionnés au deuxième alinéa de l'article 2 lorsque le litige locatif porte sur la décence du logement.

Art. 25 ▸ I – Les chapitres Ier à IV du titre Ier de la loi n° 86-1290 du 23 décembre 1986 tendant à favoriser l'investissement locatif, l'accession à la propriété des logements sociaux et le développement de l'offre foncière sont abrogés.

II – Jusqu'à leur terme, les contrats de location en cours à la date de la publication de la présente loi demeurent soumis aux dispositions qui leur étaient applicables. Toutefois, les dispositions des deux derniers alinéas de l'article 10, des articles 15, 17, 18, 19 et 24 s'appliquent à ces contrats dès la publication de la présente loi.

Pour les contrats conclus postérieurement au 23 décembre 1986, pour lesquels le propriétaire a délivré congé en application de l'article 9 et de l'article 14 de la loi n° 86-1290 du 23 décembre 1986 précitée avant la date de publication de la présente loi, le congé est nul et sans effet. Le propriétaire peut délivrer un nouveau congé dans les formes et conditions prévues à l'article 15 ; toutefois, le délai de préavis applicable à ce congé est réduit à trois mois.

III – Pour les contrats arrivant à échéance après le 22 mai 1989, ou pour lesquels une instance judiciaire est en cours, pour lesquels le propriétaire a formulé, avant la publication de la présente loi, une proposition de nouveau loyer en application de l'article 21 de la loi n° 86-1290 du 23 décembre 1986 précitée, le locataire dispose d'un délai d'un mois à compter de ladite publication pour demander au bailleur, par lettre recommandée avec demande d'avis de réception ou par acte d'huissier, de formuler à nouveau une proposition de loyer; dans ce cas, le bailleur peut présenter, dans un délai d'un mois à compter de la demande du locataire et dans les mêmes formes, une nouvelle proposition, faute de quoi le contrat initial est reconduit, à compter de sa date normale d'échéance, pour la durée prévue à l'article 10 et au loyer antérieur éventuellement révisé.

Les dispositions du *c* de l'article 17 sont applicables à ladite proposition, sous les réserves suivantes : le délai de préavis qui est fixé pour la formulation de la proposition n'est pas applicable; la commission départementale de conciliation est saisie au plus tard deux mois après la proposition du bailleur; le juge doit être saisi au plus tard deux mois après la saisine de la commission ; le nouveau loyer, fixé à la suite de cette seconde proposition, prend effet à la date normale d'échéance du contrat. Jusqu'à la fixation de ce loyer, il n'est pas porté atteinte à la validité du loyer éventuellement fixé en application de l'article 21 de la loi n° 86-1290 du 23 décembre 1986 précitée.

Pour les contrats conclus postérieurement au 23 décembre 1986 et pour lesquels le bailleur a formulé une proposition de renouvellement assortie d'un nouveau loyer en application de l'article 9 de la loi n° 86-1290 du 23 décembre 1986 précitée, avant la date de publication de la présente loi, la proposition est nulle et sans effet. Le bailleur peut formuler dans un délai d'un mois à compter de la publication de la présente loi une proposition de nouveau loyer conformément au *c* de l'article 17, sous les réserves prévues à l'alinéa précédent; toutefois, jusqu'à la fixation du nouveau loyer, le loyer antérieur éventuellement révisé demeure applicable.

IV – Les dispositions du paragraphe III ci-dessus ne sont pas applicables lorsque la proposition du bailleur ou le congé ont donné lieu à une décision de justice passée en force de chose jugée.

V – Les décrets pris en application des articles 7, 18, 21, 23 et 24 abrogés et des articles 25 et 29 modifiés de la loi n° 86-1290 du 23 décembre 1986 restent en vigueur pour l'application de la présente loi, jusqu'à l'intervention des décrets correspondants pris en application de la présente loi.

Art. 25-1 À l'exception du troisième alinéa de l'article 9, des articles 16 à 20, du deuxième alinéa de l'article 24 et de l'article 25, les dispositions du présent titre sont applicables en Polynésie française sous réserve des adaptations suivantes :

1° au quatrième alinéa de l'article 3, les mots : « prévues à l'article 19 » sont remplacés par les mots : « prévues par délibération de l'assemblée locale » ;

2° À la fin du *a* de l'article 6, les mots : « en application des premier et deuxième alinéas » sont remplacés par les mots : « par la réglementation territoriale » ;

3° à l'article 15 :

a) dans le septième alinéa du II, les mots : « ni aux actes portant sur les immeubles mentionnés au deuxième alinéa de l'article L. 111-6-1 du Code de la construction et de l'habitation » ne sont pas applicables ;

b) aux premier et deuxième alinéas du III, les mots : « salaire minimum de croissance » sont remplacés par les mots : « salaire minimum interprofessionnel garanti » ;

c) au premier alinéa du III, les mots : « dans les limites géographiques prévues à l'article 13 *bis* de la loi n° 48-1360 du 1er septembre 1948 » sont remplacés par les mots : « à une distance au plus égale à 5 kilomètres » ;

4° le sixième alinéa de l'article 24 est remplacé par les dispositions suivantes :

Le commandement de payer reproduit, à peine de nullité, les dispositions des alinéas précédents.

Décret n° 2002-120 du 30 janvier 2002 relatif aux caractéristiques du logement décent pris pour l'application de l'article 187 de la loi n° 2000-1208 du 13 décembre 2000 relative à la solidarité et au renouvellement urbains

Art. 1er Un logement décent est un logement qui répond aux caractéristiques définies par le présent décret.

Art. 2 Le logement doit satisfaire aux conditions suivantes, au regard de la sécurité physique et de la santé des locataires :

1° Il assure le clos et le couvert. Le gros œuvre du logement et de ses accès est en bon état d'entretien et de solidité et protège les locaux contre les eaux de ruissellement et les remontées d'eau. Les menuiseries extérieures et la couverture avec ses raccords et accessoires assurent la protection contre les infiltrations d'eau dans l'habitation. Pour les logements situés dans les départements d'outre-mer, il peut être tenu compte, pour l'appréciation des conditions relatives à la protection contre les infiltrations d'eau, des conditions climatiques spécifiques à ces départements.

2° Les dispositifs de retenue des personnes, dans le logement et ses accès, tels que garde-corps des fenêtres, escaliers, loggias et balcons, sont dans un état conforme à leur usage.

3° La nature et l'état de conservation et d'entretien des matériaux de construction, des canalisations et des revêtements du logement ne présentent pas de risques manifestes pour la santé et la sécurité physique des locataires.

4° Les réseaux et branchements d'électricité et de gaz et les équipements de chauffage et de production d'eau chaude sont conformes aux normes de sécurité définies par les lois et règlements et sont en bon état d'usage et de fonctionnement.

5° Les dispositifs d'ouverture et de ventilation des logements permettent un renouvellement de l'air adapté aux besoins d'une occupation normale du logement et au fonctionnement des équipements.

6° Les pièces principales, au sens du troisième alinéa de l'article R. 111-1 du Code de la construction et de l'habitation, bénéficient d'un éclairement naturel suffisant et d'un ouvrant donnant à l'air libre ou sur un volume vitré donnant à l'air libre.

Art. 3 ▸ Le logement comporte les éléments d'équipement et de confort suivants :

1° Une installation permettant un chauffage normal, munie des dispositifs d'alimentation en énergie et d'évacuation des produits de combustion et adaptée aux caractéristiques du logement. Pour les logements situés dans les départements d'outre-mer, il peut ne pas être fait application de ces dispositions lorsque les conditions climatiques le justifient.

2° Une installation d'alimentation en eau potable assurant à l'intérieur du logement la distribution avec une pression et un débit suffisants pour l'utilisation normale de ses locataires.

3° Des installations d'évacuation des eaux ménagères et des eaux-vannes empêchant le refoulement des odeurs et des effluents et munies de siphon.

4° Une cuisine ou un coin cuisine aménagé de manière à recevoir un appareil de cuisson et comprenant un évier raccordé à une installation d'alimentation en eau chaude et froide et à une installation d'évacuation des eaux usées.

5° Une installation sanitaire intérieure au logement comprenant un WC, séparé de la cuisine et de la pièce où sont pris les repas, et un équipement pour la toilette corporelle, comportant une baignoire ou une douche, aménagé de manière à garantir l'intimité personnelle, alimenté en eau chaude et froide et muni d'une évacuation des eaux usées. L'installation sanitaire d'un logement d'une seule pièce peut être limitée à un WC extérieur au logement à condition que ce WC soit situé dans le même bâtiment et facilement accessible.

6° Un réseau électrique permettant l'éclairage suffisant de toutes les pièces et des accès ainsi que le fonctionnement des appareils ménagers courants indispensables à la vie quotidienne.

Dans les logements situés dans les départements d'outre-mer, les dispositions relatives à l'alimentation en eau chaude prévues aux 4 et 5 ci-dessus ne sont pas applicables.

Art. 4 ▸ Le logement dispose au moins d'une pièce principale ayant soit une surface habitable au moins égale à 9 mètres carrés et une hauteur sous plafond au moins égale à 2,20 mètres, soit un volume habitable au moins égal à 20 mètres cubes.

La surface habitable et le volume habitable sont déterminés conformément aux dispositions des deuxième et troisième alinéas de l'article R. 111-2 du Code de la construction et de l'habitation.

Art. 5 ▸ Le logement qui fait l'objet d'un arrêté d'insalubrité ou de péril ne peut être considéré comme un logement décent.

Art. 6 ▸ Les travaux d'amélioration prévus à l'article 1er de la loi du 12 juillet 1967 susvisée sont ceux qui ont pour but exclusif de mettre les locaux en conformité avec tout ou partie des dispositions des articles 1er à 4 du présent décret, sans aboutir à dépasser les caractéristiques qui y sont définies.

Les articles 1er, 5 à 14 et 17 du décret du 9 novembre 1968 susvisé sont abrogés.

Art. 7 ▸ La garde des Sceaux, ministre de la Justice, le ministre de l'Intérieur, le ministre de l'Équipement, des Transports et du Logement, le secrétaire d'État à l'Outre-mer et la secrétaire d'État au Logement sont chargés, chacun en ce qui le concerne, de l'exécution du présent décret, qui sera publié au Journal officiel de la République française.

Compléments & Annexes

Glossaire 351
Foire Aux Questions 358
Liste des modèles 361
Index thématique 363

Glossaire

Agent immobilier ▸ personne physique ou morale qui, d'une manière habituelle, se livre ou prête son concours, même à titre accessoire, aux opérations portant sur les biens d'autrui et relatives, notamment à l'achat, l'échange, la location ou la sous-location en nu ou en meublé d'immeubles bâtis ou non bâtis. L'agent immobilier est soumis à la loi « Hoguet » du 2 janvier 1970 l'obligeant à détenir une carte professionnelle, à s'assurer pour sa responsabilité civile professionnelle auprès d'une société de caution, à conclure un mandat avec son client avant toute intervention de sa part, etc.

Amélioration (Travaux d') ▸ travaux apportant une plus-value au bien loué.

Aménagement ▸ adaptation des lieux à laquelle le bailleur ne peut s'opposer. Par exemple : travaux de peinture, pose de moquette ou de boiseries, modification de l'agencement des pièces, aménagement des combles ou installation d'un éclairage extérieur.

Assignation ▸ acte de procédure prenant la forme d'un acte d'huissier par lequel le demandeur invite le défendeur à se présenter devant le juge.

Assurance impayés de loyers ▸ assurance qui garantit le paiement du loyer et prend en charge le coût de la remise en état du logement en cas de dégradations constatées en fin de bail. Cette prestation est facturée en plus des honoraires de gestion (généralement 2 ou 3 % de toutes les sommes encaissées par l'agence). Elle n'est ouverte qu'au propriétaire qui accepte de louer son bien à des locataires répondant à des critères drastiques de solvabilité.

Assurance locative ▸ assurance que le locataire doit souscrire contre les risques locatifs (dégât des eaux, explosion et incendie).

Bail mixte ▸ bail à usage d'habitation et à usage professionnel.

Caution ▸ garantie demandée à une tierce personne par le créancier (ici, le bailleur) pour pallier les éventuelles défaillances du débiteur (en l'occurrence, le locataire). À ne pas confondre avec le dépôt de garantie.

Cession de bail ▸ contrat conclu entre le locataire (appelé « cédant ») et une personne (« cessionnaire ») aux termes duquel le cessionnaire devient locataire de tout ou partie des locaux loués en lieu et place du cédant. En principe interdite, la cession de bail nécessite l'accord exprès du bailleur.

Charges récupérables ▸ charges accessoires au loyer qu'il incombe au locataire de payer.

Clause abusive ▸ clause insérée dans un contrat proposé par un professionnel à un consommateur ayant pour objet ou pour effet de créer, au détriment du consommateur, un déséquilibre significatif entre les droits et les obligations des parties.

Clause illicite ▸ clause réputée non écrite par la loi. Le juge qui est saisi d'une clause illicite doit automatiquement la déclarer nulle.

Clause pénale ▸ clause par laquelle les parties évaluent d'avance et forfaitairement l'indemnité due en cas d'irrespect, par l'une d'entre elles, de ses obligations.

Clause résolutoire ▸ également appelée « clause de résiliation de plein droit », la clause résolutoire est la clause par laquelle le locataire accepte, par avance, que la méconnaissance de l'une au moins des obligations visées entraînera la résiliation pure et simple du bail.

Clause de travaux ▸ clause du bail par laquelle le locataire s'engage à réaliser un certain nombre de travaux dans le logement moyennant une diminution temporaire du loyer.

Colocataires ▸ ensemble des locataires ayant signé le bail.

Commandement de payer ▸ acte de procédure signifié au locataire par huissier de justice l'invitant à régler sa dette locative. Préalable indispensable à la mise en œuvre de la clause résolutoire.

Commandement de quitter les lieux ▸ acte de procédure signifié au locataire par huissier de justice l'invitant à quitter les lieux, suite à la décision d'expulsion dont il est frappé.

Commission ▸ rémunération de l'agent immobilier.

Commission départementale de conciliation ▸ instance paritaire compétente notamment pour tenter de concilier les parties en matière de fixation de loyer, de renouvellement et de litiges relatifs à l'état des lieux, au dépôt de garantie, aux charges locatives et aux réparations.

Commission des clauses abusives ▸ émanation de la Direction Générale de la Concurrence, de la Consommation et de la Répression des Fraudes (DGCCRF), cette commission, qui rend des recommandations, a pour mission de débusquer les clauses abusives.

Concubinage ▸ union de fait, caractérisée par une vie commune présentant un caractère de stabilité et de continuité, entre deux personnes, de sexe différent ou de même sexe, qui vivent en couple.

Concubinage notoire ▸ le concubinage est notoire lorsqu'il est porté à la connaissance de tous par une déclaration en mairie, sur la foi de témoignages concordants attestant de la stabilité et de la continuité de l'union.

Congé ▸ manifestation de volonté du locataire ou du bailleur par lequel l'un ou l'autre décide de mettre fin au bail.

Dépôt de garantie ▸ somme (d'un montant égal, au plus, à deux mois de loyer hors charges) que le locataire doit verser lors de la signature du bail et qui est destinée à « garantir l'exécution de ses obligations locatives par le locataire » (un impayé de loyer ponctuel, des dégradations, etc.). À ne pas confondre avec la caution.

Destination des lieux ▸ usage auquel les locaux loués sont destinés (soit à destination d'habitation, soit à destination mixte, d'habitation et professionnelle).

Dette locative ▸ ensemble des sommes dues par le locataire. Il peut s'agir des loyers, des charges, mais aussi du coût des réparations locatives que le locataire n'a pas exécutées et, plus généralement, des conséquences financières de tout manquement du locataire à ses obligations.

Domiciliation ▸ possibilité offerte par la loi à toute personne physique ou morale demandant son immatriculation au Registré du commerce et des sociétés (RCS) d'installer le siège de son entreprise au domicile de la personne physique ou du représentant légal de la personne morale.

Droit de préemption ▸ droit permettant, en priorité, au locataire de se porter acquéreur du logement qu'il occupe lorsque le bailleur lui a délivré un congé pour vente.

Élimination des rejets ▸ action consistant à sortir les containers à ordures. Réalisée par le concierge, le gardien ou l'employé d'immeuble, son coût donne lieu à récupération (pour partie ou intégralement) par le bailleur auprès du locataire.

Expulsion ▸ action d'obliger le locataire ou l'occupant sans titre à quitter les lieux suite à une décision de justice l'ordonnant.

Fonds de solidarité pour le logement ▸ fonds départemental destiné à accorder des aides financières sous forme de cautions, prêts, garanties et subventions à des personnes éprouvant des difficultés particulières, en raison, notamment, de l'inadaptation de leurs ressources ou de leurs conditions d'existence et qui entrent dans un logement locatif ou qui, étant locataires ou sous-locataires, se trouvent dans l'impossibilité d'assumer leurs obligations relatives au paiement du loyer et des charges.

Grille de vétusté ▸ prise en compte par certains organismes de logement social, sous la forme de tableaux, de la vétusté des équipements et des locaux, vétusté dont le locataire n'a pas à répondre.

Indemnité d'occupation ▸ montant à caractère compensatoire et indemnitaire dont doit s'acquitter l'occupant sans titre.

Indivision ▸ situation juridique, souvent issue d'une succession, dans laquelle plusieurs personnes ont un droit de propriété sur le ou les même(s) bien(s), sans que chacun soit, en propre, titulaire d'une part.

Jouissance paisible des lieux loués ▸ comportement du bailleur qui respecte la tranquillité du locataire et comportement du locataire qui respecte la tranquillité du bailleur et du voisinage des lieux loués.

Juge de l'exécution ▸ président du tribunal de grande instance ou magistrat désigné par lui, chargé de connaître des problèmes liés à la mise en œuvre d'un titre exécutoire (tel un jugement) et aux difficultés concernant une procédure d'exécution forcée (telle l'expulsion).

Juge des référés ▸ juge d'instance (ou premier président de la cour d'appel) ayant le pouvoir de prendre des mesures provisoires.

Jurisprudence ▸ ensemble des décisions rendues par les juridictions. Lorsque toutes les décisions sont rendues dans le même sens sur un même problème, on parle de « jurisprudence constante ».

Loyer portable ▸ est portable, le loyer qui, aux termes du bail, doit être porté au domicile du bailleur par le locataire.

Loyer quérable ▸ le loyer est quérable lorsqu'il ressort des clauses du bail qu'il incombe au bailleur de venir le chercher au domicile du locataire.

Malfaçon ▸ une malfaçon est une réalisation qui ne respecte pas les règles de l'art. Par exemple, une fenêtre neuve qui, bien qu'étant aux bonnes dimensions, ne ferme pas.

Mandat ▸ contrat liant l'agent immobilier, appelé « mandant », à son client (« mandataire »), que celui-ci soit le bailleur à la recherche d'un locataire ou désireux de faire gérer ses biens, ou le candidat locataire à la recherche d'un logement. Le mandat doit toujours être signé avant toute intervention du professionnel.

Marchand de listes ▸ personne physique ou morale qui, d'une manière habituelle, se livre ou prête son concours, même à titre accessoire, aux opérations portant sur les biens d'autrui et relatives, à la vente de listes ou de fichiers concernant l'achat, la vente, la location ou sous-location en nu ou en meublé d'immeubles bâtis ou non bâtis.

Occupant sans titre ▸ se dit du locataire qui est resté dans les lieux au-delà du terme du bail, alors qu'il a reçu congé, et plus généralement, de la personne qui se trouve dans les lieux sans avoir de bail en cours de validité (tel le squatter).

Pacte civil de solidarité ▸ contrat conclu entre deux personnes physiques majeures, de sexe différent ou de même sexe, pour organiser leur vie commune.

Préavis ► période située entre la délivrance du congé par le bailleur ou le locataire et la fin du bail.

Pré-état des lieux ► acte par lequel les parties décident, quelques jours avant l'établissement de l'état des lieux de sortie, de lister les réparations imputables au locataire, permettant à celui-ci de les effectuer, ce qui lui permettra de ne pas voir leur montant défalqué de la somme lui revenant au titre de son dépôt de garantie.

Quittance de loyer ► document par lequel le bailleur reconnaît que le locataire s'est totalement acquitté de ses obligations financières (loyer et provisions sur charges) pour une période donnée (en général, un mois).

Reconduction tacite ► renouvellement du contrat qui s'opère sans que ni le bailleur ni le locataire ne se manifestent : le locataire est laissé dans les lieux au-delà du terme du contrat, qui se trouve ainsi reconduit pour trois ans (si le bailleur est une personne physique) ou six ans (bailleur personne morale).

Reçu ► document par lequel le bailleur reconnaît que le locataire s'est partiellement acquitté de ses obligations financières (loyer et provisions sur charges) pour une période donnée (en général, un mois).

Renouvellement ► manifestation de volonté du bailleur et du locataire qui, au terme du contrat, décident de conclure un nouveau bail, avec ou non augmentation de loyer. Le renouvellement est au moins de trois ans lorsque le bailleur est une personne physique et de six ans en présence d'un bailleur personne morale.

Réparations locatives ► ensemble des réparations qu'il incombe au locataire d'assumer, soit directement, soit par l'intermédiaire d'une entreprise.

Résiliation judiciaire ► procédure au terme de laquelle le juge met fin au bail en cours d'exécution en raison de la destruction de la chose louée ou d'un manquement de l'une ou l'autre des parties. À l'inverse de la résiliation de plein droit poursuivie en application d'une clause résolutoire, le juge est libre d'apprécier si la gravité de la situation nécessite ou non la résiliation pure et simple du contrat.

Restitution des lieux ► événement à partir duquel le locataire va être déchargé de toutes ses obligations, notamment, celle de la garde de la chose louée et celle de payer la contrepartie financière à l'occupation des lieux. Pour qu'il y ait juridiquement restitution des lieux de la part du locataire, le locataire doit avoir quitté matériellement les lieux, les lieux doivent être libres de toute occupation et le locataire doit avoir rendu toutes les clés.

Signification ▸ acte de procédure réalisé par huissier de justice à la demande de l'une des parties au contrat de location, portant un acte ou une décision de justice à la connaissance de l'autre.

Sous-location ▸ il y a sous-location lorsqu'une autre personne que le locataire occupe tout ou partie du logement loué et que cette personne verse une contrepartie au locataire, lequel ne perd pas cette qualité, même en cas de sous-location totale. En principe interdite, la sous-location nécessite l'accord exprès du bailleur.

Surface habitable ▸ selon l'article R. 111-2 du Code de la construction et de l'habitation, il s'agit de la surface de plancher construite, après déduction des surfaces occupées par les murs, cloisons, marches et cages d'escaliers; étant précisé qu'il n'est pas tenu compte de la superficie des combles non aménagés, caves, sous-sols, remises, garages, terrasses, loggias, balcons, séchoirs extérieurs au logement, vérandas, volumes vitrés, locaux communs et autres dépendances des logements, ni des parties de locaux d'une hauteur inférieure à 1,80 mètre.

Terme à échoir ▸ lorsque le loyer est payable à terme à échoir, le locataire s'acquitte de sa dette pour le mois à venir.

Terme échu ▸ lorsque le loyer est payable à terme échu, le locataire s'acquitte de sa dette pour le mois qui vient de s'écouler.

Trouble de droit ▸ attitude du bailleur qui cherche à porter atteinte au fondement même du droit pour le locataire de rester dans les lieux. Par exemple, se rend coupable d'un trouble de droit, le bailleur qui loue son logement deux fois et qui tente d'expulser le locataire en place.

Trouble de fait ▸ un trouble de fait est un trouble qui résulte du simple comportement du bailleur. Par exemple, se rend coupable d'un trouble de fait, le bailleur qui pénètre dans les lieux loués sans l'accord du locataire et/ou en dehors des plages horaires prévues au contrat.

Trouble de voisinage ▸ comportement troublant la tranquillité des voisins. Lorsqu'il est le fait du locataire, il peut justifier le congé donné par le bailleur pour motif légitime et sérieux.

Usufruit ▸ démembrement de la propriété d'un bien conférant à son titulaire le droit de le mettre en location et de percevoir le loyer, mais non celui de le vendre.

Vétusté ▸ usure de la chose louée et de ses équipements suite à une utilisation normale des lieux. Le locataire n'a pas à répondre de la vétusté.

Vice de construction ▸ un vice de construction est une réalisation qui respecte les règles de l'art mais qui n'est pas adaptée à la construction.

Vice apparent ▸ est apparent, le vice de construction qui peut être décelé par un profane.

Vice caché ▸ est caché, le vice de construction qui ne peut être décelé par un profane.

Zone urbaine sensible ▸ zone identifiée par les pouvoirs publics comme étant « à risques ». Les zones urbaines sensibles se caractérisent par la présence de grands ensembles ou de quartiers d'habitat dégradé et par un déséquilibre accentué entre l'habitat et l'emploi. Elles comprennent les zones de redynamisation urbaine et les zones franches urbaines.

Foire Aux Questions

Une question	Une réponse
C'est quoi un mandat de recherche de locataire ?	n° 103
Qui paie la commission de l'agent immobilier ?	n° 106
C'est quoi un mandat de gestion ?	n° 107
À quoi sert l'assurance impayés de loyers ?	n° 107
Que peut-on attendre d'un marchand de listes ?	n° 108
Quelle loi pour quel bail ?	n° 111
Comment rédiger une petite annonce ?	n° 112
C'est quoi une discrimination ?	n° 115
Comment choisir son locataire ?	n° 117
Comment vérifier la solvabilité d'un candidat locataire ?	n° 118
Quels justificatifs peut réclamer un bailleur ?	n° 120
Que risque un « candidat locataire » qui fournit des faux documents ?	n° 121
Qui signe le bail ?	n° 204
Les frais de rédaction du bail sont-ils partagés ?	n° 207
Quelles sont les clauses obligatoires du bail ?	n° 209
Quelle est la durée du bail ?	n° 212
Peut-on prévoir une clause interdisant au locataire de changer de fournisseur d'énergie (gaz et électricité) ?	n° 212
Peut-on conclure un bail à durée réduite ?	n° 213
Pour prouver une discrimination, peut-on recourir au testing ?	n° 216
Quel est le montant du dépôt de garantie ?	n° 219
Quels sont les documents compris dans le dossier de diagnostic technique ?	n° 220-1
Un exemplaire du bail doit-il être remis à la caution ?	n° 221
Quelles sont les clauses qu'un bail ne peut pas prévoir ?	n° 223

Peut-on imposer un prélèvement automatique ? .... n° 226
Quelles garanties le bailleur peut-il prendre ? .... n° 235
C'est quoi se porter caution ? .... n° 235
Comment formuler un engagement de caution ? .... n° 239
Comment faire l'état des lieux d'entrée ? .... n° 302
À partir de quand un logement n'est-il plus décent ? .... n° 306
C'est quoi une « clause de travaux » ? .... n° 316
Le bailleur peut-il garder un double des clefs ? .... n° 403
Le bailleur doit-il garantir les vices cachés ? .... n° 411
Dans quelle mesure le bailleur doit-il effectuer des réparations d'entretien ? .... n° 414
Comment faire si le bailleur ne répare pas ce qu'il doit réparer ? .... n° 417
Le bailleur doit-il garantir la sécurité de l'immeuble ? .... n° 420
Qui est tenu de payer le loyer ? .... n° 501
Le prix du loyer est-il libre ? .... n° 507
Peut-on exiger la délivrance de quittances de loyers ? .... n° 510
Dans quels cas le locataire peut-il suspendre le paiement du loyer ? ..... n° 514
Comment réviser le montant du loyer ? .... n° 516
C'est quoi une « charge locative » ? .... n° 520
Quelles sont les charges récupérables ? .... n° 521
Peut-on majorer les charges des locataires qui ont un chien ? .... n° 528
À quoi sert une amicale de locataires ? .... n° 530
Peut-on domicilier son entreprise à l'adresse du logement ? .... n° 604
Peut-on exercer son activité professionnelle dans le logement ? .... n° 604
Quelles dégradations peuvent être imputées au locataire ? .... n° 612
Dans quelle mesure le locataire doit-il entretenir le logement ? .... n° 615
C'est quoi les « réparations locatives » ? .... n° 617
Le locataire doit-il laisser le bailleur faire des travaux ? .... n° 621

Le locataire peut-il transformer les lieux ? .... n° 624
Le bailleur peut-il décider d'augmenter le loyer ? .... n° 703
Comment donner congé à un locataire ? .... n° 802
Pour quels motifs peut-on donner congé à un locataire ? .... n° 815
Comment donner congé à son propriétaire ? .... n° 835
Quand peut-on donner congé à son bailleur ? .... n° 908
Quelle est la durée du préavis ? .... n° 912
Dans quels cas le préavis est-il réduit ? .... n° 915
Le bail peut-il être transféré à quelqu'un d'autre ? .... n° 1002
Peut-on céder son bail ? .... n° 1008
Peut-on sous-louer le logement loué ? .... n° 1016
Un bailleur peut-il interdire à son locataire de vivre avec la personne de son choix ? .... n° 1016
Qu'advient-il si le bailleur vend le logement en cours de bail ? ..... n° 1019
Que se passe-t-il si le bailleur décède en cours de bail ? .... n° 1019
Quand y a-t-il restitution des lieux ? .... n° 1102
Comment dresser l'état des lieux de sortie ? .... n° 1104
Quel est le délai pour rendre le dépôt de garantie ? .... n° 1112
Comme obliger le bailleur à restituer le dépôt de garantie ? .... n° 1114
Comment utiliser la clause résolutoire du bail ? .... n° 1205
Pourquoi et comment demander la résiliation judiciaire du bail ? ..... n° 1218
Comment expulser un locataire ? .... n° 1222
Quel est l'intérêt d'une location meublée ? .... n° 1301
Y a-t-il des règles spécifiques à une location meublée ? .... 1306 et s.
Qu'est-ce qu'une location saisonnière ? .... n° 1401
Quelles sont les particularités du contrat de location saisonnière ? ..... 1403 et s.

Liste des modèles

Clause à insérer dans le contrat de bail .... n° 221

Contrat de location .... n° 235

Cautionnement à durée déterminée (bail de trois ans) .... n° 240

État des lieux .... n° 305

Demande de mise en conformité du logement .... n° 311

Clause de travaux type .... n° 321

Demande d'intervention du bailleur en cas de dégât des eaux .... n° 410

Lettre à adresser au bailleur en cas de défaut de la chose louée .... n° 412

Lettre à adresser au bailleur en cas de défaut d'entretien partiel .... n° 418

Quittance de loyer .... n° 513

Lettre au propriétaire en cas de domiciliation dans un local d'habitation .. n° 606

Offre de renouvellement avec augmentation de loyer (bail de trois ans) .. n° 713

Lettre de saisine de la Commission départementale de conciliation ...... n° 719

Congé valant reprise pour habiter .... n° 819

Congé pour vente .... n° 827

Congé pour motif légitime et sérieux .... n° 835

Congé adressé par un locataire .... n° 911

Congé donné par le locataire avec préavis d'un mois pour cause de mutation .... n° 917

Demande de régularisation à adresser au bailleur (transfert de bail) .... n° 1009

Lettre à adresser à leur bailleur par des locataires souhaitant procéder à un échange de logements .... n° 1017

Lettre de réclamation en restitution de dépôt de garantie .... n° 1113

Mise en demeure à adresser avant d'assigner le locataire en résiliation judiciaire de son bail .... n° 1233

Contrat de location meublée initiale « résidence principale »
ou « étudiant » .... n° 1310

Modèle d'inventaire des meubles .... n° 1311

Contrat de location saisonnière .... n° 1405

Index thématique

A

Abandon de domicile 1002 et s.

Accords collectifs 716, 832

Activité politique 232

Agent immobilier 102 et s., 207, 803

Aménagement des lieux loués 419 et s., 625

Amiante 414

Amicale de locataires 530 et s.

Animaux domestiques 528

Annexes au contrat 220 et s.

Antenne de télévision 403, 521

Ascenseur 217, 220, 520, 522, 710

Assignation 726, 1212, 1217, 1219, 1228, 1234

Associations de locataires 530 et s., 618, 712, 721, 832

Assurance 609 et s., 1227, 1229

Assurance impayés de loyers 108

Augmentation de loyer 729 et s.

B

Bail [▶ Contrat de bail]

Bail à durée réduite 213 et 214

Bail mixte professionnel et d'habitation 111, 117, 202, 235, 604

Bail professionnel 111

Bail verbal 201

Bailleur
- changement en cours de bail 210, 1019 et s., 1023 et s.
- coordonnées 209, 803
- décès 210, 802, 1023 et s.

Bureau de vérification de la publicité 113

C

Catastrophe naturelle 220-1

Caution 118, 206, 236 et s., 1019, 1211
- durée de l'engagement 238
- simple 237
- solidaire 237
- sort 1026

Cession de bail 1011 et s.

Changements d'affectation
- domiciliation 606, 607
- télétravail 605
- usage professionnel 1219

Changement de fournisseur (gaz/électricité) 221

Charges locatives 519 et s.

Charges récupérables 521 et s.

Chaudière 414, 522, 616

Chauffage 308, 522, 617

Choix du locataire 115 et s.

Chômage 918, 919

Clause abusive 233 et s.

Clause de travaux 315 et s., 731

Clause pénale 231

Clause résolutoire de plein droit 611, 1205 et s., 1230-1

Colocataires 205, 506, 704, 808, 904, 1203

Commandement de payer 1207 et s.

Commandement de s'assurer 1225 et s.

Commission de l'agent immobilier 106, 207

Commission départementale de conciliation 312, 519, 620, 714 et s., 1107, 1113

Commission des clauses abusives 233 et s.

Commission nationale de concertation 531, 730

Concierge 405, 421, 524 et s.

Concubin notoire 816, 1007

Concubinage
- congé 807, 906
- notoire 816, 1007
- offre de renouvellement 707
- paiement du loyer 505
- résiliation du bail 1203
- signature du bail 205

Congé adressé par un locataire 901 et s.

Congé donné par le bailleur (généralités) 801 et s.
- délai 809 et s.
- destinataire 804 et s.
- forme 811
- préavis 810 et s.

Congé pour habiter 816 et s.

Congé pour motif légitime et sérieux 833 et s.

Congé pour vendre 821 et s.

Congé valant reprise pour habiter 819

Conjoint
- congé 806, 816, 903
- cotitularité du bail 205
- décès 1004
- mutation 917
- paiement du loyer 503
- perte d'emploi 918
- signature du bail 205
- solidarité 903
- transfert de bail 1006

Constat de risque d'exposition au plomb (CREP) 220-1

Contrat de bail
- annexes 208, 220
- clauses indispensables 209 et s.
- clauses interdites 222
- clauses utiles 221
- date d'effet 211, 225
- nullité du contrat 324
- reconduction tacite 701

Contrôle des charges locatives 529 et s.

Copreneurs 205, 505, 704, 808, 904 et s., 1203

Cotitularité du bail 806

Critères de choix du locataire 118, 119

D

Décès du locataire 1003 et s.

Déclaration des sinistres indemnisés 220-1

Décret de blocage 709, 731

Dégât des eaux 405, 409, 410, 609, 1206

Dégradations 612 et s., 1106 et s.

Délais de paiement 1209, 1214 et s., 1234

Demande d'intervention du bailleur en cas de dégât des eaux 410

Demande de mise en conformité du logement 311

Démolition 835

Dépenses d'eau 520, 522

Dépôt de garantie 241
- conservation 1112, 1113
- intérêts de retard 241, 1113
- mention au bail 217
- montant 219
- restitution 312, 1023, 1027, 1111 et s.
- révision 241

Dératisation 522

Destination des lieux 111, 117, 202, 216, 603, 834

Détartrage 522

Dettes locatives 834

Devis 620, 1109

Devoir de conseil de l'agent immobilier 119

Diagnostic de performance énergétique (DPE) 220-1

Diagnostic technique 220-1

Discriminations 115 et s.

Domiciliation 606, 607

Dossier de diagnostic technique 220-1

Double des clefs 403

Droit au bail 511, 520

Droit au logement 604, 806, 1203, 1208, 1235

Droit de préemption 821, 828 et s., 1021

Durée du bail 212, 230, 701, 729

E

Échange de logements 1015 et s.

Électricité (changement de fournisseur) 221

Employé d'immeuble 421, 525

Engagement de caution 236 et s.
- durée de l'engagement 238
- simple 237
- solidaire 237

Entrée dans les lieux 301 et s.
Équipements 217, 304, 306, 614, 617, 624
Espaces verts 522
État des lieux d'entrée 232, 302 et s.
État des lieux de sortie 1104 et s.
État des risques naturels et technologiques 220-1
État descriptif de division 827, 1025
Étudiants 111
Expulsion du locataire 1235 et s.
Extrait du règlement de copropriété 220

F

Faux documents 121
Fonds de solidarité pour le logement (FSL) 1209, 1212
Fuite d'eau 617

G

Garantie autonome 241
Gardien d'immeuble 524 [▶ Concierge]
Gaz (changement de fournisseur) 221
Gendarmerie 408, 422
Grève du loyer 514 et s.
Grille de vétusté 618

H

Habitation principale 111, 202, 216, 313, 603 et s.
Hébergement 1020
Huissier 1104 et s.

I

Impayés de loyers 514 et s., 1010
Impôts 507, 522
Incendie 609, 612, 613
Indemnisation du bailleur 1108 et s.
Indemnité d'occupation 1102, 1248
Indice du coût de la construction 517
Indice de référence des loyers 516 et s.
Indivision 204, 706, 802, 822, 907, 1202
Insee 517 et s.

J

Juge d'instance 312, 409, 725, 1113, 1204, 1218
Juge de l'exécution 1242
Juge de proximité 312, 409, 1113, 1204
Juge des référés 1215, 1228

L

Lettre de réclamation en restitution de dépôt de garantie 1113
Licenciement 918
Local commercial 202, 603, 605, 707, 834
Location meublée 111, 1301 et s.
Location saisonnière 111, 1401 et s.
Locaux accessoires 111
Logement de fonction 111, 524
Logement décent 306 et s.
Logements-foyers 111
Loi du 6 juillet 1989 111
Loi « Hoguet » 102, 108
Loyer 218, 501 et s.
Loyer de référence 710 et s.
Loyer manifestement sous-évalué 703

M

Majoration des charges 528
Malfaçon 619
Mandat de gestion locative 107
Mandat de recherche 103
Marchand de listes 108 et s.
Meublé 111, 1301 et s.
Mise aux normes 312, 317
Mutation professionnelle 917

O

Obligation d'entretien 615 et s.
Obligation d'être assuré 609 et s., 1206, 1225
Obligations du bailleur 301 et s., 313, 411 et s., 510 et s.
Obligations du locataire 601 et s.
Observatoire des loyers 712
Offre de renouvellement 701 et s.
Offre de renouvellement avec augmentation de loyer 713
Opposition au commandement de payer 1215
Ordre public 201, 233, 234, 313, 811, 1112, 1247

P

Pacte civil de solidarité 205, 206, 504, 707-3, 807, 905, 1203
Papiers peints 618
Performance énergétique (diagnostic) 220-1
Périodicité du loyer 218, 508
Perte d'emploi 918
Petite annonce 112 et s.
Plafond 320, 617
Plomberie 617
Police 408, 422, 423
Porte-fenêtre 414
Portes 617

Pré-état des lieux 1106
Préfet 423, 1217
Prélèvement automatique 226
Prélèvement sur salaire 226
Premier emploi 916
Prescription des loyers 518
Proposition de loyer de renouvellement 705 et s.
Propriétaire [▸ Bailleur]
Protection des locataires âgés et démunis 836 et s.
Provision pour charges 527

Q

Quittance de loyer 510 et s.

R

Ramonage 234, 522, 617
Reconduction tacite du bail 701
Reçu 510
Règlement de copropriété 221
Régularisation des charges 528 et s.
Relogement 832, 1223, 1226, 1227
Renouvellement du bail 701 et s.
Réparations locatives 617 et s.
Reprise pour habiter 819
Résidence principale 111
Résidence secondaire 111, 202
Résiliation du bail 1201 et s.
Restitution des clés 1101 et s.
Restitution des lieux 1101 et s.
Revenu minimum d'insertion (RMI) 921
Révision de loyer 516 et s.
Risque d'exposition au plomb (constat) 220-1
Risques naturels et technologiques 220-1
Robinetterie 617

S

Saisie-arrêt 226
SCI familiale 701, 817
Services de télévision 220-1
Sinistres indemnisés 220-1
Solidarité 205, 503 et s., 904, 905, 921
Solvabilité du locataire (vérification) 118
Sous-location 1020 et s.
Superficie du logement 113, 306, 309, 612, 710, 826 et s.
Surface habitable 319, 320, 710, 1025
Surveillance 421

T

Taxe d'enlèvement des ordures ménagères 522

Télétravail 605

Télévision 220-1, 403, 521, 617

Termites 827

Testing 116

Transfert du bail 1002 et s.

Transformation des lieux 624 et s.

Transmission du bail 1002 et s.

Travailleurs saisonniers 111

Travaux 621 et s.

Travaux d'adaptation aux normes 316, 317

Travaux d'amélioration 401, 415, 419-1, 621 et s., 731

Travaux réalisés par le bailleur 621 et s.

Trêve hivernale 1240

Tribunal d'instance [▶ Juge d'instance]

Troubles de la jouissance 403 et s.

Troubles de voisinage 229, 404-1, 608

Tutelle 822

U

Usufruit 204, 706, 802, 822 et s., 907, 1202

V

Vente à la découpe 832

Vente du logement loué 238, 821 et s., 1022, 1027

Vétusté 415, 618

Vice de construction 612, 619

Visite des lieux loués 223, 403

Vol 407

Z

Zones urbaines sensibles 420

Photocomposition : **SCM**, Toulouse

708103 - (I) - (2) - OSB-Ta - 80g - SCM - EDO
Dépôt légal : décembre 2008
Imprimé en France par I.M.E.

La **première** imprimerie en France titulaire de :